다산 기념 철학 강좌 8

세계의 밀착

— 지구 시대에 대한 철학적 성찰

제8회 다산 기념 철학 강좌
(2004년 10월 28일~11월 2일)

세계의 밀착

— 지구 시대에 대한 철학적 성찰

[페터 슬로터다이크 지음]
[한정선 편집 | 정대성 · 김옥경 · 한승완 · 권대중 번역]

철학과현실사

제8회 다산 기념 철학 강좌

차 례

제8회 다산 기념 철학 강좌

차 례

편집자 서문

이 책은 슬로터다이크 교수가 다산 기념 철학 강좌에 초청되어 2004년 10월 28일부터 11월 2일까지 한국에서 행한, 내용적으로 서로 연결된 네 편의 강연과 한 편의 대담을 엮은 것이다. 전체 강연의 원래 제목은 '세계의 밀착 — 지구 시대의 사회학에 대한 철학적 단상(Die Verdichtung der Welt — Philosophisches Notizen zu einer Soziologie des globalen Zeitalters)'이다. 제1강연 「지구화의 완성 — 지구라는 기호의 승리(Die Vollendung der Globalisierung — Im Zeichen des Globus wirst du siegen)」는 정대성 박사가 번역하였다. 제2강연 「수정궁 또는 자본주의적 안락의 영역과 테러리즘의 위협(Der Kristallpalast — oder : Der Kapitalistische Komfortsphäre und ihre Bedrohung durch den Terrorismus)」은 김옥경 박사가 번역하였다. 제3강연 「미국적 예외 — 어떤 유혹의 해

부(Die amerikanische Ausnahme: Anatomie einer Versuchung)」는 한승완 박사가 번역하였다. 제4강연 「응축 불가능한 것 또는 장소의 재발견(Das Unkomprimierbare - oder : Die Wiederentdeckung des Ortes)」은 권대중 교수가 번역하였다. 대담 「지구 시대의 도전 — 세계의 밀착에 대하여」는 강연 중에 청중들이 질문한 내용들과 강연 밖에서 이루어진 대담을 종합하여 정리한 것으로서, 이미 『철학과 현실』(2005년 봄호)에 소개된 바 있다. 편집자 서문은 슬로터다이크 교수가 간단하게 자신의 강연들을 요약한 것과 대담에서 언급된 것을 바탕으로 편집자가 쓴 것이다.

제1강연은 '지구 시대(Global Age)'를 '역사의 종말' 담론과 연결시킨다. 슬로터다이크 교수에 따르면, 콜럼버스가 신대륙을 발견한 1492년 이후부터 최후의 유럽 식민지가 독립하는 1974년 그리고 소련의 붕괴와 더불어 옛 유럽의 마지막 이데올로기가 종말을 고하는 1990년까지의 역사는 공간적으로 전지구를 하나로 묶으면서 단선적이고 일방적으로 전개되었다. 유럽인들은 지리상의 발견에 동원되었던 교통 수단을 통하여, 기독교의 복음과 구원의 이념뿐만 아니라 다른 많은 유럽적인 것들을 일방적으로 신대륙에 확산시켰다. 이것은 소위 '지구화(globalisierung)'라고 부를 수 있는 역사적 사건들 가운데 특별하고 중요한 하나의 유형이다. 식민지 개척, 식민지 해방, 자본주의화, 도시화, 세계대전, 네트워크화 등은 저마다 지구화를 야기한 다양한 사건들이었다. 슬로터다이크 교수는 식민지를 확장시킴으로써 지구화를 전개해왔던 유럽의 근대화 과정을 '세계사' 또는 '보편 역사'로 규정한다. 이런 의미에서 '역사'란, 유럽에 의해 일방적으로 '세계 체제(Weltsystem)'라는 신화가 탄생되어가는 과정이다. 세계 체제 신화의 영웅들은 그들의 동기가 어떻든 간에 지구화 과정에 기여한 인물들이었다. 오늘날의 시점에서 바라보자면, 세계 체제 신화는 '십자가'라는 기호를 물리치고 드디어 '지구'(둥근 지구 : Globus)라는 기호가 마침내 승리하는 과정이기도 하다. 오늘날의 형태로 지구화가 모습을 드러내고 있는 시대, 곧 지구 시대와 함께, 앞에서 언급한 의미의 '역사' 또는 '보편 역사'의 시대는 종말을 고하였고, 이제 '역사 이후(Posthistoire)'의 시대가 전개되고 있다. 지구 시대에는 문화 다양성이 공격적으로 대두된다. 과거에 유럽 주도적으로 역사를 진척시키던 주역들은 그 힘을 소진하였고, 지구 시대에 새로 등장한 오늘날의 주역들은 탈유럽에 비중을 둔 시나리오를 써야 할 때가 되었다.

제2강연은 '수정궁(Kritallpalast)'이라는 메타포를 빌려와서 거대한 자본주의적 세계 체제와 그 속에서 물질적 풍요를 누리면서 안락하게 그러나 지루하게 살아가는 사람들을 묘사하고 있다. 수정궁은 자본주의적 소비 체제이기 때문에, 그 속에 사는 사람들은 소비를 통해 강한 욕구를 해소시킨다. 자본주의적 수정궁 안(부유한 국가들)에 편입될 수 있는 사람들은 제한되어 있다. 수정궁 밖(가난한 국가들)에 머물러야 하는 사람들은 자본주의적 풍요와 안락한 삶으로부터 철저하게 소외되어 있다.

수정궁 밖에 있는 사람들이 수정궁 안으로 들어가려고 안간 힘을 쓰고 있지만, 지구의 제한된 자연 자원과 에너지 때문에, 지구상의 모든 사람들이 수정궁 안으로 들어가는 것은 불가능하다. 그리고 유리창을 통해 안이 밖으로 훤히 드러나 보이듯이, 이 수정궁의 내부도 외부를 향하여 투명하게 노출되어 있고, 밖으로부터의 테러에 무방비 상태로 노출되어 있다. 묘하게 수정화해가는 거대한 자본주의적 상황에 병행하여, 수정궁을 겨냥하는 테러도 '지구적' 테러의 양태를 취하고 있다. 수정궁에 속하는 신자유주의자들이나 수정궁 밖에 거주하는 이슬람 테러리스트들은 지구시대인 오늘날에도 여전히 '역사' 시대적으로 행위하는 시대착오적인 집단들이다. 수정궁 안과 밖 사이에서 일어나는 지구적 테러와 전쟁과 충돌과 갈등을 피하기 위해서는 정치 · 심리 · 예술 등 모든 방면에서 국제 사회는 협력해야 할 것이다.

제3강연은 왜 미국이 지구 시대에 걸맞지 않게 예외적인 방식으로 세계 정치와 역사의 주도권을 잡으려 하는가를 심리정치적으로 진단하고 있다. 유럽과 아시아의 국가들이 제2차 세계대전을 거치고 최근에야 '역사 이후의 시대'로 진입할 수 있었던 반면에, 미국은 예외적으로 이미 200년 전에 역사 이후의 시기로 진입하였다. 정치적 망명자, 경제적 난민들 그리고 여러 이유로 고향을 떠나야만 했던 유럽인들이 이주하여 세운 나라가 미국이다. 지금도 미국은 '아메리칸 드림(American Dream)'을 가슴에 품고 세계 각처에서 이주해오는 사람들로 붐비는 나라, 자신이 출생한 나라에서의 각종 좌절을 떨쳐버리고 누구나 꿈을 펼쳐볼 수 있는 나라, 선택된 사람들이 모여드는 나라 그리고 낙관주의가 살아 있는 도피처다. 미국은 제2차 세계대전 이후로 국제 정세에서 주요한 위치에 서게 되었다. 그런데 문제는 오늘날 역사 이후의 시대 속에 있는 다른 나라들과는 달리, 미국은 예외적으로 타의 추종을 불허하는 강력한 세계 권력이 되고자 홀로 독주하며 '일방적으로' 행동한다. 미국이 일방적으로 행위하는 방식은, 제1강연에서 언급했던 것처럼 유럽의 주도 아래 일방적으로 역사가 전개되었던 그런 의미에서의 '역사' 시대적 행위 방식이다. 그러므로 미국은 역사 이후의 시대에 홀로 역사 시대로 퇴행하는 시대착오적 유혹 속으로 빠져들고 있다. 미국은 오늘날과 같은 지구 시대에 보편적인 행위 규칙으로 통용되고 있는 '비일방적, 쌍방향적, 다방향적, 상호 자제적 방식으로 행위해야 된다'는 규칙을 깨고, 계속 '탈자제'하려는 유혹 속으로 깊이 빠져들고 있다.

제4강연은 지구화되어 가는 오늘날의 세계를 공간 철학적으로 관찰하고 있다. 서양이 주도해왔던 지리상의 발견과 영토 확장적 제국주의적 세계사의 과정은 해양을 사이에 두고 극복할 수 없었던 거리를 극복함으로써 공간을 응축시켰었다. 오늘날 확산되고 있는 지구화 과정은 세계를 하나의 체제로 연결시킴으로써 공간을 응축시키고 있다. 그 결과 한 지역과 다른 지역 사이의 간격이 더 이상 의미가 없을 정도로 사람들은 원거리 정보 통신 매체, 교통 수단 그리고 각종 스피드 기술과 네트워크를 통해 지구상의 어떤 곳과의 공간적 간격을 극복하고 있다.

문제는 과거에 보편 역사의 지구화 과정이 그랬듯이, 오늘날의 지구화도 다양한 모습을 가진 삶의 공간들을 무차별적으로 균질한 공간으로 만들어버리는 경향이 있다는 것이다.

공간이 응축되는 최초의 역사적 사건은 문자가 발명된 시대로까지 거슬러 올라간다. 문자는 의미가 발생하는 상황과 의미 자체를 분리시키는 매체다. 문자로 기록된 테스트 덕분에, 독자들은 텍스트의 의미를 발생시킨 특정한 상황을 체험하지 않고서도 텍스트의 의미를 표상할 수 있게 되었다. 문자 문화는 이처럼 직접적으로 콘텍스트 안에 들어 있지 않은 세계들을 표상하는 지성을 가능하게 해주었으며, 이것은 고전 그리스에서의 이론적 인간이 탄생하게 된 사건이자 서구 합리성의 출발점이 되었다. 여기에 공헌한 최초의 지성인은 소크라테스였다. 소크라테스의 탈문맥적 의미 이해에 반기를 들고, 특정한 장소의 현장성과 콘텍스트성을 옹호한 반동들은 소피스트들, 예수, 디오게네스 같은 사람들이었다.

이러한 반동들은 오늘날 '지역적(lokal)'인 것과 특정한 장소의 고유한 현장성과 콘텍스트성이 탈문맥적으로 세계화되어 '전 지구적(global)', '보편적' 체제에 편입되어 들어가는 시점에서 매우 시사하는 바가 크다. 다른 지역과 균질한 공간으로 간주되거나 응축되어서도 안 되는 각각의 고유한 실존적 공간인 지역 또는 장소의 소중한 의미를 지역주의(Lokalismus)라는 개념과 함께 생각해볼 필요가 있다. 그리고 이러한 지역적 삶의 방식이 민주주의적 삶의 방식에 어떻게 부합될 수 있는지도 고민해보아야 할 것이다.

슬로터다이크 교수와의 대담인 「지구 시대의 도전 — 세계의 밀착에 대하여」에서는, 독일에서 '슬로터다이크 논쟁'을 불러일으킨 『인간 농장을 위한 규칙』을 비롯하여, 위에서 언급한 네 편의 강연에 대하여 이야기를 나누고 있다. 독자들이 이 대담을 먼저 읽는다면, 네 편의 강연을 이해하는 데 매우 도움이 될 것이다. 그리고 강연에서 잘 드러나지 않는 슬로터다이크 교수의 문제 의식을 더 쉽게 이해할 수 있을 것이다.

이 책은 강연 이후에 곧 편집될 예정이었으나, 슬로터다이크 교수의 '서문'을 기다리다가 1년이 지나갔고, 저자의 '서문'이 오지 않았기 때문에 그 이후로는 편집자가 제대로 된 편집자 서문과 슬로터다이크 교수의 철학을 소개하는 글을 준비하려고 하다가 또 시간이 지체되었다. 그러나 이제는 여러 가지 여건 때문에 더 이상 시간을 지체할 수도 없어서, 기존의 자료들만을 가지고 이 책을 출판하게 되었다. 슬로터다이크의 3부작 『영역들(*Sphären*) Ⅰ·Ⅱ·Ⅲ』(1998·1999·2004)과 『자본의 세계 내 공간에서(*Im Weltinnenraum des Kapitals*)』(2005)는 우리가 접하는 네 편의 강연과 내용적으로 잘 연결될 것이다.

한편, 『인간 농장을 위한 규칙(*Regeln über den Menschenpark*)』(1999), 『대중 경멸(*Die Verachtung der Massen*)』(2000), 『복음의 개선에 대하여 — 니체의 제5복음(*Über die Verbesserung der guten Nachricht. Nietzsches fünftes Evangelium)*』(2000)은 이진우 교수와 박미애 박사에 의해 번역되어 『인간 농장을 위한 규칙』(2004)이라는 제목으로 한국에서도 소개되었다. 앞으로 슬로터다이크 교수의 주요한 철학적 작업들이 한국에서도 소개되기를 바랄 뿐이다.

슬로터다이크 교수의 강연에서부터 이 책이 나오기까지 많은 분들과 협력 기관들의 도움과 관심이 있었다. 이 강연을 주최한 한국철학회와 명경의료재단(꽃마을한방병원)은 재정적으로 후원해주셨으며, 모든 강연을 동행하며 지휘해주신 황경식 교수님, 협찬해주신 국제교류재단과 한국언론재단, 슬로터다이크 교수를 초청하는 전 과정에서 수고해주신 다산기념철학강좌 운영위원장 박정순 교수님, 사무국장 김선욱 교수님, 윤은주 간사, 또 대전 강연을 도와주신 한남대 철학과 교수님들과 대구 강연을 도와주신 계명대 철학과 교수님들, 서울 강연을 도와주신 서울대 인문대학 교수님들, 그리고 일일이 밝히지 못한 여러분들께 깊이 감사를 드린다. 늘 좋은 책을 만들며 철학의 발전에 기여하시는 <철학과현실사> 사장님에게도 깊이 감사드린다.

2007년 6월 30일

편집자 **한 정 선**

지구화의 완성 — 지구라는 기호의 승리

번역 정 대 성

M. 앨브로우가 제안한 '*지구 시대*(Global Age)'라는 개념은 완결되지 않은 시리즈 안에서 의미 있는 단계 구분을 시도하려는 서사 이론의 욕구를 반영한다. 그는 *지구화*(globalization) 시대, 우리의 용어로 말하면 ['땅의 구형화'라는 의미에서 : 역자] '지리적인 지구화(terrestrische Globalisierung)' 시대는 완결된 것으로 간주되어야 하며, 정규 역사에 뒤이어 전개되는 불특정한 기간 동안의 추가 시간의 시대로 이행했다는 테제를 내세운다. 그러나 이 추가 시간의 시대도 고유한 권한을 갖는 시대다. 어떤 작가들은 이미 지나간 그 시대를 "유럽의 천 년"[1]으로 혹은 심지어 "유럽의 세계사"의 시기로 표시한다. 이러한 표현들이 문제가 있고 시대에 뒤떨어져 있긴 하지만, 이 표현들은

1) Oskar Halecki, *Das europäische Jahrtausend*, Salzburg 1966.

유럽인과 비유럽인의 행위 사이에 있는 비대칭을 드러내보일 수 있는 장점을 갖는다. 체계적인 관점에서 '비대칭'이라고 하는 것은 정치적인 관점에서는 '지배'를 의미했다. '식민지주의'라는 표현은 요즈음 광범위하게 비난받고 있는 "유럽의 확장"[2] 과정이자 결과를 요약하고 있다. 이러한 명칭이 그 시대의 방법들을 비난하고 있다고 하더라도, 이 명칭은 그 시대의 산물인 구축된 세계 연관을 인정하지 않을 수 없음을 내포한다. 식민주의적인 실천의 배후에는 '일방주의를 그들의 타고난 권리'로 여기는 유럽의 "위대한 민족들"의 확신이 자리잡고 있었다. 침략의 시기에 철저한 사명감으로 임하는 것은 그들에게 위대한 것이었다. 하지만 시간이 흘러 일방성이 무너지고 무수히 많은 다른 측면의 시대가 시작된다면 어떻게 할 것인가? 대칭적인 세계상에 대한 최근의 생각들은, 『탈식민지 연구(*Postcolonial Studies*)』에서 잘 정리되고 있듯이, 유럽의 식민지 권력이 내부 요인에 의해 종말을 고했음을 전제하고 있다. 그뿐 아니라 이 최근의 생각들은 도전과 응전의 관계에 대한 이해도 이미 변화되었다는 사실을 전제하고 있다. '대칭'을 이루기 위한 새로운 노력 덕분에 이제 타자성이 우선권을 갖는 것은 너무나 당연한 것처럼 되었다. 이제 사람들은 '1492년 10월에 유럽인들이 카리브 연안의 원주민들에 의해 발견되었다'고 아주 자연스럽게 진술할 수 있게 되었다. 이 서글픈 발견자들은 자기들이 주인인 양 행세하는 방문객이 탐구할 수 있도록 자료들을 수집해주는 것이 상책

---

2) Vgl. Wolfgang Reinhard, *Geschichte der europäischen Expansion, 4. Bde.,* Stuttgart u.a. 1983, 1990.

이라는 사실을 알게 되었다. 이 문서보관소는 오늘날 철저한 분석과 검토를 기다리고 있다.

유럽 공세 시대가 낳은 결과는 — 우리는 이를 포스트모던적 주문(呪文)처럼 반복해야 하는데 — 세계 체제의 전개와 견고화다. 이것은 다양한 분야에 걸쳐 *전 지구적 경기자*(global players)들이 서로 관계 맺고 있음을 함축한다. 예를 들어 국가들, 기업체들, 은행과 증권사들, 과학 산업, 예술 산업, 스포츠 산업, 매춘 산업, 약물 산업 그리고 무기 산업 등의 영역에서 전 지구적인 연결망이 이루어지고 있다. 이런 왕성한 피드백 시스템은 — 아직도 잠정적으로만 등장하지만 — 수많은 상투적인 일들의 잠정적이나마 최종적인 노동 수준을 만들어내고 있다. 그런데 이런 상투적인 일들 때문에 공간적으로 멀리 떨어져 있지만 실제로는 가깝게 있는 상대방을 고려하는 것이 세계 내 존재의 지배적인 양식으로 되었다. 따라서 문명이라는 개념은, 오늘의 현실에 맞게 정의한다면 텔레리얼리즘(Telerealismus)을 의미할 것이다.

"지리적 지구화의 종결"이라는 말의 의미는, '세계의 관심 지역에 어느 누구도 더 이상 첫 번째 사람으로 들어가지 못한다는 것을 사람들은 이제 알고 있으며', '세계 안의 어떤 주제에 대해서도 담론 없이는 의사 표현을 할 수 없다는 사실을 사람들은 정식으로 고려해야 한다'는 것이다. 발견자와 선동가들의 흔적이 도처에 현존한다. 오늘날 형식상 '혁신'(더 정확히 말하자면, '혁신'의 탑에서의 꾸준한 상승)이 요청된다고는 하지만, (세상의) 관계는 그럼에도 불구하고 계속해서 새로운 것을 추구하는 공명심에 반대하는 목소리를 낸다. 정립된 노선들은 과거의 발견 여정이 상호 왕래를 위한 교통 체계로 발전했음을 증명한다. 또한 중요한 분야들은 착상과 새로운 가설들이 담론의 왕국에 편입되도록 만든다. 지구화 시대가 탐색과 길 닦기로 특징지어졌다면, *지구 시대*(Global Age)는 운행시각표의 시대로, 점증하는 교통 왕래와 담화 교환의 시대로 규정된다. 모험이 지구화(Globalisierung)와 관련된다면, 예약 서비스는 지구성(Globalität)과 관련된다. 지구화 시대의 발견자들이 화승총, 지도, 칼 등을 가지고 해외로 떠나는 배에 탑승했다면, 지구 시대의 강연자들은 좌석표와 완성된 원고를 들고 비행기에 오른다.

'지구화 시대'와 '지구 시대'의 관계 속에 내재하는 연속과 비약의 계기들은 도시 문화의 포화라는 비유에 의해서 가장 잘 해명될 수 있다. 오늘날의 대도시들이 설계되고 건설되고 사람들이 정착하기까지에는 대체로 수백 년의 과정을 거쳤다. 물론 콸라룸푸르, 상하이 혹은 베를린과 같은 몇몇 대도시들은 그 지역적인 상황 때문에 여전히 건설 열풍에 휩싸여 있으며, 따라서 그 결과에 따라 그 도시들의 미래 모습이 결정될 것이다. 그러나 대부분의 전통적인 대도시들은 도시 형성의 건설적인 단계는 이미 얼마 전에 끝났으며, 개축, 증축, 건축 등은 오직 이미 존재하고 있는 것들을 토대로 수행되고 있다. 따라서 '네트워크화', '심미화', '최적화' 등이 전통 도시들의 건설 공사에서 핵심 개념을 차지한다. 새로 건설할 것이 거의 없는 곳에서 사람들은 기존의 것을 더욱 강도 높게 활용할 수밖에 없다. 이러한 단계에서 교통 정책을 문화 도시 마케팅에 통합하려는 것이 현대 도시의 중요한 특징이다. 성공을 원하는 도시들은 이벤트의 소재지이고자 하며, 양질의 삶의 공급자라고 자처하며, 그리고 거대 도시들을 연결하는 지점이고자 한다. 이런 이유 때문에 대륙의 수도들을 잇는 고속도로 건설은, 박람회장이나 스포츠센터, 현대 예술 박물관 그리고 국제적인 호텔 체인점 등 도시에 필수적인 집합체의 건설이 그러하듯, 철저히 수정화된(auskristallisiert) 도시 문화의 야망을 아주 잘 표현하고 있다.[3)]

이제 세계의 모든 중심 지역에 철저히 수정화된 도시 문화가 있듯이, 세계 체제에서도 역시 외교와 시장, 학문 조직과 순회 가능한 예술품 전시 등의 영역에서 수정화된 국제성과 상호 문화성이 구현되어 있다. 이와 유사하게 의료 분야, 경찰 그리고 첩보 업무 등의 영역에서도 국제적인 연결이 이루어지고 있다. 복지를 누리는 영역들의 관점에서 보면, 세계는 이미 광범위하게 그리고 전체적으로 공간이 철저하게 식민화되었다는 인상을 던져주고 있다. —혹은 '식민'이라는 용어가 오늘날 일상적으로 혐오스러운 말로 사용되기 때문에— 스스로의 규정에 의해 시민적 질서를 구축한 공간들이 서로 엮여 있다는, 즉 세계는 인

---

3) "Kollektor"(집합체) 개념에 대해서는 Peter Sloterdijk, *Sphären III. Schäume*, 제2장, Indoors, Architekturen des Schaums, C 절: Foam City. 거대 인테리어와 도시의 복합 건물은 다수의 공생적 상황을 설명한다.
[역자 주] 슬로터다이크는 '수정화(Kristallisierung)'를 세계 시대의 특징을 설명하는 중요한 개념으로 사용한다. 수정화(결정화)를 상호 관계의 밀착과 고도화를 보여주는 상징으로 본다. 그에게 수정궁은 자본주의적 세계 체제의 상징이다.

종적인 구성 요소를 넘어 국민국가적인 체제를 만들어낸다는 인상을 준다. 이와 같은 정치문화적인 네트워크가 구축된 이래로 지구화 시대는 내적으로 종결되었다.

여기서 우리는 지리적인 지구화 시대만이 아무런 수식어를 붙이지 않고 '세계사' 혹은 '역사'로 표시되어야 한다는 주장을 내세우고 있다. 이 역사의 내용은 이 땅(Erde)이 스스로를 지역 문화의 담지자로 그리고 이 문화들을 서로 연결하고 발효시키는 하나의 세계 연관으로 압축하는 담지자로 드러나는 드라마다. 만약 우리가 '역사'의 이런 내용적인 규정을 진지하게 받아들인다면, 1492년에서 1945년 사이에 일어난 일련의 사건들만 '역사'로 특징지어질 수 있다. 이에 반해 그 이전과 그 이후에 현존하는 민족들과 문화들은 "역사적인 특성"을 전혀 갖지 못한다(물론 이때 역사 시대가 시작되는 연도와 끝나는 연도에 대해서는 당연히 이견이 있을 수 있다). 모든 집단들, 개인들, 제도들 그리고 실천들은 언제나 어디서나 생성의 법칙에 의해 지배되며, 이 모든 것들은 변화하면서 반복되는 형태로 고요한 발걸음으로 자신의 시대를 통과해가며, 또한 이 모두는 불변의 연속성을 파괴하는 도약과 파국을 경험한다. 그럼에도 불구하고 이러한 부류의 머묾(Bleiben)과 추진함(Treiben)은 본질적인 '역사'에서 발생했던 것과 거의 아무런 상관이 없다. 본래적인 그리고 유일한 '역사'는 다음과 같은 존재론적인 질문에 서사적으로 대답한다: '어떻게 *지구 시대*의 관계에 도달할 수 있었는가?' '어떻게 이 땅이 스스로 문화들의 연관의 담지자로 드러나는 일이 가능했는가?' '어떻게 유럽인들은 지도를 그릴 수 있었으며, 사람이 거주하는 세계에 자신들의 네트워크를 확장할 수 있었는가?'

'역사'는 세계 체제의 탄생의 신화다.[4] 이 신화는 지리적인 지구화의 영웅 서사시로만, 따라서 일면성의 소설로만 이야기될 수 있었다. 이 영웅 송가는 영웅들과 그들의 찬양자들 사이의 일상적 동조 관계를 드러낸다. 이 영웅 송가는 노래로 불림으로써 '인류'의 자기 영역 만들기라는, 말로 표현할 수 없을 만큼 위대한 서사(이야기)로 등장한다. 이 서사가 아무리 자주 이야기된다고 하더라도, 사건에 대한 어떤 판본도 사건 그 자체의 높이에 도달할 수는 없을 것이다.

종종 추구되는, 결코 적절하게 낭독되지 않은 이 잡종의 서사시는 우연자의 보편사에서 탁월한 한 단락을 형성한다. 왜냐하면 이 단락은 그 우연성에도 불구하고 어떤 내적인 목적 추구에 의해 활성화되고 있는 것처럼 나타나기 때문이다. 세계화 보고서는 좁은 의미에서 역사(혹은 이야기)다. 왜냐하면 이 보고서는 시작과 중간과 끝을 가지고 있기 때문이다. 이 보고서는 목적론적인 의미에서도 역사(혹은 이야기)인데, 왜냐하면 이 보고

---

4) 이러한 통찰은 가장 최근의 보편사적인 추구인 J. R. C. McNeil과 W. H. McNeil의 *The Human Web: A Bird's-Eye View of World History*의 기초가 된다. 이들은 세계사를 네트워크의 밀도가 강화되는 역사로 기술한다. 하지만 유감스럽게도 이 두 McNeil의 새는 너무 높게 날아서 그들이 시각적인 속임수에 빠져버렸다는 것을 인식하지 못하며, 그들은 따라서 효율적인 세계 형성을 위한 네트워크의 밀착이 일어난 유일한 시기인 1492-1974의 기간을 인류가 모험한 전체 기간으로 그들이 확장, 투사하고 있다는 것을 인식하지 못한다.

서는 자신의 종결을 위한 기준을 자기 안에 간직하고 있기 때문이다. 이 역사(혹은 이야기)의 **시작**에 어울리는 상징적인 장면은 다음과 같다. 세 척의 콜럼버스 범선이 1492년 8월 3일 금요일 오전 8시 정각에 팔로스에 있는 "살테스 하구"[5]에서 카나리아 제도 방향으로 출항한다. 이 사건의 **진행 과정**은 다음과 같이 말할 수 있다. 69일 후에 땅이 보이고, 또다시 금요일인 70일째 되는 날에 신세계에 진입한다.[6] 그해 가을에 마르틴 베하임(Martin Behaim)은 "땅의 사과"[감자]를 뉘른베르크의 시의회 의원들에게 소개한다. 그는 땅의 진리를 프랑켄 지역의 이 상업도시로 가져온다. 이 역사(혹은 이야기)의 **결론**에 잘 어울리는 장면은 다음과 같다. 1937년 뉘른베르크의 제국 의회 주간에 히틀러는 베하임의 지구의(Behaim-Globus)를 자기가 투숙하고 있는 호텔 *도이췌 호프*로 가져오게 한다. 그 이유는 한편으로는 더러운 이 구의 복원을 위해 재정 지원한 그가 그 복원 과정을 때때로 직접 보기 위해서이고, 다른 한편으로는 영예스런 이 물건을 봄으로써, 우리가 그런 히틀러의 생각을 잘 따라갈 수 없지만 어쨌든, 제국에 대한 자신의 계획에 동기를 부여하기 위해서다. 1944년 7월 브레턴우즈(Bretton Woods) 회의에서 달러화와 영국의 파운드화의 금패리티 문제에 대한 협정이 체결되고, 이와 더불어 최초의 구속력이 있는 *지구 시대*의 세계 통화가 정초된다.[7] 1969년에 미국의 우주비행사들은 떠오르는 지구 모

---

5) Ch. Columbus, *Schiffstagebuch*, Leipzig 1989, 7쪽.
6) 금요일의 변명에 대해 Victor Hugo, *Die Arbeiter des Meeres*, 249쪽 참조.
7) [역자 주] 브래턴우즈 회의는 1944년 미국 뉴햄프셔 주의 브레턴우즈(Bretton Woods)에서 개최된 국제 통화 금융 정책 회의로서 회의 결과 IMF와 IBRD가

습을 담은 최초의 사진들을 들고 달 여행에서 돌아온다. 이러한 광경들 사이에는 '[땅이 구형이며, 따라서 모두 서로 밀접히 관련을 맺고 있다는 의미에서 : 역자] 지-구를 진지하게 받아들이지 않는 사람에게 삶은 벌을 내린다'는 가르침을 엄하게 각인시키는 수백만의 광경들이 놓여 있다.

'땅은 구형이며, 따라서 육지와 바다의 평면적 상들로 이루어진 지구의(Erdglobus)를 통해 지구의 모습을 적절하게 보여줄 수 있다'는 가설은 중세가 저물고 있던 시대에는 한 줌에 지나지 않는 신학자, 천문학자, 광적인 지도 제작자 그리고 멀리 나가기를 선호하는 상인들이 몰두했던 하나의 추측에 불과했다. 16세기로부터 미국 독립 선언에 이르기까지의 기간 동안 대부분의 유럽인들에게 이 가설은 구속력이 없는 사변에 불과하였다. 콜럼버스, 바스코 다 가마 그리고 마젤란의 항해를 통해 앞의 가설이 경험적으로 입증된 이후에도 이 가설은 개인들의 삶에서 별로 중요한 의미를 지니지 못했다. 지도가 점차로 더 정확하게 되었고 지리부도, 지구의들, 평면구형도 등이 제후들의 도서관에 등장하고, 시민 계급의 서재로 들어왔지만, 절대 다수의 유럽인들에게 지구가 실제로 내용적으로 의미하는 바는 여전히 불확실한 크기의 어떤 것이었으며, 그 불확실 속에서 사소한 크기로 머물러 있었다. 지리부도 등이 출판된 이후 그 속에

설립되었다. 이 회의에서 미국과 영국은 화폐 발행을 위한 조건으로 그에 상응하는 금을 중앙은행에 예치하기로 되어 있었던 기존의 금본위제(금패리티 혹은 금평가. Goldparität)를 사실상 폐기하고 달러와 파운드 화폐 자체를 가치의 기준으로 도입한다.

담긴 내용들을 대다수의 사람들이 그것이 함축하고 있는 진리를 깨닫게 되기까지는 수백 년이 지나야 했다.

그러나 소수의 사람들에게 이 가설은 이미 일찍부터 자신의 생을 걸 만큼이나 강력한 신앙이었었다. 콜럼버스, 마젤란 그리고 델 카노와 같은 사람에게 신앙이란 지성에 대한 추구였다고 하는 것이 더 어울릴 것이다. 그들의 신앙 고백을 위해 그들이 필요로 했던 것은 돈을 벌기 위해 선장의 망상에 참여할 사람들과 대양에 어울리는 좋은 선박들뿐이었다. 1492년 항해에 함께 한 팀의 봉급명세서가 우연히 발견되었다. 이 명세서에 따르면 항해사 데 가마(Sancho Ruiz de Gama)는 항해에 참여한 대가로 20듀카텐[Dukaten. 옛 금화 이름 : 역자]을 받았고, 선원 데 몽구에르(Juan de Monguer)는 4000마라베디스를 받았다.[8] 초기 세계 일주 항해자들이 한 신앙 고백의 구체적인 내용은 상실되었지만, 그들의 신앙 고백은 그들의 행위와 유물에 의해 재구성될 수 있을 것이다.

> "삶의 어머니며 부의 원천이자 민족들의 집인 하나의 둥근 지구를 내가 믿사오며, 풍요롭고 어디든 배를 띄울 수 있는 넓은 바다를 믿사옵니다. 또한 조종사와 승객의 친구인 바람의 궁전을 내가 믿사오며, 빠르게 순항하는 돛을 움직이는 자며 총체적인 자유의 회당인, 어디서나 호흡할 수 있는 자유로운 공기를 믿사옵니다."[9]

8) Critóbal Colón, *Textos y documentos. Prólogo y notas de Consuelo Varela*, Madrid 1982, 230-234쪽.

9) [역자 주] 본문은 라틴어로, 주는 독일어로 되어 있는데, 역자는 주에 라틴어 원문을 싣는다. *Credo in unam terram rotundam, vitae matrem, fontem*

잘 알려져 있다시피, 콜럼버스는 성자의 무덤을 이슬람의 지배에서 해방시키고자 원정에 오르는 십자군을 재정 지원하는 데 필요한 만큼의 금을 서쪽 땅에서 발견하고 싶어했다. 이러한 의미에서도 서쪽을 향한 길은 곧 동쪽을 향한 길을 열고자 한 것이었다. 이 크리스토포로스는 새 시대(Neuzeit)를 중세에 대한 봉사로 이해하고자 했던 마지막 사람이 아니었다.[10] 그럼에도 불구하고 마젤란과 델 카노 이후 그리고 프랜시스 드레이크(Francis Drake) 경과 헨리 허드슨(Henry Hudson) 이후 수십 년 사이에 땅이 구형이라는 고백이 교회의 올바른 신앙의 보편성에 부합하는 교리로 전개되어 갔다. 우리가 몸담고 살고, 요동치고, 존재하는 장소인 이 구에 대한 신앙은, 기독교적인 신앙이 그러하듯 낭송될 뿐 아니라 삶 속에서 보존되고자 했다. '땅은 구형이다'는 진술은 이제 더 이상 단순한 자연과학적 가설이 아니었다. 이 진술은 근대인의 삶을 인도하는 확신으로 녹아들기 시작했다. 신앙은 "사상(思想)의 실현"이라는 존재론적인 기능을 포함한다. 신앙은 표상(관념)을 존재로 철저히 밀고 가는 것이다.

따라서 땅의 발견과 네트워크화에 대한 보고서는 시종일관

---

divitiarum, populorum domum, et in marem universalem, fecundam navigabilemque, palatium ventorem, amicam gubernatoris vectorisque, et in aerem liberam, ubique respirabilem, velivolantium motricem velorum, aulam libertatum omnium.

10) 크리스토포로스라는 인물에 대해서는 Peter Sloterdijk, *Sphären II. Globen*, 서론 제3절, "Gott tragen", 96, 117쪽을 참조하라(역자 주 : 크리스토포로스는 순례자의 수호신으로 여겨진다. 여기서는 콜럼버스를 의미한다).

신앙의 역사였던 하나의 *스토리*를 이야기하고 있다. 이 이야기는 새로운 것을 발견할 것이라는 사실을 전혀 의심하지 않았던 탐험가들의 신앙, 노획물이 시야에 들어올 때까지 계속하여 수평선을 응시했던 정복자들의 신앙, '지구를 한바퀴 돌면 다시 고향으로 돌아올 수 있다'는 테제를 진지하게 붙들고 놓지 않았던 항해자들의 신앙을 다룬다. 놀라운 일이 발생했다. 그들은 새로운 것을 발견했고, 노획물들이 수평선 저쪽에서 출현했다. 그리고 배들이 암초에 좌초되어 바닷속에 머물러 있지 않는 한 그 배들은 되돌아왔다. 이러한 발견, 이러한 출현, 이러한 귀향이 어떻게 일어날 수 있었나 하는 문제는 이 사건의 행위자들에게는 그들이 신에 의해 탐험가로, 정복자로 그리고 귀향자로 소명을 받았다는 사실에 의해서만 궁극적으로 설명될 수 있었다.

돌이켜보면 유럽의 지구 탐험 대원들의 성공은 변화된 빛 아래서만 가능했다는 사실이 드러난다. 우리는 오늘날 땅이 둥글다는 당시의 믿음은 상상을 참인 것으로 여기는 것과 같은 것이 아니었다는 점을 안다. 땅이 둥글다는 것이 현실로 드러남으로써 선원들의 신앙은 보답을 받았다. 이 신앙은 지구와 관련이 있는 가설들, 상들(Bilder), 이야기들, 지각들 그리고 감각들에게 존재론적인 무게를 부여했는데, 즉 대상의 존재 자체가 자기 신자들을 자기편으로 이끌어오는 지점에 이르기까지 존재론적인 무게를 부여했다. 땅을 점차 땅-존재(Erde-Sein)로 확신해가는 상황은 그 이후 현실의 취향을 규정하게 되었다. 실제로 추적당하는 추적망상증 환자가 있듯이, 둥근 땅을 상상하면서 실제로 그 땅을 한바퀴 도는 선원들이 있다.

우리의 논의의 바로 이 지점에서 하나의 거창한 말의 등장을 위한 막이 열린다. 이 막 뒤에는 '15세기에서 16세기로의 전환기에 땅의 탐험가들의 믿음은 *진리*에 대한 믿음이었다'는 말이 쓰여 있다. 이는 처음에는 감춰져 있지만 그 다음에 드러나는, 처음에는 멀리 있지만 다음에는 가까워진 그런 진리다. 구형의 땅(지구)과 그 속의 보물들이 드러나고 가까워지는데 수백 년의 세월이 흘러야 했기 때문에 행위로서의 세계사, '동시적 쓰기(Mitschrift)'와 '추후적 쓰기(Nachschrift)'로서의 세계사가 있었다. '드러냄'과 '가까이 다가옴'이라는 과제가 상대적으로 유한한 과제였기 때문에 이러한 역사(혹은 이야기)는, 대충 말해서 처음과 중간과 끝을 가질 수밖에 없었다. 역사의 진행 과정의 목표 지향성은 암시적이며, 따라서 계몽된 독자들은 오히려 반사 렌즈에 의한 기만을 실재 사건으로 믿고 싶어한다. '우연한 사건들에서 처음의 의도들을 추론해도 된다'고 우리에게 속삭이는 통상적인 목적론적 끼워넣기들 중 하나와 우리는 아무 관련이 없는가?

역사가 이렇게 이해되면 세상의 관계는 전혀 다른 방식으로 놓인다. 즉, '둥근' 땅이라는 표상은, 스스로 실현되어가는 예언이 그러하듯, 실제로 500년 세월 동안 서구 인간의 의식과 그들의 매체에 둥지를 틀었다. 둥근 땅이라는 표상은 소수의 활동적인 사람들을 전례가 없는 여행길로 이끌고 갔다. 이 표상은 정복을 위한 출정, 사도들의 행전 그리고 탐구 과정 등이 실용적으로 융합된 것이다. 하지만 지구가 구형이라는 표상은 상징적인 형상만이 아니었다. 그것은 아름다운 물리학의 요청 그 이상이었다. 건장한 뱃사람, 인내심 있는 지도제작자, 금속 중독증에 걸린 왕들, 뱃심 좋은 향료상들 등은 참이지만 아직 증명되지 않은 이 이념의 담지자들이었다. [지구가 둥글다는 사실을] 부정하거나 모르거나 거기에 무관심한 최후의 한 사람이 눈앞에 제시된 명증성에 굴복할 때까지 그들은 지속적으로 증거들을 수집하였다. 근대에 대한 서사는 '이 ('구'라는) 기호에서 너는 승리할 것이다(In hoc signo (sc. globi) vinces)'라는 명제에 대한 하나의 긴 주석처럼 읽힌다. '구'라는 기호가 '십자가'라는 기호를 추월한다. '역사(이야기)'는 바로 이 명제 속에 포함되어 있다. 십자가와 구가 동등하게 놓여 있는 한 '역사'의 출구는 열려 있는 것으로 현상한다. 십자가를 두 번째 자리로 밀어내는 추월 훈련이 끝남으로써 '역사'라는 현상을 '구(球)-신앙'의 성공보고서로 진행할 수 있도록 만든 장(場)은 닫힌다.

오늘날 인간들에게 지구-선교(Globusmission. 땅은 둥글다는 신앙의 전파)는 모든 것을 관통하는 성공을 이룩함으로써 끝났다. 어느 정도 이성적인 동시대인들이 이미 확립된 구-신앙의 타당성을 더 이상 의심하지 않게 된 이후부터 새로운 [구] 기호는 옛 [십자가] 기호와 유사한 방식으로 퇴색되었다. 이 새로운 기호는 옛 기호처럼 자기 자신의 과잉 때문에 몰락한다. 여전히 지구가 둥글다는 사실을 의심하는 사람들이 있다면, 그들은 자신들이 수정주의자로 불리는 것을 어쩔 수 없이 견뎌야만 할 것이다. 뱃사람들의 신앙은 지식으로 변화되었다. 지식은 통속화, 전문화되었다. 16세기의 구-신앙인은 포스트모던적 지구과학자가 되었다. 그들 중 1만 1000여 명이 2003년 4월 유럽-아메리카 학술회의에 참석하기 위해 니스에 모였다.[11] 비행기로 여행할 때 그들 대부분은 아마도 아주 짧은 순간만 그들의 이론적 욕망의 진기한 대상을 공중에서 응시했을 것이다.

우주 안에서의 땅의 형태와 위치에 대한 콜럼버스 이전 그리고 코페르니쿠스 이전의 모든 생각들은, 새로운 지식 관계의 결과로 인해 전근대적인 '세계상들'로 자리매김되지 않으면 안 되었다. 이 때문에 새 시대(근대 Neuzeit)를 *세계상의 시대*(Zeit des Weltbildes)로 해석하는 하이데거가 전적으로 옳지는 않다. 유럽인들이 배로 이 땅을 일주할 수 있을 만큼의 명민함을 결코 소유하고 있지 않았다고 할 경우에만 하이데거 역시 대체적으로 옳을 것이다. 이 땅은 일주되었고, 그 결과 세계에 대한 새로운 타당한 지식이 존재한다. 비록 사람들이 집에서 이 지식으로부터 창백한 지도만을 보며, 제국주의자들의 시끄러운 소리에서 그 메아리를 청취하긴 하지만 말이다. 바로 이 때문에 세계를 일주하지 않은 모든 사람들, 바닥에 붙박여 있는 모든 음유시인들 그리고 모든 샤먼이 가시적인 혹은 비가시적인 방식으로 말하는 세계에 대한 진술들은 '세계상들'로 설명되어도 되고 또 그렇게 되어야 한다. 이 진술들은 실제로 세계에 대한 과거

---

11) Oliver Morton, Geoscience on parade, in: *prospect magazine*, January 2004.

의 상상, 즉 올바른 지식과 더 나은 지식이 없는 형상, 총체적인 항해의 시기 이전에 나온 지역적인 시(Poesie)가 더 이상 아니다. 세계에 대한 근대인의 지식이 확실히 어느 정도 모사에 묶여 있긴 하지만, 이 지식은 — 하이데거는 이 지식을 오해했다 — 최종 심급에서 어떤 상을 서술하는 것이 아니라 뱃사람들의 육체 안에 있는 대양의 소리를 서술하고 있다. 지구에 귀를 대고 듣는 사람은 그 안에서 폭풍우와 해안에 부딪혀 오는 파도 소리를 듣게 될 것이다.

쇼펜하우어는 『의지와 표상으로서의 세계』의 서문에서 철학적으로 사려 깊은 인간에 대해 다음과 같이 말한다.

> "이 인간에게 [⋯] 분명하고 확실하게 될 사실은 그가 태양과 땅을 알고 있는 것이 아니라, 태양을 보는 눈과 땅을 느끼는 손을 알고 있을 뿐이며, 그리고 그를 둘러싸고 있는 세계란 오로지 표상으로 현존할 뿐이라는 사실이다."[12]

그렇다면 뱃사람들의 시각과 지구화에 기여한 다른 활동가들의 시각에서 우리가 덧붙여 말할 수 있는 바는, 앞으로는 지구가 오로지 느끼는 손을 위해서만 있지는 않을 것이라는 점이다. 마젤란과 메르카토르 이후에 우리가 지구를 일주한 배들만을, 위대한 여행의 진리를 서술하고 있는 지도와 지구의(地球儀)만을 알고 있다는 사실은 분명하고 확실하다. 그리고 이제 우리는 세계의 또 다른 저쪽 끝의 목소리들과 상들을 우리에게 들려주

---

12) A. Schopenhauer, *Die Welt als Wille und Vorstellung*, Erstes Buch, § 1.

고 보여주는 전화와 모니터도 알고 있다.

지구권 선교의 성공은 그 상속자들에게 더 이상 성공으로 생각되지 않게 될 만큼이나 절대적이었다. 콘스탄티누스 대제 이후 시기의 그리스도인들은 게네사렛 호수에서 밀비쉬(Milvisch) 다리에 이르기까지 그들의 신앙의 놀라운 확장을 위해 성령에게 호소할 필요가 있다고 생각했었는데, 이 성령은 왕국에 대한 교회의 승리를 가능하게 하는 것으로 간주되었다. 이에 반해 근대 이후(nachmodern) 시기의 인간은 '땅은 이미 언제나 둥글었고, 이러한 사실은 이르든 늦든 언젠가는 밝혀질 것이다'라는 통찰에 만족한다. 자기 안에 머물러 있는 이런 통속성을 저지하기 위해 성령이 출현하지도 않는다. 성령으로부터 오는 도움은 우리에게 아마도 불필요할지 모른다. 우리는 '도대체 어떻게 실제 세계가 마침내 지-구(terrestrische Kugel)로 되었는지'를 언제나 아주 집중적으로 드러내보일 수 있을 것이다. 이러한 과정에서 그러한 서사는 '모든 개별적인 에피소드는 완전히 다르게 진행했을 수도 있다'라는 사실을 증명할 것이다. 모든 에피소드들은 임의로 변화되고 자의로 어떤 계열에 꿰맞춰져서 결국 실현된 구의 어떤 형태에 이르게 된다. 때가 무르익었을 때 뱃사람들의 삶과 항해사들의 항해 일지에서 사실(TATSACHE)은 명백히 드러났다.

최근에 몇몇 "세계화 반대자들"은 인간이 전 지구적 단계(globales Stadium)에 도달하지 않았었더라면, 혹은 전승된 통찰에 따라 대양을 피하고 마을과 소도시에서 참고 견뎠었더라면 훨씬 더 좋았을 것이라는 그들의 확신을 숨기지 않는다. 하지만 '땅은 일주 가능한 통일체를 형성하고 있다'는 사명의 관점에서 볼 때 불신이라는 이런 때늦은 형식이 '인간은 현실의 구에 대한 진리와 더불어서 의미 있는 것을 시작할 수 있다'는 것에 대한 불신에 의해 동반되지 않는다면, 이런 주장은 도대체 뭐란 말인가? 불신자들은 명백히 프톨레마이오스주의자로 남아 있고자 하는 것 같다. 그들은 인간의 국지적이고 식물 같은 삶의 방식을 선호한다. 왜냐하면 그들은 그 사명의 비용이 너무 크다고 생각하기 때문이다. 감히 누가 충분한 근거를 대면서 그들을 반박할 수 있겠는가? I. 월러스타인은 유럽 사람들이 새로운 것의 생성을 위해 고통 받을 (그리고 또한 고통을 달게 받을) 준비가 되어 있는 것을 보고 다음과 같이 설명했다:

> "이 일이 일어났다는 것은 유럽의 명예다. 왜냐하면 16세기의 밀어붙임이 없었다면 근대 세계는 생성되지 않았을 것이기 때문이다. 모든 잔혹함에도 불구하고 그 세계가 생성되었다는 사실은 더 좋은 일이다."[13)]

철학도 고백할 수 있어야 한다면, 위와 같은 진술이 그런 고백일 것이다. 모든 존재자가 그 근본에서 선하다면(좋다면) 그의 선함(좋음)은 생성되는 자에게로도 역시 확장된다. 이 땅이 세계로 생성되어가는 과정이 여기서 예외일 수 있는가?

---

13) I. Wallerstein, *Das moderne Weltsystem*, 530쪽.

*

이러한 생각의 논리적인 결과를 따라가자면 세계사라는 의미의 '역사' 개념은 1492년에서 1974년 사이에 일어난 일련의 사건들로 축소된다. 1492년은 콜럼버스의 제1차 여행의 해이고, 1974년은 포르투갈의 마지막 식민지들이 ('장미혁명'의 결과로) 그 모국으로부터 독립하는 해다. (역사의) 이러한 축소는 두 가지 점에서 추천될 만하다. 첫째, '자본주의적인 발전 도정은 유럽의 모형에 따라서 이루어져야 한다'고 지상의 모든 민족과 문화를 강요하는 진화론의 규범적인 비정상성의 도그마, 즉 "서양에서처럼 땅 전체에서도" 타당하다는 도그마가 저지될 수 있다는 점이다. 다른 한편, (세계) 역사의 장을 세계 체제 형성을 위한 사건들의 복합체로 축소함으로써 "역사의 종말"이라는 지금까지의 정리(Theoreme)가 지니고 있는 의미 있는 내용들이 보존될 수 있다는 점이다. 여기서 '종말'은 '지-구(Erdglobus)'라는 근대적인 지리적인 상이 대부분의 지상의 거주자들에게 그들의 위치에 대한 진리를 말해주는 특정한 상태를 의미한다. "역사의 종말"은 거의 동어 반복적으로 표현된다. 즉, 땅으로서의 세계에 대한 상(Bild)이 전개되어가는 역사가 어느 정도 끝났다면 '세계'의 역사는 종말에 도달했다. 이 상을 처음에 누가 그렸는가 하는 사실은 이 상이 일단 확립된 이후에는 더 이상 특별히 중요하지 않다. 오히려 결정적인 사실은 거의 모든 사람들이 그들의 상황을 지리적인 문맥에서 서술할 때 그 상을 철회할 수 없이 타당한 묘사로 받아들였다는 사실이다.

*지구 시대*의 특징은 수정화된 세계 체제의 테두리 안에서 [세계 체제로 무차별적으로] 환원될 수 없는 (그러나 문명에 맞게 길들여질 수 있는) 문화다양성이 공세적으로 드러난다는 점에 있다. *지구 시대*로의 이행과 더불어 근대라는 정규 시간에 이은 추가 시간이 시작되었다. 유럽의 확장 주체들이 역사를 만들어가는 힘이 소진되었다는 사실은 1945년 이후 확고해졌다. 옛 세계는 그들의 첫 번째 타격 능력을 이 행성을 열어젖히는 데 소비했으며, 그 나머지 에너지를 두 번의 세계대전에서 소진해버렸다 (그 두 전쟁 가운데 두 번째 전쟁은 피할 수도 있었을 첫 번째 전쟁의 불가피한 결과였다). 그 결과로 나타난 역사적 판도의 주체들은 그들의 상호 작용을 위해 탈유럽에 무게를 둔 시나리오를 써야 한다. 이 시나리오들은 세계의 세계화(Weltwerdung)가 이미 다 알려져 있는 방식으로 거행되었다는 것을 전제하고 있지만, 그러나 그 밖의 점에서는 더 중요한 것을 신중히 고려하지 않으면 안 되는 그런 시나리오다.[14] 유럽의 과거를 되돌아보는 것은 세계의 미래를 기획하는 데 전체적으로 볼 때 더 이상 어떤 의미도 갖지 않는다. 제2차 세계대전이 끝난 이래로 '역사'가 삶을 위해 갖는 유용성과 단점은 무엇보다 '역사는 손해 산정을 가능하게 해주는 자료들을 수집한다'는 사실에 그 본질이 있다.

---

14) 역사 개념에 대한 이러한 제한은, 우리 생각으로는, 유럽의 역할과 기능을 부인하거나 제약하지 않고서도 유럽중심주의, 진화주의, 제국주의적인 보편주의 등의 도그마들과 결별할 수 있는 유일한 방법이다. "유럽을 지방화(provinzialisieren)" 하고자 하는 사람은 유럽의 에피소드인 1492-1945의 기간 동안에 일어난 세계 생성(Welterzeugung) 과정을 현실적인 차원에서 정확하게 분별함으로써만 이 일을 감당할 수 있다. Dipesh Chakrabarty, *Provincializing Europe. Postcolonial Thought and Historical Difference*, Princeton/Oxford 2000 참조.

역사는 희생자들이 사건 발생 장소로 되돌아올 수 있도록 주소를 알려준다. 희생자들은 범죄자들 역시 동화에서만 범죄의 광장으로 되돌아온다고 생각하지 않으며, 따라서 이 장소에서 그들처럼 되돌아온 범죄자들을 만나기를 희망한다.

이러한 사실을 제외하면 '역사'란 어제 내린 눈이다. 1945년 이후의 탈식민화와 냉전 시대의 군사적 무승부는 이 눈이 얼마나 빨리 녹는지를 보여준다. 1949년 인도가 영연방 제국에서 이탈했다. 1974년에 포르투갈 세계 제국의 잔유물이 증발했다. 1990년에 소련의 붕괴와 더불어 공격적으로 세계를 넘보던 특징을 지녔던 옛 유럽의 마지막 이데올로기가 무대를 떠났다. 중국이라는 고립된 국가공산주의는 세계 기획을 더 이상 지니고 있지 않다. 중국이 큰 범위에서 자본주의와 민주주의의 분리가능성을 증명하고 있다는 바로 이 이유 때문에 중국은 아직 의미 있게 남아 있다. 중국 공산주의는 오늘날 이미 그 윤곽이 드러난 '세계 체제의 권위적인 자본주의로의 전환'이라는 21세기의 기본 노선을 위한 범례일 수도 있을 것이다.

[Erster Vortrag]

Die Vollendung der Globalisierung: Im Zeichen des Globus wirst du siegen

Peter Sloterdijk

Der von Martin Albrow vorgeschlagene Begriff *Global Age* kommt dem Bedürfnis einer erzählenden Theorie entgegen, inmitten unabgeschlossener Serien prägnante Phasenunterscheidungen vorzunehmen. Er bringt die These zum Ausdruck, daß die Ära der *globalisation* – in unserer Terminologie: der terrestrischen Globalisierung – als abgeschlossen zu gelten hat und in eine unbestimmt lange Nachspielzeit zur regulären Geschichte übergangen ist – eine Nachspielzeit, die gleichwohl eine Ära eigenen Rechts bedeutet. Manche Autoren bezeichnen diese abgelaufene Epoche als das "europäische Jahrtausend"[1] oder gar als die der "Weltgeschichte Europas" – Ausdrücke, die bei all ihrer Fragwürdigkeit und Unzeit-

1) Oskar Halecki, *Das europäische Jahrtausend*, Salzburg 1966.

gemäßheit den Vorzug besitzen, die Asymmetrie zwischen dem Tun der europäischen Agenten und dem Tun der Nicht Europäer hervorzukehren. Was in systemischer Hinsicht Asymmetrie heißt, bedeutete in politischer Perspektive Herrschaft. Der Ausdruck Kolonialismus resümiert die inzwischen allgemein geächteten Prozeduren und Ergebnisse der "europäischen Expansion."[2] Wenn diese Benennung die Methoden der Epoche verwirft, so kann sie doch deren Ergebnis, dem etablierten Weltzusammenhang, die Anerkennung nicht versagen. Der kolonialistischen Praxis lag die Überzeugung der europäischen "großen Nationen" zugrunde - und groß zu sein, fühlen sie sich während ihrer Angriffszeiten durchwegs berufen -, daß Unilateralismus ihr Geburtsrecht sei. Wie aber, wenn der Einseitigkeit die Stunde geschlagen hat und eine Epoche der zahlreichen anderen Seiten beginnt? Die jüngeren Ansätze zu einem symmetrischen Weltbild, wie es sich in den *Postcolonial Studies* artikuliert, haben nicht nur das endogene Ende der europäischen Kolonialmacht zur Voraussetzung; sie setzen auch den Übergang zu einem veränderten Verständnis des Verhältnisses von Schlag und Gegenschlag voraus. Die neue Sorge um Symmetrie bewirkt, daß der Alterität jetzt der Vortritt gebührt. Man ist inzwischen so frei festzustellen, daß die Europäer im Oktober 1492 durch karibische Eingeborene entdeckt wurden. Für die betrübten Entdecker erwies es sich

2) Vgl. Wolfgang Reinhard, *Geschichte der europäischen Expansion*, 4 Bde., Stuttgart u.a. 1983, 1990.

in der Folge als ratsam, Daten zur Erforschung ihrer herrischen Besucher zu sammeln; diese Archive stehen heute der Auswertung offen.

Das Ergebnis des Zeitalters europäischer Offensiven ist - man muß es wie ein postmodernes Mantra wiederholen - die Entfaltung und Konsolidierung des Weltsystems. Das impliziert die Vernetzung der *global players* auf auf vielen Ebenen: denen der Staaten, der Wirtschaftsunternehmen, der Banken und Börsen, des Wissenschaftsbetriebs, des Kunstbetriebs, des Sportbetriebs, des Prostitutionsbetriebs, des Drogenhandels, des Waffenhandels usw. Dieses rückkoppelungsreiche System, so vorläufig es immer noch erscheinen mag, bildet das vorläugig endgültige Arbeitsniveau zahlloser Routinen, durch die das Rücksichtnehmen auf räumlich weit entfernte, sachlich nahe Gegenspieler zum vorherrschenden Stil des In-der-Welt-Seins geworden ist. In seiner aktuellen Definition bedeutet der Begriff Zivilisation soviel wie Telerealismus.

“Abschluß der terrestrischen Globalisierung” - das heißt: Man weiß nun ein für alle Mal, daß man an keinem interessanten Ort der Welt mehr als erster eintrifft; man hat auch förmlich zu bedenken, daß man sich zu keinem Thema der Welt diskursunabhängig äußern kann. Überall sind die Spuren der Entdecker und Vorredner präsent. Gegen den

Ehrgeiz, trotz allem weiter Neues zu versuchen, sprechen die Verhältnisse – obschon *pro forma* stets die Innovation (besser: das ständige Höhersteigen im Turm der Innovationen) gefordert wird. Eingerichtete Routen bezeugen die Entfaltung früherer Entdeckungsfahrten zum Verkehr; eingeschliffene thematische Disziplinen sorgen für die Einbettung von Einfällen und neuen Hypothesen in Diskursregime. Wenn das Zeitalter der Globalisierung durch Erkundungen und Bahnungen bestimmt war, so ist das *Global Age* das der Fahrpläne und des steigenden Verkehrsaufkommens – Geredeaufkommen inbegriffen. Zur Globalisierung gehört das Abenteurertum, zur Globalität der Reservierungsdienst. Mit Musketen, Karten und Macheten gingen die Entdecker der Globalisierungsära an Bord der auslaufenden Schiffe, die Vortragenden des Globalen Zeitalters besteigen die Flugzeuge mit Platzkarte und fertigem Manuskript.

Man kann die kontinuierlichen wie die sprunghaften Momente im Verhältnis von Globalisierungszeit und *Global Age* am besten durch die Analogie zur Saturierung der Stadtkulturen erläutern. Die zeitgenössischen Metropolen sind in der Regel aus mehrhundertjährigen Prozessen des Planens, Bauens, Besiedelns hervorgegangen; gleichwohl erleben manche Großstädte wie Kuala Lumpur, Shanghai oder Berlin noch gegenwärtig dank regionaler Konjunkturen architektonische Fieberschübe, deren Resultate die Stadtsilhouhetten von morgen mitbestimmen. Die konstitutiven Phasen der Stadtbildung jedoch sind bei den meisten klassischen Metropolen seit einer Weile vorüber - was folgt, ist ein Stadium der Kristallisation, in dem auf der Grundlage des Vorhandenen Umbauten, Anbauten und Aufbauten vorgenommen werden; die Schlüsselbegriffe hierzu heißen Vernetzung, Ästhetisierung, Optimierung. Wo man nur noch sehr wenig neu errichten kann, muß man zur intensiveren Verwertung des Stehenden übergehen. Für diese Phase wird die Allianz von Verkehrspolitik und Kulturstadtmarketing charakteristisch - die Städte der Erfolgreichen wollen Eventstandort, *life quality provider* und Knotenpunkt in metropolitanen Korridoren sein - weswegen der Bau von Hochgeschwindigkeitstrassen zwischen kontinentalen Hauptstädten die Ambitionen der auskristallisierten Stadtkultur ebenso vollkommen ausdrückt wie die Errichtung der unerläßlichen urbanen Kollektoren vom Typus der Messezentren, der Sportarenen, der Museen moderner Kunst und der Filialen internationaler Hotelketten.[3)]

Wie es inzwischen an allen Brennpunkten der Welt auskristallisierte Stadtkulturen gibt, so auch im Weltsystem

3) Zum Begriff "Kollektor" vgl. *Sphären III. Schäume*, 2. Kapitel, Indoors, Architekturen des Schaums, Abschnitt C: Foam City. Makrointerieurs und urbane Versammlungsbauten explizieren die symbiotischen Situationen der Menge.

eine auskristallisierte Internationalität und Interkulturalität, verkörpert in Diplomatien, Märkten, akademischen Organisationen und Anbietern tourneefähiger Kunst. Analog hierzu streben nun auch die Medizindienste, die Polizeien und die Geheimdienste nach ihrer transnationalen Zusammenschaltung. Von den Wohlstandzonen aus gesehen macht die Welt im großen und ganzen den Eindruck eines durchkolonisierten Raums - oder, da das Wort Kolonie heute im Normalgebrauch verpönt ist: eines Geflechts von Räumen, die sich dank ihrer Selbstbestimmung eine zivile Ordnung auferlegt haben, in der Regel eine nationalstaatliche Verfassung über ethnischen Komponenten. Nach der Etablierung dieses politisch kulturellen Netzwerks ist das Zeitalter der Globalisierung immanent zum Abschluß gekommen.

Wir vertreten hier die These, daß ausschließlich die Epoche der terrestrischen Globalisierung als "Weltgeschichte" oder "Geschichte" ohne Beiwort bezeichnet werden darf. Ihr Inhalt ist das Drama der Erschließung der Erde als Trägerin der lokalen Kulturen und ihrer Zusammenpressung in einen vernetzten und verschäumten Weltzusammenhang. Nimmt man diese inhaltliche Bestimmung von "Geschichte" ernst, so folgt daraus, daß ausschließlich die Sequenz der Ereignisse zwischen 1492 und 1945 als solche zu charakterisieren ist, während das Dasein der Völker und Kulturen weder vorher noch nachher "geschichtliche" Züge trägt (wobei die Eckdaten naturgemäß diskutabel bleiben). Zwar unterliegen alle Gruppen, Individuen, Institutionen und Praktiken immer und überall den Gesetzen des Werdens; sie gehen durch ihre Zeiten im ruhigen Schritt der variierenden Wiederholung; sie erfahren die Sprünge und Katastrophen, die stetige Serien unterbrechen. Jedoch mit dem, was in der wesentlichen "Geschichte" geschah, hat dieses Bleiben und Treiben so gut wie nichts zu tun. Die eigentliche und einzige Geschichte beantwortet erzählend die ontologischen Fragen: Wie konnte es zu den Verhältnissen des *Globalen Zeitalters* kommen? Wie wurde die Erschließung der Erde als Trägerin des Zusammenhangs der Kulturen möglich? Wie konnten die Europäer ihre Karten zeichnen und ihre Netzwerke über die bewohnte Welt ausbreiten?

"Geschichte" ist der Mythos von der Geburt des Weltsystems.[4] Erzählen ließe er sich rechtens nur als das Heldenepos der terrestrischen Globalisierung - folglich als der Roman der Einseitigkeit. Dieses Heldenlied sprengt die übliche

---

4) Diese Einsicht liegt dem jüngsten universalgeschichtlichen Versuch von J. R. McNeill und William H. McNeill, *The Human Web: A Bird's-Eye View of World History* zugrunde, die die Weltgeschichte als Geschichte von Netzwerkverdichtungen beschreiben. Leider fliegen die McNeillschen Vögel zu hoch, um zu erkennen, daß sie einer optischen Täuschung erliegen und die einzige Phase effektiver weltbildender Netzwerk- verdichtung, nämlich die Periode von 1492-1974, auf die gesamte Dauer des anthropischen Abenteuers projizieren.

Komplizenschaft zwischen den Heroen und ihren Sängern auf. Indem es gesungen wird, erweist es sich als die unerzählbar große Erzählung von der Selbsteinkreisung der "Menschheit." So oft sie auch dargestellt wird, keine Version wird sich je auf der Höhe des Ereignisses halten können.

Dieses hybride, oft versuchte, nie angemessen vorgetragene Epos bildet einen eminenten Abschnitt in der Universalgeschichte des Zufälligen, der, seiner Zufälligkeit zum Trotz, wie von einer internen Zielstrebigkeit durchwirkt erscheint. Der Globalisierungsbericht ist eine Geschichte im engen Sinn des Wortes nicht nur, weil er, wie es sich für eine solche gehört, einen Anfang, eine Mitte und ein Ende hat; er ist Geschichte auch im teleologischen Sinn, da er das Kriterium für seinen Abschluß in sich selber trägt. Für ihren Beginn besitzen wir symbolträchtige Szenen: Die drei Kolumbuskaravellen laufen am Freitag, den 3. August 1492 um acht Uhr morgens "von der Saltesbank"[5] bei Palos mit Kurs auf die kanarischen Inseln aus - mit Folgen, von denen wir hier reden; nach 69 Tagen wird Land gesichtet, am siebzigsten, erneut an einem Freitag, wird die Neue Welt betreten.[6] Im Herbst desselben Jahres stellt Martin Behaim seinen "Erdapfel" den Nürnberger Ratsherren vor - er bringt

5) Christoph Columbus, *Schiffstagebuch*, Leipzig 1989, S. 7.

6) Zur Apologie des Freitags vgl. Victor Hugo, *Die Arbeiter des Meeres*. S. 249.

die terrestrische Wahrheit in die fränkische Handelsstadt. Für das Ende sprechen ebenso klare Szenen: Während der Nürnberger Reichsparteitagwoche 1937 läßt Hitler den Behaim Globus in sein Hotel *Deutscher Hof* bringen, zum einen, um gelegentlich bei der von ihm bezahlten Restaurierung der stark geschwärzten Kugel zuzusehen, zum anderen, um sich durch den Anblick des ehrwürdigen Objekts, man weiß nicht wie, für seine imperialen Pläne zu motivieren. Auf der Konferenz von Bretton Woods im Juli 1944 wird mit dem Abkommen über die Goldparität des Dollars und des britischen Pfunds die erste verbindliche Weltwährung des *Global Age* begründet; im Jahr 1969 bringen US amerikanische Astronauten die ersten Bilder der aufgehenden Erde von ihrer Mondreise zurück. Dazwischen liegen Millionen von Szenen, die stets dieselbe Lehre einschärfen: Wer den Globus nicht ernst nimmt, den bestraft das Leben.

Die Hypothese, daß die Erde kugelgestaltig und daher durch einen Erdglobus mit Flächenbildern für Länder und Meere darauf adäquat darstellbar sei, war im ausklingenden Mittelalter eine Vermutung, die nicht mehr als eine Handvoll Theologen, Kosmologen, fanatischer Kartographen und von Fernappetiten stimulierter Kaufleute beschäftigte. Für die meisten Europäer vom 16. Jahrhundert an bis zur amerikanischen Unabhängigkeitserklärung blieb sie eine unverbindliche Spekulation, ohne nennenswerte Bedeutung für das

Leben der einzelnen, auch nachdem die Fahrten des Kolumbus, Vasco da Gamas und Magellans ein empirisches Votum zugunsten der vormaligen Hypothese herbeigeführt hatten. Die Karten wurden zwar allmählich genauer, Atlanten, Globen, Planisphären tauchten in Fürstenbibliotheken auf, sie hielten Einzug in die Herrenzimmer des Bürgertums - doch der Realitätsgehalt des Globus blieb weiterhin für die überwältigende Mehrheit der Bewohner Europas eine ungewisse, in ihrer Ungewißheit aber belanglose Größe. Er gehörte zu jenen Wahrheiten, die nach ihrer ersten Veröffentlichung Jahrhunderte brauchen, bevor sie ihre Rezipienten einholen.

Bei einigen Akteuren jedoch wurde die Hypothese schon früh zu einem Glauben, der stark genug war, um das eigene Leben auf ihn zu wetten. In der Person von Columbus, Magellan und del Cano macht sich der Glaube auf die Suche nach dem Intellekt. Um sich zu bekennen, brauchte er hochseetüchtige Schiffe und Mannschaften, die sich für Geld auf den Irrsinn der Kapitäne einließen. Durch einen schönen Zufall hat sich die Soldliste der Mannschaften von 1492 erhalten; danach sollte der piloto Sancho Ruiz de Gama für die Teilnahme an der Fahrt zwanzig Dukaten bekommen, der *marinero* Juan de Moguer viertausend Maravedís usw.[7] Das verschollene Glaubensbekenntnis der frühen Weltumsegler ist nur aus den Handlungen dieser Männer und ihrer Hinter-

7) Critóbal Colón, *Textos y documentos completos. Prólogo y notas de Consuelo Varela*, Madrid 1982, S. 230-234.

lassenschaften rekonstruierbar.

> *Credo in unam terram rotundam, vitae matrem, fontem divitiarum, populorum domum, et in marem universalem, fecundam navigabilemque, palatium ventorem, amicam gubernatoris vectorisque, et in aerem liberam, ubique respirabilem, velivolantium motricem velorum, aulam libertatum omnium.*[8)]

Columbus hoffte, wie bekannt, im Westen soviel Gold zu finden, wie zur Finanzierung eines Kreuzzugs zur Befreiung des Heiligen Grabes von moslimischer Herrschaft nötig gewesen wäre - auch in diesem Sinn wollte der Weg nach Westen den nach Osten öffnen: Dieser Christophoros war nicht der letzte, der die Neuzeit in den Dienst des Mittelalters stellen wollte.[9)] Und dennoch: Nach Magellan und del Cano, nach Francis Drake und Henry Hudson entwickelte sich das Bekenntnis zur Globalität der Erde Jahrzehnt für Jahrzehnt zu einer Doktrin, die es an Katholizität mit der jeder kirchlichen Rechtgläubigkeit aufnahm. Und wie der christliche Glaube wollte auch der an die Kugel, auf der wir leben, weben und

---

8) Ich glaube an die eine runde Erde, die Mutter des Lebens, die Quelle der Reichtümer, das Haus der Völker, und an das allgemeine Meer, fruchtbar und überall schiffbar, den Palast der Winde, die Freundin der Steuermanns und des Passagiers, und an die freie Luft, atembar überall, Bewegerin der schnellsegelnden Segel, Halle sämtlicher Freiheiten.

9) Über die Figur des Christophoros vgl. Peter Sloterdijk, *Sphären II, Globen*, Abschnitt III der Einleitung: "Gott tragen", S. 96, 117.

sind, nicht nur rezitiert, sondern im Leben bewährt werden. Die Aussage, daß die Erde kugelgestaltig sei, hörte auf, eine bloße naturwissenschaftliche Hypothese zu sein, sie begann mit den lebensleitenden Überzeugungen der modernen Menschen zu verschmelzen. Glauben beinhaltet die ontologische Funktion "Ernstmachen mit einem Gedanken"; er meint das Durchgreifen vom Vorstellen auf das Sein.

Daher erzählt der Bericht von der Entdeckung und Vernetzung der Erde eine *story*, die von Anfang bis Ende Glaubensgeschichte war. Sie handelt vom Glauben der Entdecker, die nicht zweifelten, Neues zu finden, von dem der Eroberer, die an den Horizont blickten, bis die Beute auftauchte, und dem der Seefahrer, die sich allen Ernstes an die These klammerten, man könne die Erde umfahren und zur Heimat zurückkehren. Das Wunderbare geschah: Sie fanden das Neue, die Beutestücke tauchten an den Horizonten auf, die Schiffe kehrten zurück, sofern sie nicht an Riffen zerschellt und auf dem Meeresgrund geblieben waren. Wie dieses Finden, dieses Auftauchen, dieses Zurückkehren geschehen konnten, war für die Akteure des Geschehens letztlich nur dadurch zu erklären, daß sie von Gott zu Entdeckern, Eroberern und Heimkehrern berufen worden waren.

In der Retrospektive zeigen sich die Erfolge der europäischen Globonauten freilich unter einem veränderen Licht. Wir verstehen heute, daß der Glaube an die Kugelgestalt der Erde nicht ein Fürwahrhalten von Einbildungen gewesen war. Der Glaube der *marineros* wurde durch das Entgegenkommen des Realen belohnt - er gab den Hypothesen, Bildern, Geschichten, Wahrnehmungen und Empfindungen, die sich auf die Erdkugel bezogen, ontologisches Gewicht, bis hin zu dem Punkt, an dem das Sein des Gegenstandes selbst seine Gläubigen auf seine Seite zog. Das zunehmende Überzeugtwerden vom Erde-Sein der Erde bestimmt seither den Geschmack des Realen. Wie es Verfolgungswahnsinnige gibt, die wirklich verfolgt werden, so gibt es Seefahrer, die sich eine runde Erde einbilden und tatsächlich um sie herumfahren.

An dieser Stelle unserer Überlegungen hebt sich der Vorhang für den Auftritt eines großen Worts: Der Glaube der Geomanen an der Wende vom 15. zum 16. Jahrhundert war ein Glaube an die *Wahrheit* - eine zuerst verhüllte, dann enthüllte, eine zuvor entfernte, dann genäherte. Weil die Enthüllung und Näherung der Kugelerde und ihrer Schätze Jahrhunderte erforderte, gab es die Weltgeschichte als Aktion, als Mitschrift und Nachschrift; weil die Aufgabe der Enthüllung und Näherung eine relativ endliche war, ergab es sich, daß diese Geschichte *cum grano salis* Anfang, Mitte und

Ende haben mußte. Die Zielstrebigkeit ihres Ablaufs ist so suggestiv, daß man als aufgeklärter Leser eher an eine Täuschung durch die retrospektive Optik als ein reales Ereignis glauben möchte. Haben wir es nicht mit einer der üblichen teleologischen Unterschiebungen zu tun, die uns einflüstern, man dürfe von zufälligen Ergebnissen auf Anfangsabsichten schließen?

Bei der hier behandelten Geschichte liegen die Verhältnisse anders: Tatsächlich hat sich die Vorstellung von der runden Erde wie eine sich selbst erfüllende Prophezeiung ein halbes Jahrtausend lang in die Bewußtseine westlicher Menschen und ihre Medien eingenistet. Sie hat eine sehr kleine aktive Minderheit unter ihnen in einen beispiellosen Aufbruch verwickelt - ein pragmatisches Amalgam aus Eroberungsfeldzug, Apostelgeschichte und Forschungsprozeß. Aber die Vorstellung von der Kugelgestalt der Erde war nicht nur eine symbolische Figur; sie war mehr als ein Postulat der schönen Physik. Die Träger dieser wahren, aber noch unerwiesenen Idee, zähe Seefahrer, geduldige Kartographen, metallsüchtige Monarchen und hochherzige Gewürzkrämer, häuften Beweis auf Beweis, bis sich die letzten Leugner, Ignoranten und Gleichgültigen den vorrückenden Evidenzen unterwarfen. Die Erzählung von der Neuzeit liest sich wie ein langer

Kommentar zu dem Satz: *In hoc signo (sc. globi) vinces.* Das Kugelzeichen überholt das Kreuzeszeichen - in diesem Satz ist die “Geschichte” enthalten. Solange Kreuz und Kugel gleichauf liegen, erscheint der Ausgang der “Geschichte” offen. Mit dem Abschluß des Überholmanövers, nach dem das Kreuz auf den zweiten Platz verwiesen ist, schließt sich das Feld, auf dem das Phänomen “Geschichte” als Erfolgsbericht des Kugelglaubens ablaufen konnte.

Erledigt hat sich die Globusmission für die heutigen Menschen allein kraft ihres allesdurchdringenden Erfolgs. Seit es keinem halbwegs vernünftigen Zeitgenossen mehr in den Sinn kommt, an der etablierten Geltung des Erdkugelglaubens zu zweifeln, ist das neue Zeichen auf ähnliche Weise verblaßt wie das alte; es geht, wie dieses, an seiner eigenen Redundanz zugrunde. Mögliche Zweifler müßten sich gefallen lassen, als Revisionisten bezeichnet zu werden. Der Glaube der Seefahrer hat sich in Wissen verwandelt; das Wissen hat sich trivialisiert und spezialisiert; aus den Erdgläubigen des 16. Jahrhunderts sind postmoderne Erdwissenschaftler geworden - elftausend von ihnen haben sich im April 2003 in Nizza zu einer euro-amerikanischen Arbeitskonferenz versammelt.[10] Die meisten von ihnen dürften bei ihrer

10) Oliver Morton, Geoscience on parade, in: *prospect magazine*, January 2004.

Anreise mit dem Flugzeug dem seltsamen Objekt ihrer theoretischen Begierde nur einen kurzen Blick aus der Luft gewidmet haben.

Alle vorkolumbischen und vorkopernikanischen Vorstellungen von Form und Lage der Erde im All haben es infolge der neuen Wissensverhältnisse hinnehmen müssen, zu vormodernen "Weltbildern" zurückgestuft zu werden. Heidegger hatte darum mit seiner Deutung der Neuzeit als *Zeit des Weltbilds* nicht ganz recht. Er hätte nur dann auch *toto genere* recht behalten, und nicht nur aspektweise, wenn die Europäer nie die Kühnheit besessen hätten, mit ihren Schiffen die Erde zu umfahren. Weil jedoch die Erde umsegelt wurde, weil es seither und infolgedessen gültiges neues Weltwissen gibt - obschon man zu Hause hiervon nur die blaßfarbigen Karten sieht und ihren Widerhall im Poltern der Imperialisten vernimmt -, dürfen und müssen die Weltaussagen sämtlicher Nicht Weltumsegler, sämtlicher bodenständiger Rhapsoden und aller Schamanen in ihren sichtbaren und unsichtbaren Landschaften zu "Weltbildern" erklärt werden. Sie sind tatsächlich nicht mehr als vergangene Welteinbildungen, Figuren ohne rechtes Wissen und Weiterwissen, regionale Poesien aus der Zeit vor der umfassenden Seefahrt. Gewiß ist das Weltwissen der Modernen in einem unbekannten Ausmaß an Abbildungen gebunden, dennoch stellt dieses Wissen - das hat Heidegger verkannt - in letzter Instanz kein Bild dar, sondern das Rauschen der Ozeane in den Körpern der Seefahrer. Wer das Ohr an einen Erdglobus legt, müßte in ihm den Sturm und die Brandung hören.

Wenn Schopenhauer in der Einleitung zu *Die Welt als Wille und Vorstellung* über den philosophisch besonnenen Menschen notierte:

> "Es wird ihm ... deutlich und gewiß, daß er keine Sonne kennt und keine Erde, sondern immer nur ein Auge, das eine Sonne sieht, und eine Hand, die eine Erde fühlt, daß die Welt, welche ihn umgibt, nur als Vorstellung da ist···."[11)]

so wäre aus der Sicht der Seefahrer und anderer Aktivisten der Globalisierung hinzuzufügen, daß es künftig nicht nur für die fühlende Hand eine Erde gibt. Nach Magellan und Mercator wird deutlich und gewiß, daß wir nur die Schiffe kennen, die die Erde umfahren haben, und nur die Karten und Globen, in denen die Wahrheit der großen Reisen zur Darstellung gebracht wird. Inzwischen kennen wir auch die Telephone und Monitore, die uns Stimmen und Bilder vom anderen Ende der Welt hören und sehen lassen.

---

11) A. Schopenhauer, *Die Welt als Wille und Vorstellung*, Erstes Buch, § 1.

Der Erfolg der Erdsphärenmission war so durchschlagend, daß er von seinen Erben heute nicht länger als solcher empfunden wird. Die Christen der nach constantinischen Ära hatten sich angesichts der wundersamen Ausbreitung ihres Glaubens vom See Genezareth bis zur Milvischen Brücke genötigt gesehen, den Heiligen Geist anzurufen, der den Sieg der Kirche über das Reich ermöglicht hätte. Die Menschen der nachmodernen Ära hingegen begnügen sich mit der Ansicht, daß die Erde wohl immer schon rund war und daß dies früher oder später herauskommen mußte. Gegen Trivialität, die in sich ruht, kommt auch ein Heiliger Geist nicht auf. Vielleicht wäre Hilfe von solcher Seite uns entbehrlich, könnten wir intensiv genug vergegenwärtigen, wie die wirkliche Welt endlich zur terrestrischen Kugel wurde. Eine solche Erzählung würde en passant beweisen, daß jede einzelne Episode ganz anders hätte verlaufen können; alle Episoden, beliebig verändert und willkürlich nacheinander gereiht, konnten nicht anders, als bei einer irgendeiner Gestalt verwirklichter Globalität anzukommen. Als die Zeit erfüllet war, offenbarte sich die TATSACHE im Leben der Seeleute und in den Schiffstagebüchern der Piloten.

Manche "Globalisierungsgegner" machen in jüngerer Zeit keinen Hehl aus ihrer Überzeugung, es wäre besser gewesen, hätten die Menschen das globale Stadium nie erreicht - oder hätten nach gewonnener Einsicht, unter Vermeidung der hohen See, in ihren Dörfern und Kleinstädten ausgeharrt. Aber was ist das, wenn nicht eine verspätete Form des Unglaubens hinsichtlich der Botschaft, daß die Erde eine umrundbare Einheit bildet - begleitet von dem Unglauben daran, daß die Menschen mit der Wahrheit über die wirkliche Kugel im ganzen etwas Sinnvolles anfangen können? Die Ungläubigen wären offenbar lieber Ptolemäer geblieben, sie geben der provinziellen und pflanzenhaften Seinsweise der Menschen den Vorzug, weil sie die Kosten der Botschaft für zu hoch halten - wer kann ihnen mit ausreichenden Gründen widersprechen? Immanuel Wallerstein hat mit Blick auf die Bereitschaft der Menschen in Europa, für das Werden des Neuen zu leiden (und wohl auch leiden zu lassen), erklärt:

> "Es gereicht Europa zur Ehre, daß dies geschah, denn ohne den Schub des 16. Jahrhunderts wäre die moderne Welt nicht entstanden, und, trotz all ihrer Grausamkeiten, ist es doch besser, daß sie entstanden ist."[12)]

Wenn auch die Philosophie Bekenntnisse abzugeben fähig sein sollte, hier wäre ein solches. Ist alles Seiende im Grunde gut, so erstreckt sich sein Gutsein auch auf das Werdende. Könnte das Weltwerden der Erde hiervon eine Ausnahme

---

12) I. Wallerstein, *Das moderne Weltsystem*, S. 530.

machen?

*

Die logische Folge dieser Überlegungen besteht in der Beschränkung des Begriffs "Geschichte", im Sinn von Weltgeschichte, auf die Sequenz von Ereignissen zwischen 1492 - dem Datum der ersten Kolumbusfahrt - und 1974, dem Jahr, in dem die letzten portugiesischen Kolonien sich (infolge der "Rosenrevolution") vom Mutterland trennten. Diese Reduktion empfiehlt sich durch zwei Tugenden: Zum einen lassen sich mit ihrer Hilfe die normativen Auswüchse des Evolutionismus eindämmen, die sämtlichen Völkern und Kulturen auf der Erde den kapitalistischen Entwicklungspfad nach europäischem Muster aufpressen wollen - dem Dogma "wie im Westen, so auch auf Erden" gemäß; zum anderen können dank dieser Beschränkung des (welt)geschichtlichen Felds auf den Ereigniskomplex der Weltsystembildung die sinnvollen Gehalte bisheriger Theoreme vom "Ende der Geschichte" aufbewahrt werden. Von ihnen bleibt gewiß nur eine minimalistische Fassung übrig: "Ende" meint hier den Zustand, in dem für die weitaus meisten Erdbewohner das moderne geographische Bild des Erdglobus die Wahrheit über ihre Lage sagt. Das "Ende der Geschichte" wird durch eine

Beinahe Tautologie ausgedrückt: Die Geschichte der "Welt" ist ans Ende gelangt, wenn die Geschichte der Entwicklung des Bildes von der Welt als Erde mehr oder wenig fertig ist und allgemein zugestellt wurde. Wer dieses Bild zuerst gezeichnet hat, ist nach seiner Etablierung nicht mehr besonders wichtig; entscheidend ist vielmehr, daß die allermeisten es als die unwiderruflich gültige Darstellung ihrer Situation im terrestrischen Kontext akzeptiert haben.

Mit dem Übergang ins *Global Age* - markiert durch die offensive Aufstellung der irreduziblen (wenn schon zivilisatorisch zähmbaren) Kulturenvielheit im Rahmen des auskristallisierten Weltsystems - hat die Nachspielzeit zur regulären Neuzeit begonnen. Seit 1945 steht fest, daß die geschichtemachende Potenz der europäischen Expansionsträger erloschen ist; die Alte Welt hat ihre Erstschlagskapazität bei der Erschließung des Planeten verbraucht und den Rest ihrer Energien in zwei Großkriegen abgefackelt (von denen der zweite die fast unvermeidliche Folge des ziemlich vermeidlichen ersten bedeutete). Die Agenten der resultierenden Konstellation müssen seither außereuropäisch gewichtete Drehbücher für ihre Interaktionen schreiben - Drehbücher, die vielleicht noch hintergründig voraussetzen, daß die Weltwerdung der Welt in der bekannten Weise stattgefunden hat, sich ansonsten aber um Wichtigeres zu kümmern haben.[13] Der Blick in die europäische Vergangenheit hat für die Projektion der Weltzukunft aufs ganze gesehen keine Bedeutung mehr. Seit dem Ende des Zweiten Weltkriegs besteht der Nutzen und Nachteil "der Geschichte" für das Leben vorrangig darin, daß sie die Akten für allfällige Schadenserhebungen versammelt. Die Historie nennt Adressen für die Rückkehr der Opfer zum Tatort - wo sie hoffen, die ebenfalls zurückgekehrten Täter zu treffen, ohne zu bedenken, daß nur im Märchen auch die Täter zum Schauplatz des Verbrechens zurückkehren.

Ansonsten ist "Geschichte" Schnee von gestern; wie schnell er schmilzt, verraten die Entkolonialisierung nach 1945 und das Militärpatt des Kalten Krieges; 1949 löst sich Indien aus dem Verband des Britischen Empire; 1974 verdunsten die Reste des portugiesischen Weltreichs; 1990 verläßt mit dem Kollaps der Sowjetunion die letzte alteuropäische Ideologie

13) Diese Einschränkung des Geschichtsbegriffs ist u.E. die einzige Art und Weise, wie sich der Abschied von den Dogmen des Eurozentrismus, des Evolutionismus und des imperialen Universalismus ohne Leugnung und Verkürzung der Rolle und Funktion Europas vollziehen läßt; wer "Europa provinzialisieren" will, kann dies nur tun, indem er die Welterzeugung während der europäischen Episode 1492-1945 in ihren realen Dimensionen ausmißt. Vgl. Dipesh Chakrabarty, *Provincializing Europe. Postcolonial Thought and Historical Difference*, Princeton/Oxford 2000.

von aggressivem Weltnahmecharakter die Bühne. Der isolierte Nationalkommunismus der Chinesen trägt kein Weltprojekt mehr in sich - bedeutsam bleibt er nur deswegen, weil er die Trennbarkeit von Kapitalismus und Demokratie im großen Stil unter Beweis stellt. Er könnte paradigmatisch sein für eine sich heute schon abzeichnende Grundlinie des 21. Jahrhunderts: die Wende des Weltsystems zum autoritären Kapitalismus.

수정궁 또는 자본주의적 안락의 영역과 테러리즘의 위협

번역 김 옥 경

서유럽인들의 공격적인 세계 개방이 위험스러울 정도로 극으로 치닫고 있을 때, 19세기에 여러 작가들은 이를 정체된 동유럽권의 관점에서 비판적인 신중성으로 관망하고 있었다. 그 중에서도 피오도르 도스토에프스키가 가장 형안을 가진 진단가였다. 1864년에 출판된 『지하 생활자의 수기』는 현대 원한심리학(Ressentiment-Psychologie)의 기초를 표현하고 있을 뿐 아니라 지구화에 대한 적대감(만약 우리가 이 표현을 그 과거에 적용시켜 사용하는 것이 정당하다면)을 최초로 언표한 글이기도 한데, 이 글은 지구화 시대가 종말을 고하기 시작하는 시점에서 세계가 세계로 되어가는 것(Weltwerdung der Welt)을 다음과 같은 탁월한 비유로 요약하고 있다: 나는 서구 문명을 단적으로 표현하고 있는 단어를 "수정궁(Kristallpalast)"이라고 생각한다. 도스토예프스키는 1862년 런던 방문 시(1851년 만국박람회 후에) 자이덴햄에 다시 건립된 *수정궁*(수정궁은 1862년 만국박람회에 다시 장소를 제공함)[1)]을 보게 되었는데, 그의 수정궁에 대한 회의적 인상은 체르니셰프스키의 소설『무엇을 해야 할 것인가』(1863)에 대한 강연에서 보여주었던 그의 반감을 연상시킨다. 그가 살던 시대에 유명했던 이 책(단적으로 낙관주의적이며 서구 우호적 경향을 띰)에서 새로운 인간(neuer Mensch)이 표명되었는데, 그 영향은 레닌에까지 이른다. 이 새로운 인간이란 사회적 문제를 완전히 기술적으로 해결함으로써 유리와 금속으로 만들어진 공동체 궁전(Gemeinschaftspalast)에서 자신들의 동료들과 살아가는데, 이 공동체 궁전은 동과 서(사회주의 제국과 자유주의 제국)의 거주 공동체의 원형이라 할 수 있다. 이러한 궁전은 냉방 시설이 갖추어진 호화 주택으로 설계되었다. 의견일치가 이루어지는 영원한 봄은 이 큰 온실을 지배하며 모든 사람들이 다른 모든 사람들과 평화적으로 공존하는 것이 그 자체로 자명한 것 같기도 하다. 도스토예프스키의 관점에서 볼 때, 이러한 궁전에서의 삶은 서구 인류에 속한 한 집단의 의지를 상징하고 있는데, 이 의지란 다름아닌 역사 이후 시대의 긴장 완

---

1) 이에 관해 자세한 내용은 Peter Sloterdijk, *Sphären III. Schäume*, Frankfurt a. M., 2004 참조. 도스토예프스키의 런던 방문에 관한 문학적인 반향은 1863년에 쓰인 "Winteraufzeichungen über Sommereindrücke"라는 그의 여행기에서 나타난다. 이 글에서 작가는 서구적인 "문명의 소란스러움", "오랑제리 진보주의자들(Orangerie-Progressisten)"의 온실적인 모습을 조롱하고 만국박람회장의 바알(Baal) 신적인 승리에 대한 그의 우려를 표명하고 있다. 도스토예프스키는 이미 프랑스 부르주아에게서 인간의 본질적 특성을 구매력의 소유와 동일시하는 서유럽 그리고 역사 이후 시대의 경향을 읽어낸다: "재화의 소유가 최고의 덕이며 인간의 의무다."

화 속에서 세계를 네트워크화하고 세계를 행복한 곳으로 만들기 위하여 이들 집단이 장악해온 주도권을 완결하려는 의지다.

여기서부터 "역사의 종말(Ende der Geschichte)"에 대한 동기가 근대라는 시대 전체를 관통하여 이어지게 될 개선 행진을 시작한다. 20세기의 공산주의자들과 마찬가지로 19세기의 이상주의자들은 사회적 삶이 호전적 역사의 도정에서 확장된 인테리어(Interieur), 다시 말해 내부적으로 잘 정돈된 영역에서만 재현될 수 있다는 것을 이미 통찰하였다. 사람들이 현실적인 역사를 어떻게 이해하든 상관없이, 현실적인 역사는 마치 그 역사가 사용하던 창살과 항해와 영토 확장 전쟁이 표방하듯이 외부로 향한 과업의 대명사로 머물러 있어야만 했다. 그러나 역사적 투쟁들이 영구 평화로 귀결되어야 한다면, 사회적 삶은 총체적으로 하나의 집안 내부로 통합되어야만 할 것이다. 그리고 만약 그러한 상태에 이르면, 역사적 사건들은 더 이상 발생하지 않을 것이며, 발생하는 사건이란 그저 집안에서 일어나는 불상사 정도일 것이다. 서방 세계가 — 특히 2004년 5월에 상대적으로 완결을 이룬 유럽연합 — 본질적으로 오늘날 바로 이 거대한 인테리어를 구현하고 있다는 사실을 어느 누가 부인하겠는가?

이 거대한 긴장 완화의 온실은 20세기가 소비주의라고 표현하는 유쾌한 바알(Baal) 신의 숭배에 바쳐졌다. 도스토예프스키가 수정궁과 유흥을 즐기는 런던의 군중이 보여주는 충격적인 광경에서 인식했다고 믿었던 자본주의적인 바알 신은 그 집안 내부에서는 물론, 그 집안 내부를 지배하고 있는 쾌락주의적 북새통도 잘 구현해주고 있다. 여기서 궁극적인 사물들에 대한 새로운 이론이 소비의 교리로서 정식화된다. 수정궁이 건립됨으로 말미암아 그 결과로서 오직 전체 관계의 "수정화(Kristallisation)"가 초래될 수 있다. 아놀드 겔렌(Arnold Gehlen)은 "수정화"라는 표현을 쓰면서 도스도예프스키에 의존한다. 이 수정화는 권태를 일반화하려는 기획(Projekt)을 시사하고 있다. 수정화를 촉진하고 또한 보존하려는 것이 앞으로 모든 국가 권력의 목적이 될 것이다. 입헌적으로 보장된 권태는 자연스럽게 기획의 형태를 띠게 될 것이다. 그 권태를 지시해주는 사회 심리적 선율은 동요함(Aufbruchstimmung)이며, 그 기본 음색은 낙관주의다. 역사 이후 시대의 세계에서 모든 기호 혹은 징표들(Zeichen)은 미래를 향하고 있다. 왜냐하면 소비자 연합에 부여될 수 있는 유일한 약속이 미래에 자리잡고 있기 때문이다. 그 약속이란 바로 안락이 종식되지 않는다는 것이다. 인권은 소비주의의 법적인 하부구조다.

그러나 수정궁의 오랜 평화는 거주자의 심리적인 표출로 이어진다는 것이 도스토예프스키의 강한 확신이었다. 이 기독교 심리학자는 긴장 완화가 필연적으로 인간 내면에 있는 악을 밖으로 발산시키는 결과를 가져온다고 한다. 원죄였던 것은 보편적인 안락의 풍토 속에서 악을 향한 진부한 자유로 드러난다. 더욱이 그 역사적 변명이나 유용성을 포함하고 있는, 변형을 결여한 악은 먼저 권태(*skuka*) 속에서 역사의 종말 이후 그 본질적 형태로 결정화될 수 있다. 소박한 사람들에게는 놀랄 만한 것이 되겠지만, 모든 변명으로부터 자유로워진 악은 단순히 일시적 기분의 특성을 갖고 있다는 것이 자명하다. 이 기분은 심연이 없는 정립 또는 고통을 받고 고통을 주는 임의적인 취향으로서 더 나아가 특정 근거 없이 배회하는 파괴로서 드러난다. 현대적으로 이해된 악은 운동 없는 부정성(arbeitslose Negativität)이며, 이것은 명백하게 역사 이후 시대의 상황에서 비롯된 산물이다. 이 현대적 악의 대중 보급판은 무고하고 소박한 사람들이 서로를 침대 틀에 묶어주는 중산층 가정에서의 사도마조히즘(Sadomasochismus)이며, 현대적 악의 호화판은 임의적인 편애함을 선호하는 심미적 속물주의(ästhetischer Snobismus)다. 가치나 무가치는 모두 근거 없이 이것이나 저것을 평가하는 단순히 일시적 기분으로서만 의미를 갖는다. 사람들이 이 악을 칸트가 명명한 대로 근본악이라고 부르느냐 그렇지 않느냐 하는 문제는 사실상 사소한 문제다. 악의 근원이 일상적인 기분보다 더 깊은 곳에 자리잡을 수 없기 때문에 "근본적(radikal)"이라고 부른다고 해서 달라질 것은 아무것도 없다. "근본적"이라는 명칭은 존재론적인 연극적 소란스러움일 뿐이다.

여기서 1929년에서 1930년에 형성된 하이데거의 탁월한 권태의 현상학이 단지 유럽 전역에서 형성된 수정궁(전쟁을 통해서 파괴되었다 할지라도)으로부터의 탈출로서만 이해될 수 있다는 것을 언급할 필요가 있겠는가? 모든 유효한 확신의 불가피한 부재라는 그 수정궁의 도덕적 내부 풍토가 여기가 아닌 어디에서 더 명확하게 파악될 수 있겠는가? 대중 문화, 인본주의, 생물학주의는 이 철학자의 통찰에 따르면 수정궁에 살고 있는 현존재의 깊은 권태를 그 배후에 숨기고 있는 살아 움직이는 듯한 가면이다. 하이데거의 주제를 올바르게 평가하기 위해 우리는 위에 언급한 것들 속에서 역사 이후 시대의 세계를 의도적으로 재역사화하려는 하이데거의 시도를 인식해야만 한다. 이 시도는 재앙을 삶의 스승으로 불러올 수 있는 대가를 치를 수도 있을 것이다. 이러한 의미에서 하이데거는 그가 일시적으로 자신을 귀속시킨 "민족 혁명"의 관점에서 오늘 여기서부터 재역사화(Rehistorisierung)의 시대가 시작된다고 말할 수 있었을는지도 모른다. 그는 거기에 있었을 뿐 아니라 그 시대를 선취하여 사유했다고 말할 수 있었을는지도 모른다. 하이데거의 역사주의는, 반성의 중심지 독일에서 출발하여 역사의 마지막 시간에 다시 한 번 역사를 허용하기 위하여 역사 이후적인 획일성에서 탈피하고자 하는 요청을 표현하고 있다. 이러한 논리에 따르면, "역사"란 만들어지는 것이 아니라 오히려 철저히 수난을 받는 것이다. 이 철학자에 따르면, 독일인들은 마지막 수난의 민족으로서 행진해나가야만 하며, 또한 임의성이 지배하는 현장 한가운데에서 독일인이 위대한 행위를 할 수 있다는 요청적인 증거가 있다는 사실을 증명하는 것이 독일인들에게는 허용되어 있었다. 만일 독일인들이 하이데거가 그들에게 이상적으로 기대했던 것을 수행할 수 있었더라면, 그들은 역사적 필연성의 빛이 마지막으로 바로 그들에게 비춰질 수 있는 민족이었다는 점을 세계 만방에 분명히 보여줄 수 있었을 것이다.[2] 그러나 역사적 상황의 아이러니는 문제의 명증성이 그 장소를 바꾸어 적의 진영에 머물렀다는 점이다. 왜냐하면 반파시즘이야말로 그 시대가 도덕적 관점에서 제공해야만 했던 가장 확실한 것이었기 때문이다. 더욱이 그 명증성은 역사 이후 시대의 장을 수정궁으로 기획 수립하고자 했던, "역사"로부터 이주해나간 전형적인 이주자들인 미국인들과 결탁하고 있었다.

도스토예프스키에게서 수정궁이라는 비유적 표현이 지니는 역사철학적인 권위는 우리가 그것을 파리의 상점가(Pariser Passage)[3]에 대한 발터 벤야민의 해석과 비교할 때 가장 잘 평가될 수 있다. 우리가 이 두 경우를 비교할 수 있는 까닭은 도스토예프스키의 비유와 벤야민의 해석이 모두 자본주의적 세계 상황을 해명하는 열쇠로서 건축학적 형태를 언급하고 있기 때문이다. 공시적으로 관찰해보면, 왜 벤야민이 사상적으로 도스토예프스키에 뒤지는지가 곧 명확해진다. 자본주의적인 마야(Maya)의 현혹으로 이해되는 세계-내-존재에 대한 벤야민의 과도한 연구는 그 대상의 선택으로 인해 그 신빙성을 계속해서 잃게 되었고, 특히 이는 처음부터 시대착오적이었다. 그 연구는 건축학적으로나 경제학적으로나 또한 도시적인 분위기의 측면에서 볼 때, 자본의 해석학이라는 멍에를 모두 짊어지기에는 진부하기 짝이 없는 건축 유형이었다. 현대적인 돈의 연관 관계를 드러내 보여주는 모든 표현 형태에 속에서, 마치 그 표현 양식의 세부

2) 현대적 아이러니와 긴장 완화의 전개의 문맥에서 하이데거의 권태 이론을 해석하는 것에 대해서는 Peter Sloterdijk, *Sphären III. Schäume* 참조.

3) [역자 주] 둥근 아치형 지붕이 덮여 있는 파리의 상점가.

장식 속에는 사랑의 신이 숨어 있을 뿐 아니라, 스피노자주의자들과 바르부르크 사람들이 믿었던 바대로, 악마도 내재하여 숨어 있기나 한 듯이, 벤야민은 소외의 암호 체계를 읽어내려고 하였다. 세부장식의 이데올로기(Ideologie des Details)는 현대사회의 잘 보이지 않는 악령이 상품의 장식의 형태를 취하며, 더 나아가 상가 건축의 눈에 잘 띄지 않는 소용돌이 모양의 장식 곡선을 통해서 자신의 모습을 드러낸다는 가정과 일맥상통하고 있다. 이러한 세부 장식에 대한 믿음에 따르면서, 벤야민의 연구들은 부자유스런 천재성을 출구가 없는 방향으로 몰아가는 비밀스런 서고 작업에 몰두해 있다. 결국 그의 연구들은 세계의 불행에 대한 증거 자료들을 모으는 수집가들의 행운을 증거해줄 뿐이었다.

만일 벤야민의 연구들이 20세기와 21세기 초에 대해서도 계속 글로 쓰였다면, 그리고 우리가 몇 가지 방법적인 수정 사항을 고려하지 않는다면, 그 연구들은 대형 쇼핑 센터, 전시 센터, 체육 경기장, 실내 놀이 공원, 우주국 또는 *격리된 호화로운 공동 주거 지역*과 같은 현재의 건축학적인 모델들을 표준으로 삼았을 것이다. 이러한 모델들은 차라리 *수정궁시설* 또는 *온실 시설* 종국에 가서 아마도 *우주국 시설*[4]이라는 명칭을 가질 수도 있을 것이다. 논란의 여지없이 둥근 아치형 지붕이 덮인 긴 상점가는 시작하는 소비주의 시대를 암시해주는 공간 표상을 구현하고 있었다. 벤야민에게 그렇게 영감을 주었던 것으로서, 공

4) Peter Sloterdijk, *Sphären III. Schäume*에서 절대적 섬에 관한 장을 참조할 것.

적인 인테리어(öffentliches Interieur)의 형태로 살롱(Salon)과 우주(Universum)를 융합시킨 것이었다. 그것은 또한 "상품자본의 성전", "상업의 탐욕스러운 거리"[5]였으며, 동양의 바자 시장(Bazar)을 시민세계에 투사한 것이었으며, 모든 사물을 구매력의 빛 속에서 변형시킨 것에 대한 상징이었다. 그것은 방문하는 동안 구매자를 매혹하는 동화의 무대였다. 그러나 수정궁은 런던의 경우에는 만국박람회장이었다가 나중에는 "민중 교육"에 바쳐진 놀이 공원이었으며, 더 나아가 도스토예프스키의 글에서는 "사회" 전체를 전시장 자체로 만드는 것이었는데, 이는 사실상 아치형 지붕이 덮여 있는 상가의 건축 양식보다 이미 훨씬 더 많은 것을 의미하였다. 벤야민이 이 수정궁울 자주 언급하기는 하지만 그는 이를 단지 규모가 큰 아치형 지붕이 덮여 있는 긴 상점가로 간주한다. 여기서 벤야민의 이러한 관점은 그의 놀랄 만한 골상학적인 안목을 취약하게 만들어버렸다. 왜냐하면 아치형 지붕이 덮여 있는 긴 상가가 자본주의의 정체와 안락함을 시사해주었던 반면에,[6] 19세기의 가장 거창한 건축 형태를 보여주었던 수정궁은 이미 통합적 자본주의(integraler Kapitalismus)를 지시하고 있었기 때문이다. 이 통합적 자본주의에서는 외부 세계를 철저히 계산된 내부 공간으로 완벽하게 흡수하는 것이 관건이었다.

만일 우리가 "수정궁"이라는 비유를 현대의 야망의 상징으로

---

5) Walter Benjamin, *Gesammelte Schriften*, 5권 1. Frankfurt a. M., 1989, 86, 93쪽.

6) "안락한 자본주의"의 주제에 대해서는 Dieter und Karin Claessens, *Kapitalismus als Kultur: Entstehung und Grundlagen der bürgerlichen Gesellschaft*, Frankfurt a. M. 1979 참조.

받아들인다면, 자본주의적인 프로그램과 사회주의적인 프로그램 사이의 대칭성이 어려움 없이 인식될 것이다. 사회주의는 궁전을 기획하는 두 번째 공사장일 따름이었다. 사회주의 공사가 끝난 이후에, 사회주의와 공산주의는 자본주의로 이미 향하고 있었다는 사실이 드러나게 되었다. 자본주의의 관점을 통해서 이제 비로소 다음과 같은 사실들이 말해질 수 있다. 자본주의는 단순한 생산 관계보다 더 많은 것을 의미한다. 자본주의는 "세계 시장"이라는 사유 형태가 표현해낼 수 있는 이상의 것이다. 자본주의는 자본주의에 발목이 잡혀 있는 인간들의 총체적 삶의 연관성을 구매력의 내재성으로 환원시키려는 기획을 함축하고 있다.

자본을 매개로 한 과정을 통해 이루어지는 세계 형성에 관한 한 우리가 단정할 수 있는 사실은, 사물의 실제적인 진행 과정이 수정궁의 문화와 현존재에 관한 도스토예프스키의 예상을, 그 작가가 의도한 것보다 훨씬 더 많은 것을 확증해주고 있다는 것이다. 구매력의 영역에서 오늘날 무슨 일이 일어나고 있든 간에, 그것은 일반화된 *건물 내부*의 현실성(*Indoors*-Wirklichkeit)이라는 범위에서 실행되고 있는 것이다. 예외적인 사건들조차도 이 관찰을 벗어나지 못한다. 뉴욕의 고층 건물들도 유리궁 내부에서 파괴되었다. 베를린의 러브 퍼레이드(Love-Parade)도 시대에 맞지 않게 서구에서의 독일의 승리를 알리는 금으로 된 천사의 수호를 받으며 *광장*(혹은 전시장 : Jeu de Paume)에서 일어나고 있는 수정궁의 유흥(Palast-Amüsement)이다. 항상 깨어 있고 정치적으로 실수를 하지 않는 사람들조차 승리의 기념비를 철거하는 것을 잊어버린 것으로 미루어보건대, 그 사건은 아주 오래 전에 일어난 것임에 틀림없다.

자본주의적인 세계 궁전(Weltpalast)은 — 초후기(Ultraspät) 마르크스주의자들인 네그리(Negri)와 하르트(Hardt)가 최근에 이를 *제국*(Empire)이라는 명칭 아래에서 파악하였던 — 어떠한 일관된 건축학적인 구조를 취하고 있지 않다. 자본주의적인 세계 궁전은 저택 정도의 규모라기보다는, 오히려 온실의 특성을 가진 안락함의 시설(Komfort-Installation)이거나, 침투해 들어와서 거드름을 피우는 식물 군락과 속이 꽉 찬 포자낭들, 다시 말해서 대륙 전역에 가지를 뻗어나가는 식물 군락과 포자낭들로 이루어진 뿌리줄기(리좀. Rhizom)이다. 만약 이 세계 궁전이 인류를 수적으로 모두 통합시켜주기를 갈망한다면, 우리는 이 세계 궁전을 오해하고 있는 것이다. 이 거대한 안락함의 구조는 지구 반구의 거주자들을 자신의 구성원으로 만들면서 아마도 상당히 오랫동안 무수히 많은 새로운 시민들을 통합시킬 것이다. 그러나 이 구조는 이전의 구성원들을 밖으로 떠밀어내고, 또한 공간적으로는 이 구조 속에 편입되어 있는 사람들이라고 할지라도 사회적 배제, 즉 안락함의 맥락으로부터 추방하는 방식으로 이 사람들을 위협할 것이다. 이 위협은 그 당사자들에게 하부 프롤레타리아로 전락할 수 있는 가능성을 제시한다.

비록 실내-우주(Indoors-Universum)로 건축되었다고 하더라도 이 거대한 온실은 견고한 외벽을 필요로 하지 않는다—그런 한에서 *수정궁*조차 어떤 면에서는 시대에 뒤진 상징이다. 오직 예외적인 경우에만 수정궁은, 멕시코와 미국의 국경 그리고 이스라엘과 서요르단 지역 사이의 소위 안전 경계 지역에서처럼, 자신의 경계선을 견고한 소재로 유형화한다. 가장 효과적인 경계벽들은 차별을 통해 안락함의 시설을 구축한다. 이 벽들은 가진 자와 못 가진 자를 갈라놓는 재화 획득의 벽들이라, 삶의 기회와 직업 선택에서의 극심한 비대칭적 분배에 의해 높게 쌓인 성벽이기도 하다. 벽 안쪽에서는 구매력을 소유한 사람들의 공동체가 아주 안정적이고 강화되는 안락함 속에서 총체적인 특권에 대한 백일몽을 꾸고 있다. 그 반면에 벽 바깥에서는 다소 망각된 다수가 그들의 전통과 환상 그리고 즉흥시 속에서 생존하고자 노력한다. 긍정적 평가에 의하면 수정궁은 21세기 초에 *호모사피엔스*라는 유(類)에 속하는 구성원들의 3분의 1을 포괄하고 있었다는 사실은—그러나 아마도 4분의 1 혹은 그보다 더 적은 수였을 것이다—인류의 모든 구성원들을 효율적으로 통합하여 공동의 복지 체제로 조직화하는 것이 불가능하다는 것을 시사해주고 있다. 인권을 담지한 사람들의 집합체로서의 인류라는 의미론적인 (비용이 들지 않는) 구성물은 극복될 수 없는 체제 자체상의 이유로 말미암아 구매력과 안락함을 영위할 수 있는 기회를 가진 사람들의 집합체를 의미하는 인류, 즉 경제적이고 값비싼 구성물로 이행될 수 없다.

전 세계에 걸친 자본주의적인 내부 공간(일반적으로 서구 그리고 서구화된 영역으로 지칭되는 공간)은 당연히 더 또는 덜 정교하게 다듬어진 건축학적 구조를 갖추고 있다. 다시 말해 이 내부 공간은 안락함의 통로들로 얽혀 있는 그물망으로서의 땅 위에 솟아 있다. 그런데 이 통로들은 전략적으로 흥미로운 지구 표면상의 교차점으로부터 시작하여 밀집된 노동과 소비의 오아시스로 확산되어 있다(이 오아시스는 일반적으로 개방된 도시와 획일적인 교외(Suburbia)의 형태, 그리고 더 빈번히 지방 거주지, 외진 휴양지, *사이버 주거지* 또는 *격리된 호화 공동 주거 지역*의 형태로 지어진다). 역사적으로 이례적인 대중 유동성의 형태는 반세기 전부터 통로와 연결로 이루어진 내부 공간 속에서 확장되어 나간다. 주거와 여행은 거대한 시설 속에서 서로 공생 관계를 유지한다. 이러한 현상은 다방면에서 되돌아온 유목 생활과 유대적 유산[7]의 현행성(Aktualität des judischen Erbes)에 대한 시기적절한 담론에 반영되어 있다. 많은 예술가, 레크리에이션 전문가, 가수, 마사지사 그리고 출장 다니는 사람은 유동적인 삶으로 안내해주는 여행 안내자로서 그들의 서비스를 제공한다. 오늘날 전 지구적으로 가장 포괄적인 경제 분야인 관광 산업이 자본주의적인 *삶의 양식*의 가장 첨단 현상을 드러내주고 있다면, 그것은 바로 모든 여행 활동의 대부분이 이제는 조용한 공간에서 일어날 수 있기 때문이다. 멀리 떠나기 위해 우리는 더 이상 밖으로 나갈 필요가 없다. 비행기 전복 그리고 선박 난파는 그것들이 어떻게 일어나는지 상관없이, 시설 [위에 언급한 거대한 시설물 : 역자] 내부에서 일어나는 사건들

7) Jacques Attali, *L'homme nomade*, Paris 2003 참조.

이며 그런 사건들이 일어나면 즉시 전 세계 미디어 사용자에게 지방 소식으로서 전달된다. 그 반대로 거대한 시설 밖으로 여행하는 것을 우리는 위험 부담을 안고 있는 관광으로 당연히 간주한다. 이 위험한 관광을 통해 서구 나라에서 온 여행자는 — 경찰 그리고 외교적 경험이 입증해주듯이 — 점점 더 빈번히 문명비판적으로 무장된 납치 조직의 실제 공범자가 되어버린다.

자본주의적인 세계 내부 공간은 풍요의 섬들 사이에 있는 통로들로 얽혀 있는 격자 모양의 울타리를 형성한다. 우리가 위에서 언급했듯이, 이 울타리는 인구 통계상 실제 앞으로 다가올 70억 인구의 3분의 1조차도, 그리고 지리적으로 대륙의 10분의 1조차도 포괄하지 못한다. (여기서 우리는 해상을 고려하지 않는데, 그 이유는 전체 거주 가능한 요트와 유람선을 다 합쳐도 해면 면적의 10만 분의 1에도 이르지 못하기 때문이다. 그래도 2004년 1월에 2600명의 승객을 태우고 뉴욕으로 처녀 항해를 했던 커나드(Curnard)의 새로운 호화 원양 여객선인 *퀸 메리 2호*만은 특별히 언급할 만한 가치를 지닌다. 왜냐하면 떠돌아다니는 수정궁으로서의 호화 유람선은 얼마나 포스트모던적 자본주의가 자기 표현 능력을 결여하고 있지 않은지를 입증하고 있기 때문이다. 도발적으로 보일 만큼 큰 이 배는 — 적어도 이 예술품이 통합적인 상징의 힘에 의존하여 사물들의 위상을 개괄적으로 표현하고 있는 한 — 21세기가 시작하는 무렵에 제작된 가장 설득력 있는 예술품을 보여주고 있다.)

일반적인 의미에서 "지구화된 세계(globalisierte Welt)"라는 표현을 다룰 때, 그러한 표현이 사태의 본질상 핵심적으로 의미하는 바는 이러한 공간의 부분들만을 겨냥하고 있다. 지구화라는 당당한 수사법은 대부분의 사람들이 대기자 명단에 들어 있음에도 불구하고, 마치 세계 체제가 본질적으로 모두를 포괄하는 듯한 거짓 인상을 불러일으킨다. 그러나 정작 지구화를 언급하는 사람은 빈곤의 바다에 떠 있는 안락한 섬을 이야기하고 있는 것이다. 세계 체제 자체에 내재하고 있는 필연적 근거들 때문에 세계 체제는 모든 사람들을 포괄할 수 없다. 배척은 수정궁의 기획 자체에 내재적인 것이다. 자기 탐닉에 빠져 있고 안정된 호화스러움 위에 건립된 각각의 내부 영역은 매우 의심스러운 건축 구조를 취하고 있다. 그런데 외부의 반응이 단지 연기되고 있을 뿐 지속적으로는 저지되지 못한다는 사실이 분명하다 하더라도 그 건축 구조의 존립은 부담스러운 바깥 그리고 과도기적으로는 다소 무시될 수도 있는 바깥을 전제하고 있다. 결과적으로 "지구화된 세계"라는 표현은 단적으로 역동적이면서 거대한 시설물을 의미하는데, 이 시설물은 구매력을 소유한 인류 분파들에게 "생활 세계"의 껍데기로서의 기능을 해준다. 그 내부에서는 마치 행복한 소수의 사람들이 갖고 있는 복권 운이 엔트로피에 역행하면서 끊임없이 계속될 수 있기나 한 듯이, 사람들이 견고한 불확실성이라는 항상 새로운 고지를 향해 오르고 있다. 지구화에 대한 논쟁은 그렇기 때문에 단적으로 풍요롭고 안락한 영역의 독백으로 진행되어 왔다. 거대한 시설물의 위협적일 만큼 큰 규모는 모종의 세계시민주의에 대한 낭만이 활기를 띠게

한다—큰 항공사의 기내 잡지는 (우리가 여기서 남성 전용 출판물을 언급하지 않는다면) 세계시민주의에 대한 낭만을 대표해주는 미디어에 속한다. 세계시민주의(Kosmopolitismus)는 부에 잘못 길들여진 사람들의 지역주의(Provinzialismus)로 일컬어질 수 있다. 사람들은 이를 "여행 특별 구역(Parochialismus auf Reisen)"이라고 지칭한다. 이는 자본주의적인 세계 내부 공간에서 돈으로 살 수 있는 모든 것에 개방되어 있는 세계시민주의의 분위기를 드러낸다.

*

이룩된 지구화의 징표는 가까이 다가온 수많은 모든 타자들과 강제적으로 이웃이 되어야 하는 상태를 의미한다. 이는 밀도(Dichte) 혹은 밀집이라는 위상수학적인(topologisch) 용어로 가장 잘 규정될 수 있다. 밀도는 규정되지 않은 무수한 분자들과 운동 중심 사이에서 발생하는 공존에의 압력의 정도를 표현한다. 밀도라는 개념을 통해, 현대의 도덕주의자들이 타인에 대한 주체의 개방성을 설명하고자 했던 근접성(Nähe)에 대한 낭만주의는 극복된다.[8)]

가중된 밀도란 행위자들이 만날 수 있는 확률이, 이것이 상호활동성의 의미에서든 아니면 충돌이나 거의 충돌에 가까운 마

---

8) Emmauel Lévinas, *Autrement qu'être ou au delà de l'essence* (1978), Paris 2004에서도 La proximité의 129, 155쪽 참조.

주침이든 간에, 어쨌든 만날 수 있는 확률이 증가됨을 의미한다. 밀착된 관계가 지배적인 곳에서는 행위 주체자들 사이에서 의사 소통이 이루어지지 않는다거나 일방적인 명령 같은 것은 있을 수 없다. 높은 밀도가 지배하는 곳에서는 주위 세계의 저항 때문에 일방적인 확장은 일어나지 않는다. 그런데 사람들은 이 저항을 인식적인 관점에서 학습 과정을 위한 고무적인 분위기로 평가할 수 있다. 왜냐하면 충분히 강한 행위자들이 밀집된 환경에서는 서로가 서로를 현명하고 협동적이며 또한 친절하게 만들기 때문이다(그리고 물론 자연스럽게 서로를 사소하게 만들기도 한다). 그들은 이러한 일들을 행하는데, 그 이유는 그들이 저마다 성공적으로 상대방을 견제하면서 서로의 이해 관계를 계산하는 것을 배웠기 때문이다. 그들은 단지 이득 분배를 생각하고서만 협동하기 때문에, 다른 사람들에게도 역시 상호성의 규칙들이 명확하다는 전제를 밝힌다.

밀도 때문에 우리에게 억제 혹은 자제(Gehemmtheit)는 우리의 제2의 본성이 된다. 일단 밀도가 성립된 후에는, 일방적인 선제 공격은 어떠한 실천에도 상응될 수 없는 유토피아로 나타난다. 이제 행위의 자유는 공격이 효과가 있었을 시대에 나온 동화의 주제나 다름없다. 일방적인 확장이 관찰되는 곳은 그곳이 아직 밀도가 희박한 관계에 의해 지배되고 있다는 사실을 증명해준다. 밀도가 의미하는 바는 억제되지 않은 일방적 행위가 성공하는 단계가 근본적으로 종식되었다는 것이다. 여기저기서 강렬한 반격이 일어날 가능성은 배제될 수 없다. 행위자들은 이제 일방적인 자들에게만 구원이 약속되었던 에덴동산에서 추방되었다.

만일 원거리 통신(Telekommunikation)이 고도로 존재론적인 진지함이라는 개념을 표현하고 있다면 그것은 이 개념이 밀착화(Verdichtung)되는 과정의 형태를 나타내주고 있기 때문이다. 원거리 통신은 세계 형태(Weltform)를 산출하는데, 여기서 1분당 1000만 개의 전자우편과 매일 10억 달러 상당의 전자화폐 거래가 실행된다. 그런데 "원거리 통신"이라는 표현이 상당히 명시적으로 상호 제어를 통한 협력을 기초로 한 세계의 상호 연관 관계를 산출해내는 것을 의미하지 않는다면, 이 표현은 적절하게 이해된 것이 아니다. 이 표현은 모든 원거리 상거래, 원거리 강압, 원거리 충돌 그리고 원거리 원조를 포함한다. 원거리 통신이라는 이 강력한 개념이 *원거리 활동*(actio in distans)이라는 자본주의적인 형태를 의미할 때는, 이 개념이 확장된 유리궁(Glaspalast)에서의 현존재의 양태와 활동 상태(Tonus)를 기술하는 데 적합하다. 원거리 통신 덕택에, 그 속에서 자제가 탈-억제 속에서 자랄 수 있는 그런 하나의 세계를 지향하는 도덕주의자들의 오랜 꿈이 기술적으로(technisch) 가능하게 되었다.

그렇기 때문에 희망이란 것은—에른스트 블로흐(Ernst Bloch)에게 용서를 구하건대—어떤 원칙이 아니라 다만 나타난 효과일 뿐이다. 경우에 따라 그리고 과정의 이론에 따라 희망을 갖게 해주는 것은 다음의 두 가지로 파악된다. 첫째, 인간은 때에 따라 미시 영역에서나 거대 척도에서나, 어떤 한 모델에서 이의 적용으로 이행하게 될 때 삶의 변화를 가져다주는 새로운 아이디어들을 갖는다는 사실이다. 이따금씩 거기서 역효과가 별로 없는 좋은 착상들이 나올 수가 있다. 둘째, 실현하고자 하는 착상들의 홍수 속에서, 충분한 밀도의 조건 아래 모두를 위하지는 못한다고 하더라도 그래도 다수를 위해 더 나은 것을 제공해줄 수 있는 실현 가능한 나머지가 걸러진다는 관찰이다. 밀도의 이성(Dichtevernunft)은 일곱 계열(Sequenz von Sieben)의 효과를 내는데, 이 계열은 일방적인 공격성과 직접적으로 해로운 혁신(이를테면 오직 일회적 또는 짧은 시리즈의 형태로만 가능한 범죄의 유형처럼)을 제거하려고 한다. 우리는, 우리가 원한다면, 밀도의 이성의 효력 발생 양태를 의사 소통적이라고 부를 수도 있을 것이다. 단 우리가 서로 상대방의 활동 영역을 빼앗는 것을 의사소통이라고 불러도 좋다는 제한적 의미 맥락에서만 우리는 그것을 의사 소통적이라 부를 수 있다. 오인된 상태에서 의사 소통 능력이라고 불렸던 환영으로부터, 안개가 걷히고 난 후에는 상호적인 자제 능력(reziproke Hemmungsvermögen)이 남게 된다. 이성적인 사람들이 매우 자랑하는 의견 일치란 일방적인 행위들을 서로 견제하는 능력의 표면을 드러내보일 뿐이다. 도덕적으로 매우 높게 평가되는 현상인 인정(Anerkennen)은 그 본질에서 오히려 낯선 주도권을 잠재적으로 혹은 실제적으로 제어하는 자로 스스로를 주목할 수 있는 능력이다. 위르겐 하버마스의 업적은 "타자를 고려한다는 것"을 상호간에 제어하는 메커니즘의 효력 영역을 확장하는 절차로서 인식했다는 점이다. 비록 그가 이 과정을 이상적으로 과대평가하고 또한 대화법적으로 잘못 해석했지만 말이다. 하버마스의 생각과는 반대로 "타자를 고려"한다는 것은 오히려 행위 일반을 배제시키려는 포스트모던적인 경향의 흔적이다. 자제되지 않는 일방적인 행위가 환영되기도 어렵고 또한 참아내기도 어려운 것이 사실이지만 이따금씩 그것의 좋은 측면도 함께 여과되어나가 상실될 수 있다는 사실을 우리는 고려해볼 수 있다. 그러나 사실상 상호 자제를 이룩해나가는 것은 효과적인 문명화의 메커니즘으로 칭송될 만하다.

이러한 배경에서 범죄(Kriminalität)의 지구화는 역사 이후 시대의 상황에 대해서 많은 것을 지시해준다. 어떻게 그리고 어디선가 진행 중인 탈억제가 언제나 다시금 자제 기제(hemmende Instanzen)를 제치고 지역적인 우월성을 쟁취하고자 노력하는지를 시사해준다. 조직화된 범죄는 전문화된 탈억제를 위해 추후로 개선하는 것인데, 이는 제약받는 상황의 틈 속에서 지속적으로 조용히 활동한다. 그 사이 자발적인 범죄는 법조인들의 어려운 전문 용어에 따르면 확고히 범인으로 일컬어지는, 혼란에 빠진 개인들이 과도기적으로 자기 통제 능력을 상실한 것을 증거해준다. 지속되는 범죄는 근본적으로 둔화되지 않는 끈질긴 타성과 결탁한 채, (시장과 법률의) 허점을 노린다. 끈질긴 범죄를 저지를 수 있는 행위 능력을 통해 범죄자의 범죄 내용이 여전히 철학적으로 의미심장한 의미를 갖게 된다. 성공적으로 조직화된 범죄자들은 그 조직의 희생자가 아니라 보편적인 자제 연관(Hemmungszusammenhang. 행위를 서로 자제하게 하는

행위자들의 연관성 : 역자)에 대항하여 행위의 자유를 증거하는 중요한 증인이다.

[범죄의 지구화에 대한] 이러한 진단은 특히 최근에 등장한 소위 "지구적 테러리즘"에도 해당된다. 지금까지 지구적 테러리즘에 대한 뛰어난 세부적인 분석들은 제시되고 있지만, 만족할 만한 설명은 아직까지 제시되지 않고 있다. 우선 지구적 테러리즘이 가장 강력하게 표출된 경우들, 특히 2001년 9월 11일에 일어났던 믿기 어려울 만큼의 단순한 행위를 다음과 같이 진단한다면, 이론적으로 타당할 것이다. 즉, 어떻게 반(反)서구 진영 출신의 능동적인 패배자들이 역사 이후 시대의 맥락에서 "탈억제"의 모티프를 자기들 것으로 만들었나를 입증해주는 것이 2001년 9월 11일 테러라고 말이다. 이것은 악이 맨해튼에까지 그 세력을 확장했다는 것을 입증하는 것이 아니라, 오히려 "역사"의 패배자들의 새로운 물결이 자기 자신들만을 위한 일면성 혹은 일방성의 희열을 — 불쾌하게도 정규 경기 시간 종료 후에 그리고 역사 이후 시대의 금욕 규칙들을 어기면서 — 발견했다는 것을 입증하고 있다. 그들은 이전의 패배자들이 해왔던 방식으로 특정한 "혁명" 하나를 본보기로 삼아서 모방하는 것이 아니라, 직접적으로 유럽적 세력 확장의 근원적 계기를 모방한다. 이 계기란 다시 말하자면, 선제 공격을 통해 그리고 순전한 공격이 허용하는 쾌락적인(euphorisierend) 비대칭을 통해, 그리고 먼저 자리를 차지하고 다른 사람들에 앞서서 자신의 기호를 표시하는 사람이 얻게 되는, 꺾일 수 없는 우세함을 통해 자신

의 무기력함을 지양하는 것이다. 공격적인 힘의 확실한 우위는 새로이 세계에 해를 끼치는데, 이번에는 그러나 다른 편, 즉 비서구권으로부터 비롯된다. 그러나 사물과 영토가 분배된 세계를 다시 정복하려는 것은 너무 늦은 감이 있기 때문에, 그들은 광범위하게 열려 있는 세계 뉴스의 중심지에서 더 큰 영토를 점령한다. 여기서 그들은 그들의 화력 무기를 겨냥하는데, 이것은 포르투갈인들이 언젠가 그들이 상륙하던 지역에 석재 문장(Steinwappen)을 배치했던 것과 유사하다.

상황이 테러리스트들과 공조하고 있다. 여타의 어떤 생산 사회들보다도 테러리스트들은, 통신사의 전선을 장악하고 있는 주인이 방송 스튜디오 안에서 모든 방송 내용을 만들어낼 수 없으며, 외부의 사건들에 의존해야 한다는 사실을 잘 이해하고 있다. 테러리스트들은 그 사이에 경험을 통해 다음과 같은 사실들을 알고 있다: 그들 스스로가 그러한 사건들을 제공할 수가 있다. 왜냐하면 그들은 [방송] *내용의 제공자*로서 실제 폭력의 영역을 거의 독점하고 있기 때문이다. 더욱이 그들은 다음과 같은 사실도 확신하고 있다: 거대한 장치 혹은 건축물의 정보 공간은 무정형적인(amorph) 아프리카가 19세기에 유럽인들의 극도로 잔인한 공격에 노출되었던 것처럼 지금으로서는 [아무런 대책 없이] 침략적인 행위에 노출되어 있다. 테러리스트들은 사악하게 즐기면서 그 이유를 잘 알고 있다: 수정궁 거주자들의 신경체계는 침략자들에 의해 별 어려움 없이 점령될 수 있다. 왜냐하면 그 거주자들은 항상 수정궁에서의 권태에 사로잡힌 채 외부로부터의 소식들을 기다리고 있기 때문이다. 별로 하는 일 없이 편집증을 앓고 있는 방송 프로그램들은 외부의 적의 존재를 확증할 수 있는 어떤 임의적인 신호들을 탐지하려고 애를 쓴다. 이와 같이 유사(quasi) 이론적인 통찰들의 총합은 테러리스트들로 하여금 일관된 행동을 하도록 만든다. 만일 그들이 방송에 적합한 폭파 작업을 준비한다면, 그들은 그들의 확실한 직관에 따라 서구적 사회 공간의 초의사 소통적인(hyperkommunikativ) 방식을 이용한다. 그들은 — 비유적으로 표현하자면 — 경락을 자극하면서, 최소한의 침략으로 전체 [통신] 체계에 영향을 미친다.[9] 테러리스트들은 다음과 같은 사실을 확신해도 좋다: 성공을 보장해주는 유일한 반-테러 정책, 즉 통신 매체들의 빈틈없는 침묵은 통신 매체들이 자신들의 정보 전달 의무를 고수함으로써 방해받고 있다. 이러한 까닭에 자극을 전달하는 "우리들의" 통신망은 국부적으로 표출되는 테러를 거의 자동적으로, 끔찍한 사건을 소비하는 사람들, 즉 수정궁 안에 사는 성숙한 시민들에게 전달한다. 이것은 마치 우리의 신경 경로가 화상에 의한 통증을 손가락 끝에서 뇌의 중앙 감지 체계로 전달하는 것과 유사하다. 사건을 보도해야 된다는 [통신사들의] 강박증은 테러리스트들이 자신들에 대해 언급하게 만드는 기술을 예측할 수 없는 기간 동안 보장해준다. 이러한 까닭에 테러 집단의 지도자

---

9) 파울 베르만(Paul Berman)은 "벼룩에 물린 상처"라는 비유를 사용한다: 유감스럽게도 저자는 이슬람 테러를 새로운 전체주의로 과대 해석함으로써 상처를 심하게 자극했다: Paul Berman, *Terror und Liberalismus*, Hamburg 2004, 32쪽 참조; 잘못된 묘사를 우려하지 않고 저자는 다음과 같이 덧붙인다. 벼룩에 물린 상처는 "전쟁의 일부분"일 수도 있다; 곤충과의 전쟁이 다시금 위대한 정치로 제안되고 있다.

들은 과거의 모든 정복자들처럼 성공을 진리와 동일시한다. 그것이 부조리하든 그렇지 않든, 그 결과로 사람들은 실제로 테러 사건들에 대해서 이야기한다: 사람들은 날씨나 여자들의 비밀과 테러를 거의 같은 선상에 놓고 수미일관하게 이야기한다. 거의 현실화되지 않는 환영(Phantom)의 차원에서 테러는 오직, 여타의 경우에는, 실존적인 것에만 부과되는 존재론적인 모습을 향유한다. 치명적인 테러 공격의 주도자들이 서구에 의해 제어되지 않는 세계의 광범위한 지역에서 진정한 영웅들로 간주된다는 사실은 테러가 성취하는 성공의 부가적 측면으로 보인다.

테러리즘은 역사 이후 시대의 대륙에서 일방적인 세력 확장 전략으로서 "주의"를 환기시켰다. 테러리즘은 경솔한 "대중"의 뇌리를 관통했고, 주제에 예민하게 자극받는 세계 시장에서 중요한 부분으로 자리잡게 되었다. 그렇기 때문에 보리스 그로이스(Boris Groys)가 충분히 냉철하게 분석하였듯이, 테러리즘은 포스트모던적 미디어 기술들과 계보적으로 상당히 가까운데, 아마도 테러리즘은 한계를 벗어나려고 하는 낭만주의적 예술의 전통으로부터 비롯된 극단적인 귀결일 것이다. 이러한 예술 전통의 경우에는, 예술적인 과정을 공격적으로 확장시킴으로써 의미를 강요해냈다. 20세기가 흐르면서 그러한 예술의 발전은 한계 초월(Transgression)이 작품의 형이상학적이고 예술적인 위대성을 증명하는 것이 아니라 오히려 효율적이고 단순한 마케팅의 메커니즘이라는 사실을 인식시켜주었다. 뉴욕 드라마 작가들에 대항하여 시기심을 표현함으로써 유명해진 스톡하우

젠(Stockhausen)의 경우는 9월 테러를 다루는 문학 산업보다 더 많은 진실을 말해주고 있다.[10)]

이러한 관점에서 왜 신자유주의(Neoliberalismus)와 테러리즘이 동전의 *앞뒷면*처럼 공속적인지가 밝혀진다. 이 두 면에서 우리는 가장 명확하게 표현된 텍스트를 읽어낸다:

> "결단을 한 자들에게 역사는 종식되지 않는다. 서슴지 않고 공격할 수 있는 자들에게 [공격의] 일방성은 아직도 효과가 있는 것이다. 선택된 자들은 아직도 세계를 주인 없는 재물로서 간주해도 무방하며, 순전히 공격을 위한 공격을 목격한 자들은 아직도 그들의 칼끝에서 전리품을 취할 수 있다. 진격하는 자유는 진리의 본질이다."

우리는 이것이 사이렌의 노래[11)]라는 것을 인정해야만 한다. 그럼에도 불구하고 이 노래를 듣는 모든 사람들을 동여맬 돛대들이 충분치 않다. 행위를 하도록 억제를 풀어주는 이러한 노래는 철철 넘치는 힘을, 어떤 과업을 완수하기 위해서든 아니면 보복하기 위해서든 어쨌든, 발산하려는 힘센 사람들에게는 바람직한 것이다.

---

10) Frank Letricchia/Jody McAucliff, *Crimes of Art and Terror,* Chicago/London 2003, 6-17쪽.

11) [역자 주] 호머의 서사시 『오디세이』에 나오는 바다의 요정 사이렌이 부르는 노래다. 그 노래의 환상적 마력은 듣는 이로 하여금 바다에 빠져죽고 싶은 충동을 불러일으킨다. 영웅 오디세우스는 노 젓는 부하들의 귀를 막게 하여 그 노래를 못 듣게 하고, 자신은 돛대에 단단히 묶게 하여, 그 노래를 듣고도 바다에 빠지지 않은 채 사이렌의 해역을 무사히 빠져나왔다.

선의를 가진 사람들의 연합 단체가 "근본주의자들(Fundamentalisten)의 공격"이라고 부르는 연극은 단지 피상적으로만 세계 무대에서 공연될 수 있다. 그리고 사실상 동요를 일으키는 것은 바로 공격의 근본주의다. 이것이 지나간 시대에 속하는 것처럼 보일지라도, 그것의 잔재는 후기 일방적(post-unilaterale) 세계에서 독성을 지닌 채 남아 있다. 결단을 내린 공격자들을 — 그들이 암살자든 투기꾼이든 범죄자든 사업가든 혹은 선택된 자든 상관없이 — 움직이는 추동력은, 주도권을 무력화하기 위해서 모든 것을 다 동원하는 세계 현실에서, 자기 자신을 순전한 주도권의 빛으로 탈바꿈하고자 하는 욕망이다. 니클라스 루만(Niklas Luhmann)이 지적한 바와 마찬가지로, 급진주의는 믿을 수 없는 것을 유일하게 믿을 만한 것으로 현현시키는, 현대의 검증된 수단이다. 그러므로 거대한 체계에 대항하여 일어나고 있는 오늘날의 테러 행위에서 우리가 주목할 만한 사실은, 급진주의가 역사 이후 시대적 급진주의의 존재를 증명하고 있다는 것이다. 이는 검은 백조 종(Spezies)을 발견해내는 것과 유사하다. 그런데 역사 이후 시대의 순교자로 간주될 수 있는 신자유주의자와 이슬람 테러리스트들이, 능동적으로 비대칭적인 삶이 가져다주는 허구적인 기쁨이 존재론적으로는 *절대 왕정*(ancien régime)이라는 구체제에 속한다는 사실을 알게 되려면, 아직도 실망스런 사건을 많이 겪어야 할 것이다. 그때 가서 과연 검은 백조들이 다시 흰 백조가 될지는 기다려봐야 할 것이다.

신자유주의자들과 이슬람 테러리스트들의 행위 유형은 진정한 의미에서 시대착오적이다. 신자유주의자들의 유형은 1492년 이후 탐욕스럽게 금을 찾아다녔던 항해자들처럼 아직도 이리저리 항해하고자 하며, 이슬람 테러리스트들의 유형은 7세기에 유일신론으로 불타오르던 사막 종족처럼 말을 타고 돌진하려는 꿈을 꾸고 있다. 두 유형은 그러나 그들의 시대적 상황을 조종하면서, 그들은 현대의 네트워크를 그들의 절호의 기회로 느끼고 있을 뿐, 저지된 상황들의 총체로 느끼지 않고 있다는 듯이 기만적으로 자신들을 과시한다. 그들은 그들의 시대에 뒤떨어진 행위 철학에 의존하면서 21세기가 시작되는 시점에서 공격성의 낭만주의에 관한 두 가지 중요한 관점들을 제시한다. 이러한 낭만주의는 틈새를 자유로운 장(freies Feld)과 혼동하고 있다. 그 행위자들은, 동서양에서 이미 친절, 자제, 상호 작용 그리고 협동이 우선하는 시대에, 임무와 기획 그리고 허구적인 쾌감을 야기하는 선제 공격성 또 다른 제스처들을 표출함으로써 강한 불균형을 회복하고자 한다. 물론 친절, 자제, 상호작용 그리고 협동 같은 미덕은, 체계 자체의 본성에 의해 조건지워진 좁은 틈새이지만 수적으로 많은 틈새들에서는 작용하지 않는다.

행위 이론적인 시각에서 "역사적 실존"은 행동 공간에 참여하는 것으로서 정의될 수 있을 것이다. 그런데 이러한 행동 공간에서는 내적으로 넘치는 힘을 외부로 표출하고, 세계사를 만드는 행위가 결국에는 항상 같은 목표를 지향한다. 호언장

담하고 또 자폐 경향을 보이는 콜럼버스는 진정한 역사의 영웅이 어떤 영향을 미칠 수 있는가를 드러내보여 주었다. 콜럼버스는, 그의 공격 행위에 자극을 받은 수많은 행위자들과 마찬가지로, 보편에 대한 노이로제 증상을 보인다. 그런 종류의 "역사"에 따르면, 역사가 끝났는데도 역사가 끝났다는 사실을 통찰하지 못하는 사람들에 의해서만 오로지 "역사" 만들기가 시도된다. 그런 부류의 "역사" 만들기는 세계 무대에서 해소되지 않는 — 그러나 소란스러운 미디어들의 반향과 더불어 — 자폐증을 산출해낸다. 9월 11일 테러는, 많은 사람들이 충격 속에서 이 날을 하나의 역사 기호 혹은 징표로 간주하려고 한다 하더라도, 완성된 역사 이후 시대성을 입증해주는 지금까지의 단서들 가운데에서도 가장 명백한 단서다. 이 날은 이 날에 무엇인가가 일어났다는 사실 외에 아무것도 지시하지 않는 암울하고도 불필요한 날을 세계에 각인시켰다. 이 9월의 범죄자들은 재발에 대한 막연한 암시 외에는, 하나의 계획에 합당한 어떤 [내용적인] 것도 숨기고 있지 않은 일방적인 폭력을 증거해주고 있다. 형편없는 전략가들은 9월 11일 테러가 주는 암시를 협박으로 오해한다. 진정한 위협은, 우리가 잘 알고 있듯이, "무장한 충고"의 형식을[12] 취한다. 그러나 9월의 이 행위는 어떤 제안을 한 것이 아니라 수정궁을 정확히 공격할 수 있다는 능력을 단순히 과시한 것일 따름이다. 그리고 이 행위는 행위를 실행했다는 사태 자체만으로 자신이 의도한 바

12) Edward N. Luttwak, *Strategy. The Logic of War and Peace*, Cambridge/London 1987, 13장 "Armed suasion" 참조.

를 다 소진해버리는 "행동 방책"이다. 또한 이 행위는 19세기 이래로 혁명적 메타 윤리학이 가르쳤던 바와 같은, 즉 유감스럽지만 필요악적인 수단을 써서라도 선한 최종 목적을 추구한다는, 그런 자세도 시사해주지 않는다. [9월의] 암살 행위는, 서로 자제하고 상호 피드백이 우선적으로 이루어지고 있는 시대의 한가운데에서 순전히 [공격을 위한] 공격의 우선성을 주장했던 것이다.

9월 11일을 통해 우리는 역사 이후 시대의 내용이, 그 극적인 측면만 가늠해보자면, 앞으로 예측할 수 없는 기간 동안 통찰력이 없는 자들의 상호 작용에 의해 규정될 것이라는 것을 읽어낼 수 있다. 그러나 다른 어떤 것들도 마찬가지겠지만, 이러한 예측 역시 어떤 확실성을 보장해주지는 않는다. 일찍이 헤겔이 역사에서 무엇인가를 배울 수 있다는 것의 불가능성에 대해 언급한 바 있지만, 이제 [우리의 경우에는] 역사 이후 시대의 에피소드들로부터 무엇을 배울 수 있다는 것이 불가능해졌다. 오직 안보 기술의 제공자들만이 역사 이후 시대의 돌발 사건들로부터 어떤 결론을 도출해낼 수 있다. 나머지 모든 사람들은 공적인 스트레스를 자신들의 세력 확장의 계기로 삼는 국제 경찰들의 분주함까지도 고려하는 통신사들의 흥분의 높낮이에 노출되어 있다. 그런 사건들과 제스처들을 둘러싸고 뜨거운 화젯거리가 언급된다. 거대한 유리궁의 고객들은 내용이 없는 돌발 사건들과 지시 대상이 없는 제스처들을 끊임없이 연속해서 경험한다. 그러나 통신사의 뉴스나 보도되는 사건 내용은, 실제로 일어나는 폭력 행위와 "사건 현장으로부터" 직접 유래하는 드라마는 —사고 현장이라든가 사건 발생 현장이라는 오늘날의 전문 용어가 잘 말해주듯이 —[수정궁이라는] 밀집된 공간에서 정규적으로 작동되고 있는 일의 표면에서 일어나고 있는 잔잔한 파문에 불과할 뿐이다.

어떠한 경우라도 테러리스트들의 기이한 행위가 서구의 정치적 문화로 하여금 "홉스적인 계기(hobbesianisches Moment)"에로 회귀하게끔 하는 충분한 근거들을 제공해주지 못한다. 현대 국가가 시민들의 생명을 충분히 지켜줄 능력이 있는가 하는 문제는, '이런 문제를 진지하게 다시 제기한다는 것이 어리석기 짝이 없는 일이다'는 사태 자체를 통해서 명백하게 긍정적으로 대답될 수 있다. 이미 오래전부터, 테러를 심리적으로 감당하여 흡수할 수 있는 능력이 소위 "사회"라는 것으로 이행되었다. 마치 테러리스트들의 당혹스런 행위가 국가 차원의 동원 명령에 의해서가 아니라 오로지 "사회"의 대중 매체를 통해서만 수신자에게 전달된 것처럼 말이다. 오늘날의 국가는 여타의 모든 것들과 마찬가지로 테러의 소비자며, 국가가 테러와의 전쟁을 책임져야 한다는 사실은 국가가 공격받을 수도 없고 또한 직접 대응할 수도 없다는 사태를 피해갈 수 없다. 어차피 국가의 존립 근거는 상당히 오래 전부터 더 이상 홉스적인 [국가의] 기능으로부터 도출되지 않고 있다. 국가의 존립 근거는 삶의 기회와 안락함의 획득을 재분배하는 기능을 수행하는 것에 의해 정당화되고 있다. 국가는 자신의 유용성을 허구적인 종합치료사로

서 그리고 모든 사람들에게 물질적 · 허구적 사치를 보장해주는 보증인으로서 입증하고 있다.[13)]

그러므로 어떤 경우를 막론하고 테러에 대해 강경하게 대응하는 태도는 적절치 못하다. 왜냐하면 강경한 대응 태도는 공격자들보다 훨씬 우세한 피공격자의 우월성을 은폐하기 때문이다. 피공격자들은 안개에 싸여 있는 알 카에다, 즉 증오와 실업 그리고 코란 구절들로 이루어진 거대한 집단인 알 카에다를 독특한 스타일을 갖고 있는 전체주의(Totalitarismus)로 부풀려 과대평가한다. 많은 사람들은 더 나아가서 어떠한 기상천외한 방식인지는 모르지만, 전체 자유 세계를 위협하는 "이슬람 파시즘"까지도 엿볼 수 있다고 억측한다. 알 카에다에게서 어떤 근거로부터 이러한 은폐와 부풀린 과대평가가 야기되고 있는가에 대한 대답은 열려 있다. 단지 확실한 사실이란 현실주의자들이 드디어 새롭게 일관성이 없는 이들의 지도자로 자처할 수 있다는 점이다.

안보를 핑계 삼는 새로운 투쟁가의 대변인들은, 그 근원이 의심의 여지없이 다른 곳에서 찾아야만 할 권위주의적인 경향을 해소한다. 집단의 중앙부에서 세심하게 유지된 공포 분위기는 잘못 길들여진 서구의 안보 소비자들의 대다수가 피할 수 없는 코미디를 받아들이게끔 만들고 있다. 9월 11일 이후 유럽 공항에서 비행 위험을 줄이기 위해서 자신들의 손가방에 손톱가위

---

13) Peter Sloterdijk, *Sphären III. Schäume*, 3장 9절, Das Empire - oder: Das Komforttreibhaus; die nach oben offene Skala der Verwöhnung, 801쪽 이하 참조.

를 넣기를 단념하는 여행자들은, 도대체 이 모든 사태가 어떻게 진전될지에 대해서 약간의 감을 잡고 있을 뿐이다.

[Zweiter Vortrag]

Der Kristallpalast — oder: Die kapitalistische Komfortsphäre und ihre Bedrohung durch den Terrorismus

Peter Sloterdijk

Unter den Schriftstellern des 19. Jahrhunderts, die von der “retardierten” osteuropäischen Peripherie her den gefährlich weit vorangetriebenen Spielen aggressiver Welterschließung durch die Westeuropäer mit kritischer Reserve zusahen, hat sich Fjodor Dostojewskij im Rückblick als der hellsichtigste Diagnostiker erwiesen. In seiner Erzählung *Aufzeichnungen aus dem Kellerloch*, erschienen im Jahr 1864 - die nicht nur die Stiftungsurkunde der modernen Ressentiment Psychologie darstellt, sondern auch die erste Äußerung von Globalisierungsgegnerschaft (falls die Rückdatierung des Ausdrucks legitim ist) - findet sich eine Wendung, die die Weltwerdung der Welt am beginnenden Ende des Globalisierungszeitalters mit unübertroffener metaphorischer Kraft zusammenfaßt: Ich meine das Wort von der westlichen Zivilisation als *Kristallpalast.* Dostojewskij hatte bei seinem London Besuch 1862 den (nach der Weltausstellung von 1851) in Sydenham wiederaufgebauten *Crystal Palace* kennengelernt (der erneut die Weltausstellung von 1862 beherbergte)[1] - und seine skeptischen Eindrücke hiervon mit seinen Aversionen bei der Lektüre von Tschernyschewskijs Roman *Was tun*? (1863) assoziiert: In diesem zu seiner Zeit berühmten Buch (von resolut optimistischer pro westlicher Tendenz) war, mit Folgen, die bis zu Lenin reichten, jener Neue Mensch verkündet worden, der nach vollzogener technischer Lösung der sozialen Frage in einem Gemeinschaftspalast aus Glas und Metall unter seinesgleichen leben wird - dem Urmuster der Wohngemeinschaften in Ost und West. Dieser Palast war als klimatisiertes Luxusgehäuse entworfen; der ewige Frühling des Konsensus sollte in dem großen Gewächshaus herrschen, und die friedliche Koexistenz aller mit allen verstünde sich von selbst. Für Dostojewskij symbolisiert das Leben im Palast den Willen der westlichen Menschheits-

---

1) Näheres hierzu in: Peter Sloterdijk, *Sphären III. Schäume,* Frankfurt 2004. Die literarischen Reflexe von Dostojewskijs Londonbesuch finden sich in seinem Reisefeuilleton Winteraufzeichnungen über Sommereindrücke, 1863, einem Text, in dem sich der Autor u. a. über die westlichen "Feldwebel der Zivilisation", die Treibhaushaftigkeit der "Orangerie Progressisten" lustig macht und seine Angst vor dem baalhaften Triumphalismus des Weltausstellungspalasts artikuliert. An der französischen Bourgeoisie liest Dostojewskij bereits die westeuropäisch posthistorische Gleichung von Menschsein und Kaufkraftbesitz ab: "Geldbesitz (ist) die höchste Tugend und Menschenpflicht."

fraktion, die von ihr auf den Weg gebrachte Initiative zur Weltvernetzung und Weltbeglückung in nachgeschichtlicher Entspannung abzuschließen.

Von hier aus beginnt das Motiv vom "Ende der Geschichte" seinen Triumphzug durch die Moderne. Schon die Visionäre des 19. Jahrhunderts hatten, wie im 20. Jahrhundert die Kommunisten, eingesehen, daß sich das soziale Leben nach Ablauf der kombattanten Geschichte nur in einem erweiterten Interieur, in einem hausartig durchgeordneten Bezirk, abspielen kann. Was immer man unter realer Geschichte verstehen mag - sie müßte, wie ihre Speerspitzen, Seefahrt und Expansionskrieg, ein Inbegriff von Unternehmen im Freien bleiben. Sollen aber die historischen Kämpfe in den ewigen Frieden münden, ist das soziale Leben insgesamt in ein Gehäuse zu integrieren. Wäre dieser Zustand erreicht, würde es keine historischen Ereignisse mehr geben, sondern nur noch Haushaltsunfälle. Wer könnte leugnen, daß die westliche Welt - insbesondere die Europäische Union nach ihrer relativen Vollendung im Mai 2004 - in ihren wesentlichen Eigenschaften heute genau dieses große Interieur verkörpert?

Dieses gigantische Treibhaus der Entspannung ist einem heiteren Baalskult gewidmet, für den den das 20. Jahrhundert den Ausdruck Konsumismus vorgeschlagen hat. Der kapitalistische Baal, den Dostojewskij im schockierenden Anblick des Kristallpalasts und der Londoner Amüsiermassen zu erkennen meinte, verkörpert sich nicht weniger in dem Gehäuse als in dem hedonistischen Trubel, der in ihm herrscht. Hier wird eine neue Lehre von den letzten Dingen als Dogmatik des Verbrauchens formuliert. Auf die Errichtung des Kristallpalasts kann nur die "Kristallisation" der Verhältnisse im ganzen folgen - mit diesem Ausdruck knüpft Arnold Gehlen bei Dostojewskij an. Kristallisation bezeichnet das Projekt, die Langeweile zu verallgemeinern. Sie zu fördern und zu schützen, ist künftig das Ziel aller staatlichen Gewalt. Naturgemäß wird sich die verfassungsmäßig garantierte Langeweile in die Projektform kleiden: Ihre psychosoziale Erkennungsmelodie ist die Aufbruchsstimmung; ihre Grundtonart der Optimismus. In der posthistorischen Welt stehen alle Zeichen auf Zukunft, weil in ihr das einzige Versprechen liegt, das einer Assoziation von Konsumenten gegeben werden kann: daß der Komfort nicht aufhört. Die Menschenrechte sind der juristische Unterbau des Konsumismus.

Daß aber der lange Frieden im Kristallpalast zur psychischen Bloßstellung der Bewohner führt, war Dostojewskijs feste Überzeugung. Die Entspannung, sagt der christliche Psychologe, hat unvermeidlich die Freisetzung des Bösen im Menschen zur Folge. Was Erbsünde war, kommt im Klima universeller Bequemlichkeit als banale Freiheit zum Bösen ans Licht. Mehr noch, das Böse, seiner historischen Vorwände und utilitären Verwandlungen beraubt, kann erst in der Langeweile (*skuka*) nach dem Ende der Geschichte zu seiner quintessentiellen Form auskristallisieren: Von allen Ausreden gereinigt, wird nun, für die Naiven vielleicht überraschend, offenkundig, daß das Böse die Qualität der bloßen Laune hat. Es äußert sich als bodenlose Setzung, als willkürlicher Geschmack am Leiden und Leidenlassen, als streunende Destruktion ohne spezifischen Grund. Das moderne Böse ist die arbeitslose Negativität - unverwechselbares Produkt der nachgeschichtlichen Lage. Seine Volksausgabe ist der Sadomasochismus im Mittelschichthaushalt, wo sich harmlose Leute gegenseitig an die Bettpfosten fesseln, seine Luxusversion der ästhetische Snobismus, der sich zum Vorrang der willkürlichen Bevorzugung bekennt. Wert oder Unwert - beides hat nur noch Sinn für die pure Laune, die grundlos dieses oder jenes schätzt. Ob man dieses Böse, mit Kant, ein radikales nennt, ist sachlich belanglos. Da die Wurzel des Bösen nicht tiefer reichen kann als die gewöhnliche Laune, wird mit der Bezeichnung "radikal" nichts gewonnen - sie macht nur ontologischen Theaterdonner.

Ist es noch nötig zu sagen, daß Heideggers enorme Phänomenologie der Langeweile von 1929-1930 sich nur als

Ausbruch aus dem europaweit etablierten (wenn schon durch Kriegsschäden ramponierten) Kristallpalast verstehen läßt, dessen moralisches Binnenklima: die unvermeidliche Abwesenheit jeder gültigen Überzeugung - hier klarer erfaßt wird als irgendwo sonst? Massenkultur, Humanismus, Biologismus sind die munteren Masken, hinter denen sich, nach der Einsicht des Philosophen, die tiefe Langeweile des Kristallpalastdaseins verbirgt. Um Heideggers Motive zu würdigen, muß man in ihnen den Versuch erkennen, die nachgeschichtliche Welt mutwillig zu rehistorisieren - und wäre es um den Preis, daß die Katastrophe zur Lehrmeisterin des Lebens bestellt wird. In diesem Sinn hätte Heidegger hinsichtlich der "nationalen Revolution", der er sich kurzzeitig zurechnete, sagen dürfen, von hier und heute sei eine Epoche der Rehistorisierung ausgegangen - und er sei nicht nur dabei gewesen, sondern er habe sie vorhergedacht. Heideggers Historismus artikuliert das Postulat, vom Besinnungszentrum Deutschland aus der nachgeschichtlichen Flachheit zu entrinnen, um wie in letzter Stunde noch einmal Geschichte zuzulassen; "Geschichte", wohlgemerkt, wird nach dieser Logik nicht gemacht, sondern bis ins Äußerste erlitten. Die Deutschen sollten als letztes Passionsvolk zum Zuge kommen, ja, dem Philosophen zufolge hätte es ihnen zugestanden, den Beweis führen, daß es inmitten vorherrschender Beliebigkeit noch immer eine rufende Evidenz gibt, die großes Handeln enthemmen kann. Hätten die Deutschen geleistet, was

Heideggers Fabulation von ihnen erwartete, so hätten sie aller Welt klargemacht, daß sie es sind, denen das Licht der historischen Notwendigkeit wie zum letzten Mal leuchtet.[2] Die Ironie der Lage wollte aber, daß die Evidenz das Lager wechselte und sich beim Gegner einquartierte, da Antifaschismus das Deutlichste war, was die Epoche in moralischer Hinsicht zu bieten hatte. Sie verband sich zu allem Überfluß mit den US Amerikanern, den paradigmatischen Auswanderern aus der "Geschichte", die zum Kristallpalast die posthistorischen Parks hinzuerfanden.

Die geschichtsphilosophische Mächtigkeit der Dostojewskijschen Kristallpalastmetapher läßt sich am besten ermessen, wenn man sie mit Walter Benjamins Deutung der Pariser Passagen zusammenstellt. Der Vergleich legt sich nahe, da in dem einen wie im anderen Fall eine architektonische Form zum Schlüssel des kapitalistischen Weltzustands erklärt wurde. Bei synchroner Betrachtung wird sofort deutlich, warum Benjamin gegen Dostojewskij ins Hintertreffen gerät. Benjamins obsessive Studien über das In der Welt Sein als Blendung von der kapitalistischen Maya sind durch die Wahl ihres Gegenstands zu einem unaufhaltsamen Verlust an Plausibilität verurteilt, zumal sie von Anfang an

2) Zur Deutung von Heideggers Langeweile-Theorie im Kontext der Entwicklung moderner Ironie und Entspannung vgl. Peter Sloterdijk, *Sphären III. Schäume.*

anachronistisch waren: Sie fixierten sich auf einen architektonisch, ökonomisch und urbanistisch überholten Bautypus, um diesem die ganze Last einer Hermeneutik des Kapitals aufzubürden. In allen Ausdrucksgestalten des modernen Geldzusammenhangs wollte Benjamin die Chiffren der Entfremdung lesen, als ob nicht nur der liebe Gott im Detail steckte, wie Spinozisten und Warburgianer glauben, sondern auch der immanente Teufel. Die Ideologie des Details nährte sich von der Unterstellung, der Tauschwert, dieser ansonsten unsichtbare *genius malignus* der modernen Welt, nehme in den Ornamenten der Ware Gestalt an und offenbare sich an den unauffälligen Schnörkeln der Passagenarchitektur. Solchem Detailglauben folgend, fraßen sich Benjamins Untersuchungen in unterirdischen Bibliotheksarbeiten fest, von einer unfreien Genialität in eine ausweglose Richtung gewungen. Zuletzt zeugten sie allein für das Glück des Sammlers, der Belege für das Unglück der Welt zusammenträgt.

Sollten Benjamins Untersuchungen für das 20. Jahrhundert sowie das frühe 21. weitergeschrieben werden, müßten sie, von einigen methodischen Entzerrungen abgesehen, an den architektonischen Modellen der Gegenwart Maß nehmen - an Shopping Malls, an Messezentren, an Sportarenen, an Indoors Freizeitparks, an Raumstationen und an *gated communities*; sie trügen dann eher Titel wie *Das Kristall-*

paläste-Werk oder *Das Treibhäuser-Werk*, in letzter Konsequenz vielleicht sogar *Das Raumstationen-Werk*.[3] Unbestreitbar verkörperten die Passagen einen suggestiven Raumgedanken im Zeitalter des beginnenden Konsumismus - sie vollzogen die für Benjamin so inspirierende Verschmelzung von Salon und Universum in einem öffentlichen Interieur; sie waren "Tempel des Warenkapitals", "geile Straße des Handels"[4], Projektion des Bazars vom Orient in die Bürgerwelt und Symbol der Metamorphose aller Dinge unter dem Licht der Käuflichkeit - Schauplatz einer *féerie*, die den Kunden für die Dauer eines Besuchs verzaubert. Der Kristallpalast jedoch, jener bei London, der die Weltausstellungen und später den (der "Volksbildung" gewidmeten) Freizeitpark beherbergte, und mehr noch der in Dostojewskijs Text, der die "Gesellschaft" als ganze zum Exponat in sich selbst machte, deutete schon weit über die Passagenarchitektur hinaus; Benjamin erwähnt ihn zwar des öfteren, er hält ihn aber nur für eine vergrößerte Passage - hier ließ ihn seine bewunderswerte physiognomische Sehkraft im Stich. Denn während die Passage der Verklärung und Gemütlichmachung des Kapitalismus[5] diente, war im Kristallpalast -

---

3) Vgl. den Abschnitt Absolute Inseln in: Peter Sloterdijk, *Sphären III. Schäume*,

4) Walter Benjamin., *Gesammelte Schriften*, Band V. 1, Frankfurt a. M. 1989, S. 86 und 93.

5) Zu dem Motiv "gemütlicher Kapitalismus" vgl. Dieter und Karin Claessens, *Kapitalismus als Kultur: Entstehung und Grundlagen der bürgerlichen Gesellschaft*, Frankfurt a. M. 1979.

der mächtigsten Bauform des 19. Jahrhunderts - bereits der Hinweis auf einen integralen Kapitalismus angelegt, bei dem es um nicht weniger ging als die umfassende Absorbtion der Außenwelt in einem vollständig durchgerechneten Innen.

Hat man die Metapher “Kristallpalast” als Emblem für die Ambitionen der Moderne akzeptiert, läßt sich die Symmetrie zwischen dem kapitalistischen und dem sozialistischen Programm ohne Mühe erkennen: Der Sozialismus war nichts anderes als die zweite Baustelle des Palastprojekts. Nach ihrer Schließung liegt auf der Hand, daß Sozialismus und Kommunismus Stadien auf dem Weg zum Kapitalismus waren. Vom Kapitalismus freilich läßt sich jetzt erst sagen, daß er mehr bedeutet als nur ein Produktionsverhältnis; er reicht auch weiter, als die Denkfigur “Weltmarkt” auszudrücken vermag. Er impliziert das Projekt, den gesamten Lebenszusammenhang der von ihm erfaßten Menschen in die Immanenz der Kaufkraft zu versetzen.

Was die Weltbildung durch kapitalvermittelte Prozesse angeht, darf feststellt werden, daß der aktuelle Gang der Dinge die Antizipationen Dostojewskijs, Kultur und Dasein in Glaspalästen betreffend, weit über die Intentionen des Autors hinaus bestätigt. Was immer heute im Reich der Kaufkraft geschieht - es vollzieht sich im Rahmen einer generalisierten *Indoors*-Wirklichkeit. Auch Ausnahmeereignisse entgehen dieser Beobachtung nicht; die Türme von New York stürzten innerhalb des Glaspalasts ein, die Berliner Love-Parades sind Palast-Amüsements in einem weiträumigen *Jeu de Paume*, sinnreich überwacht von einem vergoldeten Engel, der anachronistisch deutschen Sieg im Westen meldet - das Ereignis muß so lange her sein, daß selbst die immer wachen politisch Korrekten vergaßen, den Abriß der Siegessäule zu fordern.

Der kapitalistische Weltpalast - die Ultraspät-Marxisten Negri und Hardt haben ihn jüngst unter dem Namen *Empire* neu ausgemessen - bildet keine kohärente architektonische Struktur; er ist keine wohnhausartige Größe, eher eine Komfort-Installation von treibhausartiger Qualität oder ein Rhizom aus prätentiösen Enklaven und ausgepolsterten Kapseln, die sich über die Kontinente verzweigen. Er wäre mißinterpretiert, wollte man von ihm verlangen, die "Menschheit" in numerischer Vollzähligkeit zu erfassen. Die große Komfortstruktur wird zwar noch über längere Zeit zahlreiche neue Bürger integrieren, indem sie Bewohner der Semiperipherie zu Mitgliedern macht, jedoch stößt sie auch vormalige Angehörige ab und bedroht viele räumlich Inkludierte mit sozialer Exklusion, das heißt mit Verbannung aus dem Komfortkontext - eine Drohung, die ihren Adressaten den Absturz ins Subproletariat in Aussicht stellt.

Obschon als Indoors-Universum angelegt, bedarf das große Treibhaus keiner festen Außenhaut - insofern ist auch der *Crystal Palace* ein aspektweise überholtes Symbol. Nur in Ausnahmefällen materialisiert er seine Grenzen in hartem Stoff, wie bei dem Grenzzaun zwischen Mexico und den USA oder bei dem sogenannten Sicherheitszaun zwischen Israel und dem Westjordanland. Ihre wirksamsten Wände errichtet die Komfort-Installation aus Diskriminierungen - es sind Wände aus Zugriffen auf Geldguthaben, die Habende und Nichthabende trennen, Mauern, die durch die scharf asymmetrische Verteilung von Lebenschancen und Beschäftigungsoptionen hochgezogen werden: Auf der Innenseite inszeniert die Kommune der Kaufkraftbesitzer ihren Wachtraum von umfassender Immunität bei höhenstabilem und steigendem Komfort, auf der Außenseite versuchen die mehr oder weniger vergessenen Mehrheiten, inmitten ihrer Traditionen, Illusionen und Improvisationen zu überleben. Die Tatsache, daß der Kristallpalast zu Beginn des 21. Jahrhunderts nach den günstigsten Berechnungen ein Drittel der Angehörigen der Gattung *homo sapiens* inkludiert, wahrscheinlich aber nur ein Viertel oder noch weniger, verweist auf die Unmöglichkeit, eine effektive Einbeziehung aller Mitglieder der Menschengattung in ein gemeinsames Wohlfahrtssystem zu organisieren. Die semantische (kostenlose) Konstruktion der Menschheit als Kollektiv der Träger von Menschenrechten ist aus unüberwindlichen systemischen Gründen nicht überführbar in die ökonomische und teure Konstruktion der Menschheit als Kollektiv der Inhaber von Kaufkraft und Komfortchancen.

Selbstverständlich verfügt der globale kapitalistische Innenraum (üblicherweise als der Westen und die verwestliche Sphäre bezeichnet) über mehr oder weniger kunstvoll ausgearbeitete architektonische Strukturen: Er erhebt sich über dem Boden als ein Geflecht aus Korridoren des Komforts, die an strategisch interessanten Knotenpunkten der Erdoberfläche zu dichten Arbeits- und Konsum-Oasen ausgebaut sind (normalerweise in der Gestalt der offenen Stadt und der uniformen Suburbia, doch immer häufiger auch in Form von ländlichen Residenzen, Urlaubsenklaven, *e-villages* und *gated communities*). Eine historisch beispiellose Form von Massenmobilität breitet sich seit einem halben Jahrhundert im Inneren dieser Korridore und Knoten aus. Wohnen und Reisen sind in der Großen Installation miteinander eine Symbiose eingegangen - das reflektiert sich in den vielfältigen opportunen Diskursen über das zurückgekehrte Nomadentum und über die Aktualität des jüdischen Erbes.[6] Zahlreiche Künstler, Animateure, Sänger, Masseure und Berufsreisende bieten hier ihre Dienste an als Reisebegleiter zum verflüssigten Leben. Wenn heute der Tourismus das Spitzenphänomen des kapitalistischen *way of life* - und weltweit die umfangreichste

6) Vgl. Jacques Attali, *L'homme nomade*, Paris 2003.

Wirtschaftsbranche – darstellt, so eben, weil der größte Teil aller Reisebewegungen inzwischen im beruhigten Raum stattfinden kann. Um wegzufahren, braucht man nicht mehr hinauszugehen. Flugzeugabstürze und Schiffsunglücke, egal wo sie sich ereignen, sind Zwischenfälle innerhalb der Installation und werden folgerichtig als Lokalnachrichten für Weltmedienbenutzer gemeldet. Reisen außerhalb der Großen Installation bezeichnet man hingegen zu Recht als Risiko-tourismus: Durch ihn werden Reisende aus westlichen Ländern – die polizeiliche und diplomatische Empirie belegt es – immer öfter zu *de-facto-Komplizen* eines zivilisationskritisch aufgetakelten Entführungsgewerbes.

Der kapitalistische Weltinnenraum bildet ein Gitter von Korridoren zwischen Wohlstandsinseln, das, wie gesagt, demographisch kaum ein Drittel der aktuellen Demnächst-Sieben-Milliarden-Menschheit, geographisch kaum ein Zehntel der Festlandflächen umfaßt; (auf die Wasserwelt muß hier nicht eingegangen werden, weil sämtliche bewohnbare Yachten und Kreuzfahrtschiffe zusammengerechnet nicht ein Hunderttausendstel der Meeresflächen überdecken; nur die neue *Queen Mary* 2, der jüngste Luxus-Oceanliner von Cunard, der im Januar 2004 mit 2600 Passagieren an Bord auf Jungfernfahrt nach New York ging, verdient eine gesonderte Erwähnung, da er als schwimmender Kristallpalast beweist, wie wenig es dem postmodernen Kapitalismus an Kraft zur

Selbstdarstellung fehlt; das provozierende Großschiff stellt das überzeugendste Kunstwerk des beginnenden 21. Jahrhunderts dar, sofern es den Stand der Dinge im großen ganzen mit integraler Symbolkraft zusammenfaßt).

Von diesem Raumsegment und nur von ihm ist der Sache nach die Rede, wenn in der üblichen Tonart über die "globalisierte Welt" gehandelt wird. Wer Globalisierung sagt, redet von einer komfortablen Insel im Meer der Armut, wenngleich die dominierende Rhetorik gern den Anschein erweckt, das Weltsystem sei seinem Wesen nach all inklusiv verfaßt, wenn auch die meisten erst auf die Warteliste gesetzt sind. Das Gegenteil ist der Fall, und dies aus systemisch zwingenden Gründen. Die Exklusivität ist dem Projekt Kristallpalast selbst inhärent. Jede selbstverwöhnende, auf stabilisiertem Luxus aufgebaute Endosphäre ist ein extrem unwahrscheinliches Gebilde, dessen Bestand ein belastbares und vorläufig mehr oder weniger ignorierbares Außen voraussetzt - wenn auch schon sicher ist, daß die Reaktion des Äußeren nur vertagt, aber nicht dauerhaft ausgeschaltet werden kann. Folgerichtig trifft der Ausdruck "globalisierte Welt" ausschließlich die dynamische große Installation, die der Menschheitsfraktion der Kaufkraftbesitzer als "Lebenswelt" Hülle dient. In ihrem Innerem werden immer neue Höhen der stabilisierten Unwahrscheinlichkeit erklommen, als solle das Gewinnspiel der glücklichen Minderheiten gegen die

Entropie endlos weitergehen. Die Globalisierungsdebatte wird darum exklusiv als Selbstgespräch der Wohlstandszonen geführt. Immerhin beflügeln die gewaltigen Dimensionen der Installation eine gewisse Kosmopolitismusromantik - zu deren bezeichnendsten Medien gehören die Bordmagazine der großen Fluglinien (um von anderen Produkten der Männerpresse hier nicht zu reden). Der Kosmopolitismus, wäre zu sagen, ist der Provinzialismus der Verwöhnten; man hat ihn als "Parochialismus auf Reisen" bezeichnet. Er gibt dem kapitalistischen Weltinnenraum sein Flair von Offenheit für alles, was für Geld zu haben ist.

*

Das Kennzeichen etablierter Globalität ist der Zustand erzwungener Nachbarschaft mit allem zahllosen nahegerückten Fremden. Am besten wäre das mit dem topologischen Terminus Dichte zu bestimmen. Dichte beschreibt den Grad des Koexistenzdrucks zwischen unbestimmt zahlreichen Partikeln und Aktionszentren. Mit dem Begriff Dichte läßt sich die Romantik der Nähe überwinden, mit der moderne Moralisten die Offenheit des Subjekts für den Anderen erläutern wollten.[7)]

---

7) Vgl. Emmanuel Lévinas, *Autrement qu'être ou au delà de l'essence* (1978), Paris 2004, chap. La proximité, S. 129, 155.

Erhöhte Dichte impliziert steigende Wahrscheinlichkeit von Begegnungen zwischen Agenten, sei es im Sinn von Transaktionen, sei es in dem von Kollisionen und Beinahe Kollisionen. Wo dichte Verhältnisse dominieren, werden Nichtkommunikation zwischen Agenten ebenso unplausibel wie einseitige Diktate. Hohe Dichte garantiert chronischen Umgebungswiderstand gegen unilaterale Ausdehnung - einen Widerstand, den man in kognitiver Sicht als Reizklima für Lernprozesse werten kann, da hinreichend starke Akteure in dichten Milieus sich gegenseitig klug, kooperativ und freundlich machen (und sich naturgemäß auch reziprok trivialisieren). Sie tun dies, weil sie sich gegenseitig erfolgreich im Weg stehen und gelernt haben, Interessen gegen Interessen aufzurechnen. Da sie nur bei Aussicht auf Gewinnteilung kooperieren, bringen sie die Annahme zum Ausdruck, daß die Spielregeln der Reziprozität auch den anderen einleuchten.

Durch Dichte wird uns Gehemmtheit zur zweiten Natur. Ist sie eingetreten, erscheint das einseitige Losschlagen wie eine Utopie, der keine Praxis mehr entspricht. Freiheit zur Tat wirkt jetzt wie ein Märchenmotiv aus der Zeit, als das Angreifen noch geholfen hat. Wo man einseitige Expansion beobachtet, beweist dies, daß noch vordichte Verhältnisse gegeben sind. Dichte bedeutet: Die Erfolgsphase der unilateral enthemmten Praxis ist in der Hauptsache vorüber, ein heftiges Nachspiel da und dort nicht ausgeschlossen. Die Akteure sind nun vertrieben aus dem Garten Eden, in dem den Einseitigen das Heil versprochen war.

Wenn Telekommunikation einen Begriff von hohem ontologischem Ernst darstellt, so weil er die Prozeßform der Verdichtung bezeichnet. Telekommunikation bringt eine Weltform hervor, zu deren Aktualisierung zehn Millionen emails pro Minute und Transaktionen elektronischen Gelds im Wert von einer Billion Dollar täglich gehören. Der Ausdruck ist solange nicht angemessen verstanden, wie er nicht mit hoher Explizitheit die Herstellung des reziproken, auf Kooperation, sprich wechselseitiger Hemmung aufgebauten Weltzusammenhangs aussagt, einschließlich aller Ferngeschäfte, Fernzwänge, Fernkonflikte, Fernhilfen. Nur dieser starke Begriff von Telekommunikation als kapitalistischer Form der *actio in distans* ist geeignet, den Tonus und Modus des Daseins im erweiterten Glaspalast zu beschreiben. Dank Telekommunikation wird der alte Traum der Moralisten von einer Welt, in der die Hemmungen den Enthemmungen gewachsen wären, technisch ermöglicht.

Hoffnung ist infolge dessen, Ernst Bloch möge verzeihen, kein Prinzip, sondern ein Effekt. Was fallweise und prozeßtheoretisch hoffen läßt, ist zweierlei: zum einen die Tatsache, daß Menschen gelegentlich neue Ideen haben, die beim

Übergang vom Modell zur Anwendung Lebensveränderungen bewirken, im Mikrobereich wie im großen Maßstab - von Zeit zu Zeit sind nebenwirkungsarme gute Einfälle darunter; zum anderen die Beobachtung, daß aus der Flut realisierungswilliger Einfälle unter Bedingungen ausreichender Dichte ein praktikabler Rest herausgefiltert wird, der nicht für alle, doch für viele das Bessere bietet. Die Dichtevernunft hat die Wirkung einer Sequenz von Sieben, die für die Eliminierung einseitiger Offensiven und unmittelbar schädlicher Innovationen sorgen (etwa vom Typus der Verbrechen, die nur einmal oder nur in kurzen Serien begehbar sind). Man kann ihren Wirkungsmodus kommunikativ nennen, wenn man will, aber nur in dem Sinn, wie man gegenseitige Spielraumberaubung als Kommunikation bezeichnen darf. Von dem Phantom, das bei schlechter Sicht kommunikative Kompetenz hieß, bleibt nach Nebelauflösung das reziproke Hemmungsvermögen zurück. Der vielgerühmte Konsensus der Vernünftigen ist die Oberfläche des Vermögens, sich gegenseitig an einseitigen Aktionen zu hindern. Auch das moralisch viel zu hoch gehandelte Phänomen Anerkennung meint in seinem Kern eher das Vermögen, sich als potentieller oder aktueller Verhinderer einer fremden Initiative Beachtung zu verschaffen. Jürgen Habermas kommt das Verdienst zu, die "Einbeziehung des Anderen" als Verfahren zur Ausweitung des Geltungsbereichs reziprok hemmender Mechanismen erkannt zu haben, auch wenn er diesen Vorgang idealistisch überschätzt und dialogisch mißdeutet; die "Einbeziehung des Anderen" ist im Gegenteil die Spur der postmodernen Tendenz zur Ausschaltung von Handeln überhaupt. Tatsächlich ist der Aufbau von reziproken Hemmungen als der wirksamste Zivilisierungsmechanismus zu loben - obschon man berücksichtigen sollte, daß mit dem Unwillkommenen und Unerträglichen der enthemmten unilateralen Praxis oft auch ihr Gutes weggefiltert wird.

Vor diesem Hintergrung erweist sich die Globalisierung der Kriminalität als für die posthistorische Lage aufschlußreich: Sie zeigt an, wie und wo die tätige Enthemmung sich immer wieder lokale Vorsprünge vor den hemmenden Instanzen erarbeitet. Organisierte Kriminalität beruht auf professionalisierter Nachbesserung der Enthemmug, die in den Lücken sperriger Umstände gleichsam ruhigen Schritts weitergeht; indessen bezeugt spontane Kriminalität nur den momentanen Verlust der Selbstkontrolle bei konfusen Einzelnen, die im Juristenjargon hartnäckig als Täter bezeichnet werden. Nachhaltige Kriminalität ist hauptsächlich ein Sinn für die Lücke (des Markts und des Gesetzes), gepaart mit unentmutigter Tatkraft. Durch sie wird der Tatbestand der Täterschaft in einem philosophisch belangvollen Sinn nach wie vor erfüllt. Erfolgreich organisierte Kriminelle sind nicht Opfer ihrer Nerven, sondern Kronzeugen der Freiheit zu handeln, dem universellen Hemmungszusammenhang zum Trotz.

Dieser Befund gilt besonders für den seit kurzem so genannten "globalen Terrorismus", für den es trotz glänzender Teilanalysen bisher keine befriedigende Erklärung gibt. Am ehesten wird man seinen starken Manifestationen, besonders dem unfaßbar simplen Akt des 11. September 2001, auf theoretischer Ebene gerecht, wenn man ihn als Indiz dafür liest, wie das Motiv Enthemmung von aktiven Verlierern aus dem antiwestlichen Lager im posthistorischen Kontext angeeignet wurde. Das beweist nicht, daß das Böse bis nach Manhattan kam, sondern daß eine neue Welle von Verlierern der "Geschichte" die Wonnen der Einseitigkeit für sich entdeckten - ärgerlicherweise nach Ablauf der regulären Spielzeit und unter Verletzung der posthistorischen Abstinenzregeln. Sie imitieren nicht, wie bisherige Verliererbewegungen, irgendein Muster von "Revolution"; sie ahmen direkt das ursprüngliche Momentum der europäischen Expansionen nach: - die Aufhebung der Trägheit durch das Losschlagen, die euphorisierende Asymmetrie, die der reine Angriff gewährt, den uneinholbaren Vorsprung, den der erwirbt, der früher zur Stelle ist und vor allen anderen sein Zeichen setzt. Das klare Prius der offensiven Gewalt verletzt die Welt von neuem - diesmal jedoch von der anderen, der nicht westlichen Seite her. Aber da es auch für islamistische Terroristen zu spät ist, die verteilte Welt der Sachen und Territorien zurückerobern zu wollen, okkupieren sie größere Terrains in dem weit geöffneten Weltnachrichtenraum. In ihm richten sie ihre Flammenwappen auf, so wie die Portugiesen einst an ihren Landungsplätzen ihre Steinwappen aufstellten.

Die Umstände arbeiten den Terroristen in die Hand: Diese haben, besser als übrige Produktionsgesellschaften, verstanden, daß die Herren der Kabel nicht alle Inhalte im Studio erzeugen können und auf Ereignisse von außen angewiesen bleiben. Sie wissen inzwischen aus Erfahrung: Sie selber können solche Ereignisse anbieten, da sie als *content provider* im Realgewaltsektor nahezu ein Monopol gewonnen haben. Sie können sich überdies sicher sein: Der Infospace in der Großen Installation steht invasiven Akten bis auf weiteres so offen wie das amorphe Afrika den brutalsten Zugriffen von Europäern im 19. Jahrhundert. Böse amüsiert erkennen sie den Grund hierfür: Die Nervensysteme der Kristallpalastbewohner sind für Invasoren mühelos okkupierbar, weil jene immer, palastlangeweilebedingt, auf Nachrichten von außen warten; die unterbeschäftigten paranoiden Programme drängen darauf, beliebige Signale, die die Existenz eines externen Feindes beweisen, aufzufangen. Die Summe dieser quasi theoretischen Einsichten ergibt bei den Terroristen eine kohärente Praxis: Wenn sie ihre telegenen Explosionen arrangieren, nutzen sie mit klarer Intuition die hyperkommunikative Verfaßtheit des westlichen Sozialraums aus; mittels minimaler Invasionen beeinflussen sie das gesamte System, indem sie, um es so auszudrücken, seine Akupressurpunkte anregen.[8] Sie dürfen sich darauf verlassen, daß die einzige Antiterrormaßnahme, die Erfolg garantierte, das lückenlose Schweigen der Medien über Anschläge, von der Beharrung derselben auf ihrer Informationspflicht zuverlässig verhindert wird. Daher geben "unsere" Reizleitungen die lokalen Terrorimpuls quasi automatisch an die Schreckensverbraucher, die mündigen Bürger im Kristallpalast weiter, ganz ähnlich wie meine Nervenbahnen den Verbrennungsschmerz von der Fingerkuppe zur zentralen Registrierung im Gehirn lenken. Der Berichterstattungszwang stellt den Terrorismus als Kunst, von sich reden zu machen, auf unabsehbare Zeit sicher. Weil dies so ist, können die Dirigenten des Terrors wie alle Eroberer vor ihnen Erfolg mit Wahrheit gleichsetzen. Abwegig oder nicht, das Resultat zeigt sich in der Tatsache, daß man wirklich von ihnen redet - mit einer Stetigkeit, die den Terror mit dem Wetter und den Geheimnissen der Frauen nahezu in eine Linie stellt. Obschon ein Phantom, das sich selten materialisiert, genießt er ein ontologisches Ansehen, das sonst nur den Existentialien zukommt. Daß die Urheber

---

8) Paul Berman bedient sich des Vergleichs mit "Flohstichen"; leider kratzt sich der Autor so heftig, daß eine Überinterpretation des islamistischen Terrors als neuer Totalitarismus entsteht: vgl. Paul Berman, *Terror und Liberalismus*, Hamburg 2004, S. 32; ohne Sorge um schiefe Bilder fügt er hinzu, die Flohstiche seien "Teil eines Krieges"; wieder einmal wird Insektenbekämpfung als große Politik empfohlen.

folgenschwerer Anschläge in weiten Teilen der vom Westen nicht kontrollierten Welt als echte Helden angesehen werden, ist hiermit verglichen nur ein Nebenaspekt seines Erfolgs.

Terrorismus hat sich somit als Strategie einseitiger Expansion auf dem posthistorischen Kontinent "Aufmerksamkeit" bewährt: Er durchdringt die Gehirne der "Massen" mit Leichtigkeit und sichert sich ein bedeutendes Segment auf dem Weltmarkt der thematischen Erregungen. Er ist daher, wie Boris Groys in hinreichend kaltblütigen Analysen gezeigt hat, eng mit den postmodernen Medienkünsten verwandt, ja vielleicht zieht er nur die zugespitzte Konsequenz aus den Traditionen romantisch transgressiver Kunst. Schon früh war es in dieser darum gegangen, durch aggressive Ausweitungen der Kunstverfahren Bedeutungserzwingung zu betreiben. Aus der Entwicklung solcher Techniken im Lauf des 20. Jahrhunderts wurde erkennbar, daß Transgression kein Beweis für die metaphysische und künstlerische Großartigkeit eines Werks ist, sondern ein so schlichter wie effektvoller Marketingmechanismus. Stockhausens weltberühmter Eifersuchtsausbruch gegen die Urheber des New Yorker Dramas sagt mehr über die Wahrheit dieses Tages als die gesamte Septemberliteraturindustrie.[9]

Unter diesen Aspekten wird verständlich, warum der

9) Vgl. Frank Letricchia/Jody McAucliff, *Crimes of Art and Terror*. Chicago/London 2003, S. 6, 17.

Neoliberalismus und der Terrorismus wie *recto* und *verso* desselben Blatts zusammengehören. Auf beiden Seiten liest man einen äußerst klar artikulierten Text:

> "Für die Entschlossenen ist die Geschichte nicht zuende. Einseitigkeit lohnt sich noch immer für jene, die dem Angriff vertrauen. Noch immer dürfen die Auserwählten die Welt wie herrenloses Gut betrachten, immer noch haben die Zeugen für den Reinen Angriff die Beute vor ihrer Degenspitze. Die Freiheit zum Vorstoßen ist das Wesen der Wahrheit."

Man sollte wohl zugeben, daß dies Sirenengesang ist - und es gibt nicht genug Mastbäume, um alle, die es hören, anzubinden. Diese Musik der Tatenthemmung ist willkommen für tonisierte Individuen, die ihre Kraftüberschüsse anlegen möchten, gleich ob im unternehmerischen oder rächerischen Sinn.

Nur an der Oberfläche wird also auf der Weltbühne ein Stück gespielt, das bei der Koalition der Wohlmeinenden der "Angriff der Fundamentalisten" heißt; was wirklich für Unruhe sorgt, ist der Fundamentalismus des Angriffs. Obschon dieser einer vergangenen Epoche anzugehören schient, bleiben seine Reste in der post unilateralen Welt virulent. Was die entschiedenen Angreifer, seien sie Attentäter, Spekulanten, Kriminelle, Unternehmer oder Auserwählte, antreibt, ist das

Verlangen, sich in einen Strahl reiner Intitiative zu verwandeln - in einer Weltlage, die alles aufbietet, um Initiativen zu entmutigen. Wie Niklas Luhmann bemerkte, ist Radikalismus das probate Mittel der Modernen, das Unplausible als das einzig Plausible darzustellen. Bemerkenswert an aktuellen Terrorakten gegen die großen Systeme wäre demnach allein, daß er die Existenz eines posthistorischen Radikalismus beweist - das kommt der Entdeckung einer Spezies von schwarzen Schwänen gleich. Es wird noch sehr viel Enttäuschungsarbeit kosten, bis Neoliberale und islamistische Terroristen - Märtyrer der Nachgeschichte alle beide - verstanden haben werden, daß die Wonnen des aktiv asymmetrischen Lebens ontologisch zum *ancien régime* gehören - ob dann auch diese Schwäne wieder weiß werden, bleibt abzuwarten.

Beide Typen von Handelnden sind Unzeitgemäße in jedem Sinn des Wortes. Die einen wollen immer noch auslaufen wie goldgierige Seefahrer nach 1492, die anderen träumen davon, loszureiten wie monotheistisch entflammte Wüstenstämme im 7. Jahrhundert. Beide jedoch müssen sich mit ihren Zeitumständen arrangieren und vorgeben, sie empfänden die modernen Netze als ihre große Chance und nicht als Inbegriff von behindernden Umständen. Mit ihren verspäteten Philosophien der Tat bieten sie die beiden Hauptansichten von Offensivitätsromantik beim Anbruch des 21. Jahrhunderts. Diese Romantik verwechselt die Lücke mit dem freien Feld. Ihre Akteure möchten die starke Asymmetrie im Ausagieren von Missionen, Projekten und anderen Gesten von euphorisirendem Erstschlagcharakter retten zu einer Zeit, die schon dem Primat der Nettigkeit, der Hemmung, der Wechselwirkung, der Kooperation untersteht, im Osten wie im Westen - nur eben in den Lücken nicht, die systembedingt eng, aber zahlreich sind.

In handlungstheoretischer Sicht wäre die "geschichtliche Existenz" demnach definierbar als Teilhabe an einem Aktionsraum, in dem das Ausagieren von inneren Überschüssen und das Weltgeschichtemachen hin und wieder auf dasselbe hinausliefen. Der großsprecherische Autist Columbus hat vorgegeben, was ein authentischer Geschichtsheld bewirken kann; gleich ungezählten Akteuren seines Schlages nach ihm bricht er von der Neurose ins Allgemeine durch. Nach der "Geschichte" jedoch wird "Geschichte" nur noch von denen zu machen versucht, die nicht einsehen können, daß sie vorbei ist. Das ergibt Autismen ohne Auflösungen auf der Weltbühne - aber mit lautem Widerhall im Summen der Medien. Der 11. September ist das bisher deutlichste Indiz vollendeter Nachgeschichtlichkeit, obschon viele ihn unter Schock für ein Geschichtszeichen halten wollten. Er setzte ein düster überflüssiges Datum in die Welt, das auf nichts zeigt, außer den Tag, an dem es geschah. Die Septemberverbrecher zeugten für eine einseitige Gewalt, die schlechthin nichts *in petto* hat, was einem Projekt gleicht, von vagen Hinweisen auf Wiederholung abgesehen - Hinweisen, die von schlechten Strategen als Drohung mißverstanden werden. Eine echte Drohung besäße bekanntlich die Form eines "bewaffneten Ratschlags"[10], die Septembertat schlug hingegen nichts vor, sie war die bloße Vorführung des Vermögens, einen punktuellen Angriff gegen den Kristallpalast zu führen -, sie war eine "Maßnahme", die sich in ihrer Ausführung erschöpfte. Auch verriet sie kein Streben nach dem guten Endzweck mit dem bedauerlicherweise nötigen bösen Mittel, wie die revolutionäre Metaethik seit dem 19. Jahrhundert doziert hatte. Das Attentat war die pure Reklamation des Angriffsprius mitten im Zeitalter der vorrangigen Hemmungen und Rückkopplungen.

Man kann vom 11. September ablesen, daß der Inhalt der Nachgeschichte nach seiner dramatischen Seite hin auf unabsehbare Zeit von den Interaktionen der Uneinsichtigen bestimmt bleibt. Dies ist keine Feststellung wie jede andere. Zu der von Hegel bemerkten Unmöglichkeit, etwas aus der Geschichte zu lernen, kommt nun die Unmöglichkeit hinzu, aus Episoden der Nachgeschichte etwas zu lernen. Nur die Anbieter von Sicherheitstechnologie können aus posthistorischen Zwischenfällen ihre Schlüsse ziehen - alle übrigen

10) Edward N. Luttwak, *Strategy. The Logik of War and Peace,* Cambridge/London 1987, Kap. 13, "Armed suasion."

sind der Ebbe und Flut medialer Aufgeregtheit ausgeliefert, die Hektik der internationalisierten Polizeien eingerechnet, die den öffentlichen Stress zur Legitimierung ihrer Expansion einsetzen. Die Klienten im großen Glashaus erleben endlose Serien von Zwischenfällen ohne Aussage und Gebärden ohne Referenten. Von denen handeln die Sonderbrennpunkte. Aber die Nachrichten und ihr Material, die realen Gewalttaten und Dramen "vor Ort" - wie der dümmliche Fachausdruck für Unfall und Ereignisstellen heute lautet -, sind ihrerseits nur noch Gekräusel an der Oberfläche der regulären Operationen im dichten Raum.

Auf keinen Fall liefern die terroristischen Sticheleien sachlich zureichende Gründe für einen Rückgang der politischen Kultur des Westens auf das "hobbesianische Moment": Die Frage, ob der moderne Staat seinen Bürgern ausreichenden Lebensschutz zu gewähren imstande ist, wird durch die Tatsachen selbst bilanzmäßig so eindeutig bejahend beantwortet, daß es närrisch wäre zu behaupten, sie sei im Ernst erneut zu stellen. Längst ist die Zuständigkeit für die psychische Absorption des Terrors auf die sogenannte "Gesellschaft" übergegangen - wie ja auch die terroristische Irritation allein durch die Medien der "Gesellschaft" an die Empfänger weitergegeben wird und nicht durch staatliche Mobilmachungsbefehle; der Staat von heute ist ein Terror-konsument wie alle übrigen, und die Tatsache, daß er für die

Bekämpfung der Terrors zuständig sein soll, ändert nichts daran, daß er weder direkt angegriffen ist noch direkt reagieren kann. Ohnedies leitet sich die Existenzberechtigung des Staates seit geraumer Zeit nicht mehr von seinen Hobbesschen Funktionen her, sie gründet in seinen Leistungen als Umverteiler von Lebenschancen und Komfortzugängen; er beweist seine Tauglichkeit als der imaginäre Gesamttherapeut sowie als Garant von materiellen und imaginären Verwöhnungen für die vielen.[11)]

Illiberale Reaktionen auf Terror sind daher immer inadäquat, denn sie unterschlagen die unermeßliche Überlegenheit der Angegriffenen über die Angreifer; sie blähen die Nebelwolke Al Quaida, dieses Konglomerat aus Haß, Arbeitslosigkeit und Koransprüchen, zu einem Totalitarismus eigenen Stils auf, manche vermeinen sogar, in ihm einen "Islamfaschismus" zu erkennen, der, man weiß nicht auf welche auf phantastische Weise, die gesamte freie Welt bedrohe. Aus welchen Gründen diese Unterschlagung und diese Aufblähung erfolgen, mag hier offen bleiben. Gewiß ist nur: Die Realisten sind wieder in ihrem Element; endlich können sie sich von neuem als Führer der Unschlüssigen anbieten. Unter dem Sicherheitsvorwand setzen die Wortführer

---

11) Vgl. Peter Sloterdijk, *Sphären III. Schäume. Plurale Sphärologie*, Frankfurt a. M. 2004, Kap. 3, 9. Abschnitt, Das Empire - oder: Das Komforttreibhaus; die nach oben offene Skala der Verwöhnung, S. 801 f.

der neuen Militanz autoritäre Tendenzen frei, deren Quellen ohne Zweifel an anderer Stelle zu suchen sind; das sorgfältig unterhaltene Angstklima im medialen Raum der Kollektive sorgt dafür, daß die große Mehrheit verwöhnter westlicher Sicherheitskonsumenten sich in die Komödie des Unvermeidlichen fügt. Wohin das führen kann, davon haben die Reisenden einen Vorgeschmack, die seit dem 11. September an europäischen Flughäfen ihre Nagelscheren im Handgepäck für sie Absenkung des Luftfahrtrisikos opfern.

■ 제3강연(번역) ■ ■ ■

미국적 예외 — 어떤 유혹의 해부

번역 한 승 완

세계자본주의(Weltkapitalismus)가 — 그것이 아무리 '유목적', 탈민족적, 공간 중립적, 다중심적인 구조를 갖고 있다 하더라도 — 특정한 장소, 국가와 민족을 선호한다는 것을 누구도 진정으로 부정하지는 않는다. 미합중국이 세계 자본주의의 주거주지라고 말할 수는 없다 하여도 그것이 모든 사람들이 선호하는 지역에 속한다는 사실을 누구도 부정하지 않을 것이다. 전통적으로 미국의 주민은 스스로를 경제 개혁의 대행자로 보기보다는 어떤 유례가 없는 동기의 담당자로 보기를 선호한다. 이 동기에는 오래전부터 거역할 수 없는 이름이 있는 바, 그것이 바로 아메리칸 드림(The American Dream)이다. 이 말에 대한 정의의 수는 잠재적으로 이 나라 주민의 수와 정확히 같다는 사실이 이 말의 정의에 속한다. 그러나 미합중국의 대지 위에서 이 나라에서 사는 것의 의미에 대해 꾼 모든 꿈을 그 기(基)가 남을 때까지 환원해보면, 아마도 더 이상 응축되지 않는 세 가지 동기를 얻게 될 것이다.

첫째 동기는, 여타의 세계에서 만연한 수많은 무기력주의와 달리 무엇인가 하고자 하는 사람은 누구나 무엇을 할 수 있는 나라가 미합중국이라는 요청에 있다. 미국 시민의 합헌적 권리 중에 눈에 띄는 것은 언제나 전진할 공간을 발견할 수 있다는 기대다. 이것은 단순히 지리적 의미 이상에서 서구(Westen)에 대한 권리라 부를 수 있을 것이다. 왜냐하면 "서구"는 — 우리는 이를 위에서 상론한 의미로 본다 — 미개척지로 일방적으로 진출할 때 형벌 면제의 상징을 의미하기 때문이다. 그것은 이전에 와이오밍과 캘리포니아로 불렸다면 오늘날에는 유전자 연구, 사이버네틱, 초정밀 기술, 화성 이주 혹은 인공생명으로 불린다.

두 번째 특징은 선택이라는 용어와 결부되어 있다. 이 말은 다채로운 의미 스펙트럼 위를 유동하고 있는 표현이다. 그것은 어떤 임의의 관점에서든 정상에 있는 것이 미국인에게는 세계에서 가장 자연스러운 일이라는 생각에서 시작하여, 이 나라의 깊은 의미는 유대적 예외를 신교도적으로 능가할 수 있는 곳이라는, 공개적으로 표명되는 경우가 거의 없지만 여러 곳에서 느낄 수 있는 생각에 이르기까지 다양하다. 선택은 유럽 대륙에서 발명된 근대적 주체의 — 이에 따르면 이 특수한 양태에서 주체라는 존재는 정상적으로는 감동이 없는 삶이 은밀하게 느껴지는 사명의 요원이 될 가능성을 표시한다—앵글로아메리칸으로의 변형이다. 따라서 **사명서**(mission statement), 즉 프로젝트 신앙 고백은 발화 행위 리스트에 대한 미국의 기여다. "정상에 서다"의 언어적 측면은 이 나라 어린이들이 그렇게 많이 사용하는, 종종 웃음거리가 되는 최상법에서만 표현되는 것이 아니다. 그것은 미국인들이 그들의 **책임**(commitment)을 맹세하는 구두의 제스처에서 가장 구속력 있는 형태로 나타난다. 자주 논평의 대상이 되고 유럽인에게는 수수께끼로 보이는, 미합중국 주민의 종교성은 예수 이전에는 대중적이었고 캘빈에 의해 높은 신범죄적(神犯罪的) 에너지를 가지고 동화된 생각을 매우 자주 함축하고 있다. 그것은 신약성서의 리코더가 아무리 약자에 대한 신의 애정을 노래하고 말한다 해도 신은 승리자 편이라는 생각이다.[1)]

끝으로 세 번째 특징은 울증(鬱症)에 대한 조증(躁症)의 영속적 우위를 확정하고 있는 미합중국의 심리역동학적(psychodynamisch) 사회 계약과 관련된다. 이러한 사태는 특히 유럽에서 온 방문자에게 매우 유쾌하지만 동시에 당혹스럽게도 만드는, 이 나라 본래의 국어인 낙관주의의 코드에서 드러난다. 이 코드로부터 문제를 도전으로 정식화하고 장애에 대해 그것의 제거를 위한 프로그램으로 답하는 미국인의 아름답고 정열적인 습관이 생겨난

---

1) 해롤드 블룸은 미국에서 이미 예수 이후의 통합 종교가 지배하고 있다는 사실을 보여주려 시도하고 있다. Harold Bloom, *The American Religion. The Emergence of the Post-Christian Nation*, New York 1992. 또한 Craig Venter/Peter Sloterdijk, *Gespräch über Gentechnik* 참조.

다. 1998년 5월 3일자 『뉴욕타임스』에서와 같이 암 연구 및 다른 의학적 실험에 대한 강화 조치가 국방 예산의 증대를 위한 호소의 형태로 치장되는 것은 세계의 다른 어느 곳에서도 생각할 수 없다. 이제까지 격파되지 않은 질병과의 싸움에서 패배한다는 것은 근본적으로 비미국적인 것이기 때문에, 악성 사인(死因)에 대한 전쟁은 "우리 국민의 전체 의지"를 투입하여 수행되어야 한다는 것이다. 2001년 9월 이후 매우 불명확하지만 강한 주목을 받는 두 번째 전선이 개시되었다. 알아채지 못한 테러리스트들에 의해 공격당할 수 있다는 것 역시 비미국적인 것이기 때문이다. 질병과 테러에 대한 국민적 동원은, 울증을 위한 내적이거나 외적인 이유를 존속시키라는 요구를 미합중국의 어떤 시민에게도 할 수 없다는, 함축된 조증적 헌법 부칙의 직접적 발로다. 미국 시민은 짓누르는 감정을 고조된 감정에 종속시키길 요구하고 감정을 끌어내리는 사실적 이유를 모든 수단을 동원하여 제거하는 것을 허용하는 특별 인권(Extramenschenrecht)으로 이득을 보고 있다. 미국에 사는 사람은 고조된 감정에 장애가 되는 것을 일관되게 생각하지 않고 제거할 권리를 항시 문화적 환경의 동의 아래 이용할 수 있다. 이는 집단적으로 강요된 감정의 결산 위조라는 태도를 가져온다. 누구도 고조된 감정과 울증의 결산에서 마이너스에 빠지려 하지 않고 그럴 수도 없기 때문이다. 엔론(Enron) 스캔들 이후에 정통한 사람이 그것이 거대한 빙산의 일각일 뿐이라고 주장했다면, 그것은 달러로 이루어지는 거래 영역에 대해서는 타당할 것이다. 우리가 간과하지 말아야 할 것은 얼마나 달러가 감정의 경제 위에 앉아 있는가라는 점인데, 이 감정의 경제에서는 울증의 이유에 대한 은닉과 자산의 변조가 동기 체제 전체를 관통하고 있다.

위에서 언급한 세 가지의 일차적 특징을 총괄하면 다음과 같은 전체 판단이 성립한다: 미합중국은 그것의 심리정치적 디자인에 따르면 현존하는 현실도피주의의 나라다.[2] 그것은 모든 종류의 탈주자의 정착지로서 무엇보다 과거 자신들의 고향에서의 가망 없는 상황으로부터 두 번째 기회를 찾아 넓은 공간으로 도피한 사람들에게 장소를 제공한다. 그것은 수많은 절망한 사람과 뿌리 뽑힌 사람들의 망명처로서, 세계사로부터 스스로를 구원할 수 있었던 난민을 받아들였다. 그것은 자유로운 과잉 충동의 이민 국가로서 심리적 자제에 대해 이니셔티브의 우위를 믿는 사람들에게 활동 영역을 제공한다. 그것은 언덕 위의 빛나는 도시로서 여기저기서 보낸 끝없는 외교 사절의 무리로 하여금 모든 열광에 대해 서로 안전한 거리를 두고 설교권과 주거권을 제공할 만큼 무한히 넓은 평지를 제공한다. 미국의 영광과 역설을 한 문장으로 표현해야 한다면, 그것은 다음과 같은 것이어야 할 것이다: 미국은 "역사"로부터 후퇴하는 "역사"의 힘을 허용하였다. 이어서 다른 문장은 현재의 [미국이 빠져드는] 유혹을 선언한다: "역사"로부터 탈주한 힘들이 이제 바로 스스로 "역사"를 새로 발견하려 하고 있다.

---

2) Yi-Fu Tuan, *Escapism*, Baltimore/London 1998, 9쪽 참조. 일반적인 탈출술의 개요에 관해서는 Peter Sloterdijk, *Sphären III. Schäume*, 748쪽 이하 참조.

따라서 세계로 발산하는 미국의 매력은 이 "사회"의 심리정치적 구조에서 온다. "합중국"의 주민들은 18세기 이후 오늘날에 이르기까지 언제나 새로이 현실화되는 비(非)라이프니츠적 버전의 낙관주의를 만들어내는 데 성공하였다. 이 모델에 따르면 주어진 세계는, 엘리스 섬(이민국이 있었던 뉴욕항의 작은 섬 : 역자)에서 봐서 무제한의 부가적 완성을 수용할 수 있을 정도로 이미 현재 완전한 한에서, 최상의 세계로 여겨질 수 있다. 사람들은 이러한 입장을 철저히 실증적인 이유에서 소박한 것으로 여겨왔다. 즉, 그것의 진실은 존재의 개선에 참여하는 관점에서 존재의 의미를 재정식화하였다는 것이다.[3] 이는 많은 친미적 유럽인들이 생각하듯이 낙관주의의 사회개량주의(Meliorismus)로의 단축이 아니라 초낙관주의(Überoptimismus)로의 증축을 함축한다. 이러한 증축을 통해 종교적 현실주의와 현실에 대한 무제한적 불경(不敬)의 역사상 유례가 없는 결합이 허용된다. 물론 이것은 멀리 보면 관례에 대한 우직한 경건함을 현실에서 메마른 잔혹함과 결합시킬 수 있었던 로마인들의 기이한 종교성에서 이미 형상화되기는 했었다. 로마인들도 [오늘날의 미국인들과] 마찬가지로 더욱 고귀한 것에 대해 머리를 숙이고 나서 즉각 억압의 일상사로 넘어가는 데 아무런 문제가 없었다. 따라서 누르시아의 베네딕트(Benedict von Nursia)가 로마 가톨릭교의 충성 맹세와 죽임을 기독교적 수도사 시민(Mönchzivilität)의

3) 개선의 형이상학과 윤리는 부분적으로 이전의 영국의 기원에까지 소급되는데, 특히 글래스톤 식 자유주의자들의 영역에서 그렇다. Ian Bradley, *The Optimists. Themes and Personalities in Victorian Liberalism*, London/Boston 1980, 200쪽, 221쪽 참조.

기도와 노동으로 대체했을 때, 그는 로마 이후 유럽의 새로운 인간을 위한 가장 효과적인 규정을 발견했었다.

이러한 철학적, 심리정치적 규정이 왜 역사 이후 시대의 현존 양식의 가장 완전한 형식을 구현하고 있는가가 즉각 이해된다. 제2차 세계대전 이후의 유럽인들은 (그들 이외에 일본인, 중국인, 인도인, 러시아인 및 다른 많은 사람들과 같이) 역사 이후 시대적 조건의 세계에 신참내기로 도착하는 반면, 미국인들은 역사 이후 시기의 베테랑으로 여겨질 수 있다. 이들에게 역사의 종말이라는 뉴스는 더 이상 뉴스가 아니다. 그들에게 낡은 시나리오로부터의 탈출은 이미 그들 국가의 건립 자체와 함께 완수되었다. 그 결과 이들 **손노동하는 사람들**의 활력은 오늘날까지 다만 주어진 최적의 것을 초최적의 것으로 증축하는 데로 향해 있다. 미국 "혁명"은 조국 영국보다는 낡은 유럽적 척도, 비중 및 계산 방식의 모든 체제를 추월했던 독립 선언으로 완수되었다. 따라서 혁명이라는 개념이 정치적이고 미래적인 의미로 사용된다면, 그것은 미국에서 태어난 미국인들에게는 무의미한 홍분처럼 들릴 것이다. 이는 그들에게 마치 200년 전에 영국 왕과 싸워 이긴 전쟁을 다시 한 번 하라는 요구와도 같은 것이다. 또한 낡은 세계의 소피스트의 선동적 횡설수설이 그들에게 어떤 의미도 주지 않는데도 마르크스를 읽으라는 요구와 같은 것이다. 이에 반해 그들은 무엇이 최후의 샴푸인지 혹은 무엇이 혁명적인 우천 타이어(Regenreifen)인지 즉각 이해한다.

미국인들에게 계속 유의미한 것처럼 보이는 유일한 해방 운동은 역사적 삶의 내적 유물, 즉 자기 가족의 관례에서 벗어나려는 해방 운동이다. 각자는 부모 세계의 지배로부터 내부의 어린이를 해방시킴으로써 역사에서의 탈퇴를 사생활에서 반복할 수 있다. 엄청나게 광대한 미국적 심리 치료 풍경은 그곳 주민들의 무조건적 전향에 대해 무엇보다 과거에 부담스럽게 압박하는 외부 현실이었던 것을 만들어주고 있다. 우리는 해방된 내부의 미국 어린이가 모든 시기 이전에 창조된 승리자를 함축하고 있다는 것을 잊지 말아야 한다. 물론 이 승리자는 오늘날 희생자의 모습으로 무대에 등장한다는 것을 주의해야 하지만 말이다. 미국 심리 치료 군도(群島)의 무수한 어린이 자아(Kinder-Selbste)가 여전히 역사 이후 시대의 가장 강력한 보루를 체현하고 있다는 것은 말할 필요가 없다. 수많은 이주자들이 고향에서 가져온 자신들의 정체성과 결별하는 희생을 치르고서 진정한 미국인이 될 수 있었던 것처럼,[4] 그들 자식들은 이제 어제의 내부 세계로부터 신세계로 함께 가져왔던 심리적 쓰레기를 청산하고 있다. 미국적 심리 치료는 역사적 울증을 역사 이후 시대의 자기 신뢰(self reliance)로 전환시키는 데 그 본질이 있다.

미국에서 노동 개념도 자연히 그것의 낡은 유럽적 의미를 상실한다. 그것은 가치 창출의 소실점에서 노동자가 노동으로부터 스스로 해방되기까지 에너지의 투여를 통해 원료를 높은 가

4) Arthur M. Schlesinger jr., *The Disuniting of America. Reflections on a Multicultural Society*, New York/London 1993, 23쪽, 44쪽 참조.

치의 생산물로 전환하는 데 참여하는 것을 가리키지 않는다. 미국적 노동은 일종의 퍼포먼스다. 그것의 의미는 주체가 어떻게 충만한 기회로부터 좀더 충만한 성공으로 전진해가는가를 보여주는 데 있다. 사람들이 단지 이전 거주지에서 좀더 힘든 일을 하기 위해 남부로 이사한다는 것을 [세계의] 다른 어느 곳에서 상상할 수 있는가? 공식적으로 평등주의적 문화 속에 사는 사람들이 빈부의 격차가 계속 벌어져 가는 것을 그렇게 태연하게 바라볼 수 있는 곳이 어디에 있겠는가? 미국 과두 체제의 느긋한 몰염치가 증명하고 있는 바는, 계속 더 많은 수의 미국인들이 모든 성공을 둘러싸고 있는 후광을 얼마나 자신들의 믿음의 발산으로 여기고 있는가라는 점이다. 능력주의의 환경에서는 다른 이의 성공도 공동의 꿈을 증명하는 것처럼 보인다. 따라서 성취한 사람들에 대해 반감을 갖지 않은 것, 즉 유럽인들이 그렇게 부러워하는 태도도 이런 맥락 속에서 이해될 수 있다.

이런 배경에서 미합중국이 문제가 될 때마다 언제나 우리는 왜 수치가 기만적인가를 이해할 수 있다. 그 심층경제학에 따르면 이 나라는 어떤 결산도 필요로 하지 않는다. 이 나라는 결산이 면제된 세계에서 살고 있다. 왜냐하면 그것은 단지 사소한 성장에서와 같이 주어진 세계에서 더 높은 세계로 이행하는 것이 아니라, 완벽에서 초완벽(Überperfekten) 으로 나아가는 운동 속에 처하고 있기 때문이다. 피상적으로 볼 경우에만 합중국은 지속 성장할 수밖에 없는 것으로 보인다. 경제적 수치가 그것의 규모를 입증하는 것이 아니라 그것의 규모가 수치에 영향을 미치고 있다.

지구상에서 가장 철저하게 역사 이후 시대의 체제를 갖춘 나라가 그 세력 발산의 정점에서 다시 "역사"에 개입하려는 유혹에 빠진다는 사실이 오늘날 나타나고 있다. 그러나 이번에는 더 이상 그의 역사 이후 시대의 예비 상태에서 잠시 동안 나와서 역사적 세력의 싸움을 종결짓는 심판관의 역할을 하기 위해서 그런 유혹에 빠지는 것이 아니다. 세계에서 벌어지는 사건에 미국이 현실적으로 개입하는 것은 오히려 통합적 복고의 모양새를 보인다. 그것은 미국이 역사 강국으로 재전환하고 있음을 함축한다. 이는 그곳에서 아직도 여전히 역사적으로 일이 진행되는 무대로서 세계를 재정의하지 않고는 우리가 생각할 수 없는 일이다. 그러나 "역사"는 — 우리가 위에서 언급했듯이 — 일방적으로 밀어붙이는 행위 유형이 성공을 거두는 시기다.

부시 행정부가 강력히 원했고, 주도면밀하게 준비되고 전형적으로 일방적으로 수행된 이라크 전쟁을 둘러싼 소동은 싸움의 직접적 결과를 훨씬 압도하는 심리적 부수 효과를 가지고 있다. 그것은 미국이 역사 이후 시대의 세계 공동체의 도덕적 생태계에서 단번에 이질적인 존재로 지각되었다는 것이다. 왜냐하면 미국 정부는 과거 어느 때보다 더 명확히 유일하게 남아 있는 나라, 즉 역사 강국의 역할을 그것도 이번만이 아니라 앞으로도 계속 수행하겠다는 의지를 주지시키고 있는 나라이기 때문이다. 미국인들이 이라크에서 어떤 일을 완수했던가를 설명하기 위해 조지 W. 부시는 물론 통상적으로 그렇듯이 구약을 가지고 애를 써야만 했다. 이사야 61장 : "주께서 나를 보내셔서 … 포로에게 자유를 선포하고, 갇힌 사람에게 석방을 선언하게 하셨다." 그러나 그는 현실의 드라마가 유일하게 의미를 발생시키는 역사에 더 명확히 호소하였다.

> "역사의 소명은 적절한 민족에게 주어집니다…."[5]

> "우리는 우리나라와 문명 세계의 역사에서 결정적인 순간에 여기에서 만났습니다. 이 역사의 일부는 다른 사람들이 썼습니다. 나머지는 우리가 쓰게 될 것입니다…."[6]

이 경우 상투적인 표현에 분석적 특질을 인정해야만 할 것이다. 부시의 미국은 세계의 공론장 앞에서 만들어야 할 역사의 표장(表章)의 권리를 자신의 것이라 주장함으로써, 가장 명시적인 방식으로 역사 이후 시대의 충만함으로부터 벗어나와 실제로 [역사를] 재역사화하고 있다. 전체적으로 역사의 표장은 다섯 가지다: 힘의 우위, 동기의 고귀함, 일방성의 특권, 저질러진 폭력과 저질러질 폭력에 대한 자기 사면(赦免), 행위가 뒤따르는 말에 대한 통제. 미국은 깊이 숙고하지 않고 스스로 일방적으로 재역사화를 선언함으로써, 유럽과 여타 세계의 동맹국들

---

5) Hans-Eckehard Bahr, *Erbarmen mit Amerika. Deutsche Alternativen*, Berlin 2003, 12쪽에서 재인용.

6) 2003년 2월 26일자 George W. Bush의 연설의 일부분이다. Francis Fukuyama, Nation-Building 101, in: *The Atlantic Monthly*, Jan./Feb. 2004에서 재인용하였다.

과 단절될 위험을 감수하고 있다. 미국은 자신의 단순한 지위로 인해 탈현대의 도덕적 장(場)에서 결코 용서받을 수 없는 죄, 즉 주권을 행사하고 있거나 아니면 주권을 갖고 있는 것처럼 보이게 만드는 죄를 범하고 있는 것만이 아니다. 여기에서 한 걸음 더 나아가 미국은 이성적 방해자의 합창을 무시하는 일까지 서슴지 않고 있다. 미국의 과민한 이데올르그들은 이들 방해자 집단을 겁쟁이와 미성년의 유럽 패거리, 부드러운 치즈와 의심스러운 내장을 먹는 유럽 패거리로 헐뜯기까지 한다. 몇몇 미국인들은 애국적인 격정에서 프랑스인들이 미성숙한 여자나 염탐하는 타락한 무리와 다름없다고 비난한다. 말하는 것만으로도 전쟁을 뜻한다면, 미국의 수많은 호전가들이 여타 세계의 회의주의자들에게 선전 포고를 이미 한 것이나 마찬가지일 것이다. 전염성이 가장 강했던 역사 시기의 유럽에서 기꺼이 궐기하려는 행위자 문화(Täterkulter)에서처럼 미합중국의 정치는 고조된 기분으로 연단에 오른다. 미국은 자신의 동기를 칭송하고 자신의 부담을 확언하면서, 도취경에 빠져 승리를 확신하고, 저지른 행위에 대해 개선의 여지없이 스스로 성공의 결산을 기록하면서, 단조롭게 이미 가한 공격의 옳음을 맹세하며, 소수의 불가피한 자국의 희생자의 경우는 통상의 비용을 들인 의식으로 기꺼이 장례를 치르면서도, 상대편의 매우 많은 수의 희생자에 대해서는 하급 수준의 형식적인 유감 표명으로 방치하고 있다. 초기 근대의 무대에서처럼 미국은 해양 권력으로서 세계를 탈취하기 위해 자기 함대를 투입한다. 근대의 식민지 강국처럼 미국은 가망도 없는 약한 상대와의 비대칭적 전쟁에서 확고한 입지를 차지하기 위해 공군력과 우주 무기를 사용한다. 새로운 사도적(neu-apostolisch) 사명을 완수하는 강국처럼 행세하면서, 미국은 인류에게 주는 신의 선물, 즉 **민주주의**를 저항하는 자들의 손에, 필요한 경우 폭력을 행사해서라도 쥐어주겠다는 사고 방식을 가지고 침공권을 사용한다.

그러나 역사철학적 관점에서 볼 때 이라크 전쟁의 결정적인 동기는 본질적으로 군사적 기초 위에 세워진 일방주의의 명백한 부활이었다. 그것이 아무리 이제까지 모든 세계사적 행위의 인상적 특징이었다 하더라도, 그것은 이제야 비로소 이론의 빛으로도 인식되게 되었다. 스피노자주의적 관점에서 유럽의 세계 탈취가 본래 그리고 유일하게 정당화될 수 있는 것은 그를 위한 힘이 존재했었다는 사실에서였다. 모든 능력에는 고유한 당위가 내재하므로, 제국적 유럽은 그 능력에서 이미 형성되어 있는 힘의 궤도를 걸어갈 뿐이었을 것이다. 미국과 영국의 이라크 개입이 유사한 방식으로 해석될 수 있다. 이 개입은 지정학적 무대에서 단순한 **제국적 경찰대**로 전개됨으로써 정신과 힘의 증명을 제공했다. 토니 블레어(Tony Blair)에게 발언권을 준다면 "우리가 할 수 있었기 때문에" 할 일을 했던 것이다. 물론 모든 관찰자, 우호적인 생각의 관찰자에게도 분명한 사실은, 미국의 군사주의(Militarismus)가 오래전부터 역사 이후 시대 세계에서 낡은 기생물로 눈에 띌 수밖에 없었다는 점이다. 미국 군대는 그 본성과 태생으로 보아 "역사"의 개량된 유물이다. 미국은 1916년 이래 마치 무장한 사회자처럼 어느 정도 이러한

"역사"에 휩쓸리게 되었지만, 물론 자신의 쾌활한 고립을 의문시했던 것은 아니다. 미국인들은 자신의 별에서부터 부자유한 영혼들이 전쟁의 먼지 속에서 뒹구는 역사 세계에 이르는 힘찬 외곽 도로를 놓았다. 그 결과 미국 군대는 유럽과 태평양에 투입되는 동안 길들여진 괴물로 성장하였다. 그것은 소련과 오랫동안 군비 경쟁하는 과정에서 거의 통제 불가능하게 팽창하였다. 결국 그것은 "역사"가 양쪽의 핵 균형 상태에서 양쪽의 무승부를 알리는 종을 울릴 채비를 취할 때 매우 높은 수준에서 정체되었다.

이 시대가 역사 이후 시대의 학습 순환에 대해 갖는 의미를 우리가 뒤돌아보건대, 그 의미는 이 시대에서 최고위층 행위자들의 상호 자제가 세계 정치의 일차적인 자명한 사실이 되었다는 점에서 나타난다. 공격이 무장한 폭력의 역사에서 아주 오래전의 우선권을 상실했다는 것을 장군들조차 통찰하게 된 이후, 역사적 제도로서의 전쟁 자체가 역사 이후가 될 만큼 성숙하였다. 그러나 이제 우리가 인식하게 되듯이, 균형 상태의 시대는 모호한 유산을 남겼다. 그것의 어두운 측면은, 상호 자제의 경험이 오직 군사적 차원에만 한정되었으며 동서 대결의 붕괴 이후 무시될 수 있다는 오늘날 미국 총사령부의 통찰에서 드러나고 있다. 미국의 전략가들과 고문들은 기본적 사실을 인식하는 데에서 그들의 맹목성 때문에, 이것은 우리로 하여금 고대의 영웅들의 맹목성을 상기시켜주는데, 어쨌든 미국은 상호 자제야말로 탈현대적 세계 연관 자체의 행동 양식이라는 것을 간과하고 있다. 왜냐하면 탈현대적 세계 연관은 불가피하게 밀착, 피드백(Zurückkoppelung) 그리고 — 지치도록 반복해온 말을 다시 한 번 사용한다면 — 네트워크화에 기초하고 있기 때문이다.

미국이 이렇게 행동해온 이후로, 아직 통일되지 않은 서구에서는 일종의 유혹이 유포되고 있는데, 그것은 "유일한 세계 강국"에게 그것의 탈자제(Enthemmung)를 위한 시나리오를 써주고 싶은 유혹이다. 이것은 곧 지식인의 시간이 다시 한 번 왔다는 것을 말해주는가? 의욕적인 사람들이 환상에서 실천으로 이행할 수 있도록, 사유하는 사람들이 서둘러 도와주는 것을 다시 한 번 체험하게 될 것인가? 브레진스키(Brezinski), 카간(Kagan), 커플란(Kaplan), 러트왝(Luttwak), 월포비츠(Wolfowitz), 후쿠야마(Fukuyama), 라이스(Rice) 등과 같이 고문이자 분석가인 이들과 언론인들이 이제까지보다 더 성공적으로 권력의 회랑에 쇄도하는 것을 각오해야 하는가? 우리는 제국주의의 연설문 작성자가 새로운 의미론적 시장에서 입장들을 점령하기 위해 돌진하고 있는 것을 실제로 목도하고 있지 않은가? 실제로 공적 공간의 재이데올로기화는 최고도로 작동중이며, 자칭 폭력 전문가들에게는 황금 시대가 드러나고 있다. 그럼에도 불구하고 언뜻 보기에는 이들 조언자들보다는 이슬람주의적 활동가들과 폭력의 꿈 해몽가로서 스스로를 유용하게 만들려는 서구의 해석가들이 더 활약하고 있는 듯이 보인다.[7] 미국의 재역사화에

7) 이런 역할에서 특히 징후적인 것은 다음의 책이다. Paul Berman, *Terror und Liberalismus*, Hamburg 2004. 이 책은 이미 한나 아렌트 시대에 별로 설명하는 것이 없었던 "전체주의"라는 용어를 끌어들여 현재 이슬람주의자들의 증오에 가

대해 이슬람주의자들이 갖는 의미는 아무리 높게 평가해도 지나치지 않다. 이슬람주의자들은 귀 밝은 대통령의 귀, 적의 조언에 활짝 열려 있는 귀에 "역사의 소명"을 보내주는 화제의 인물인 것처럼 보인다. 근동의 범죄적 신일방주의자(Neo-Unilateralen)들이야말로 다른 국내의 모든 조언가들보다 더 뚜렷하게 서구의 권력 중심에 있는 행위자들에게 일방적 타격을 가하는 행동 방식의 탈자제를 향한 표제어를 일깨워주었던 사람들이다.

이제 우리는 미국의 현재 대외 정책이 미국적 예외의 역설을 어떻게 차근차근 전개시켜가고 있는가를 보고 있다. 그것은 여러 의미 친화적인 어법으로 표현되고 있다. 미국적 꿈을 구원하기 위해 지도적인 행위자들은 그 꿈에서 깨기에 여념이 없다. 역사에서 벗어나 있다는 특권을 보존하기 위해 정치적 극작가들은 확고한 걸음으로 그들 나라를 역사로 되돌리고 있다. 이 나라의 존재의 장려한 가벼움을 보장하기 위해 지도자 팀들은 헤아릴 수 없는 과중 부담을 질 수밖에 없는 방향으로 미국을 조종해가고 있다. 이 나라에 낙관주의의 원천을 보장하기 위해 지적 분위기를 조성하는 자들은 미국을 가장 어두운 현실주의로 추락시키고 있다. 마지막 역설은 전쟁 전문 기자이자 전쟁학자인 로버트 커플란(Robert D. Kaplan)의 사려 깊은 폭력 조언서들에서 가장 분명하게 읽을 수 있다. 『전사(戰士) 정치(*Warrior Politics. Why Leadership Demands a Pagan Ethos*)』

득 찬 세계상을 서구의 반현대주의들(Antimodernismen)과 대비시키고 있다. 이것은 유의미한 시도이지만, 얼치기 교양 수준의 비유를 적용하기 때문에, 그 시도는 실패작으로 머물렀다.

(2002) 그리고 『다가오는 무정부주의(*The Coming Anarchy. Shattering the Dreams of the Post Cold War*)』(1997/2001)는 성조기 아래의 나라를 홉스적 세계에 적응시키려는 것 이외에 다른 어떤 목적을 추구하지 않는 두 책이다. 이 홉스적 세계는 이른바 문명화하는 밀착의 법칙을 따르는 것이 아니라 거의 국가가 없는 공간에서 일반화되어 있는, 때리고 찌르기를 감행하는 세계다. 커플란은 누가 이 시나리오에서 유일하게 지구적 리바이어던의 역할을 할 수 있는가에 대해 아무런 의심도 하지 않는다.

이처럼 미국으로 역사의 중심이 옮겨지는 **역사 이전**(translatio historiae)의 사태는 오늘날 화려함과 격식의 차원에서 서임(敍任)에 속하는 모든 것의 양태로 실행되고 있다. 의식은 장차 신역사적(neu-geschictlich)의 행위에 대한 모든 대표자들이 거기서부터 빛을 발하는 영토적 영점(零點. Nullpunkts)이 이전되는 사태에 의해 개시된다. 신성한 무덤, 재역사화하는 강국에 이슬람주의가 준 선물인 **그라운드 제로**(Ground Zero)는 스스로 외치는 이름을 현실에 각인하는 힘, 미국적인 것의 아담적 힘을 새로이 입증하고 있는 선물이다. 이 힘은 탈현대적인, 피해자 연구학적 도덕의 중심 개념인 무죄함(Unschuld)의 이전으로 계속된다. 이 도덕이 없다면 신역사(Neohistorie)의 시나리오에서도 어떤 전투 개시도 이루어질 수 없다. 공격은 장차 무방비의 희생자가 될 수 있다는 내용의 무방비적 희상자의 이름 아래 이루어지고, 게다가 전략적으로 높은 효용이 있거나 그렇게 보여야 한다. 이 힘은 비상사태를 공표하는 전권(Vollmacht)의 이전으로 완성된다. 그리고 이는 적을 갈등의 지속을 위해 적이라 부르는 정치적 주권의 목소리뿐 아니라 세계에 대적하는 적수가 있다는 사실을 확인하고 이에 대해 영구적으로 전쟁을 선언하는 존재론적 주권의 목소리로 이루어진다. 이로써 "역사"를 완전히 다시 만드는(remake) 일은 완수된다. 1945년 이후 완성된 사실로 유럽의 사임(辭任)이라는 **행위의 이전**(translatio actionis)에는 9월 11일 이후 미국 국기에 새로운 색깔을 표현하는 **감정의 이전**(translatio passionis)이 더해진다. 잠재적 최고 행위자(Supertäter)가 최고 희생자로 사칭한 이후, 이 나라가 탈자제하는 일에 방해가 되는 것은 없게 되었다. 다만 미국 자신의 민주적-도피주의적 전통에서 이탈한다는 사실이 예외적으로 방해가 되는 것일 뿐이다.

이제까지 인식할 수 있었던 한에서 이제 결론내릴 수 있는 것은 "역사 이후의 복수"라는 제목으로 요약할 수 있다. 왜냐하면 여타의 세계는 스스로 선언한 역사 강국의 감격에 전염되기는 커녕, 지구상에 마지막으로 빛을 발하는 행위자에게 삶을 고달프게 만들겠다고 맹세하는 것처럼 보이기 때문이다. 영국, 폴란드, 이탈리아 및 몇몇 다른 후보자들이, 새로이 서비스되는 "역사"라는 메뉴판을 들고 있는 웨이터에게 [미국에게] 손짓으로 신호하며, 팁을 주듯 부수적으로 [미국을] 지원하는 동안, 미국 군대는 이라크에서 수일 만에 굶주린 군대와 싸워 승리하고, 전쟁 행위의 비친구들인 거대한 나머지 집단은 마치 강요된 연극을 통해 자신들의 가치가 무엇인지 이제 비로소 깨달은 것처럼 새로운 자의식으로 각성된다. 1945년 이후 전 세계가 곧은길과 굽은 길로 — 각국의 고유한 전통적인 필터로 여과하면서 — 접근해왔던 가치는 자연히 다름아닌 어제의 역사 이후 시대의 미국적 가치였다. 이라크 전쟁을 비판하는 이들은 미국의 지도에 대해 "반미주의(Antiamerikanismus)"의 목소리로 저항하지 않는다. 이 "반미주의"라는 표현은 많은 선동가들이 모순의 무례함을 공공연히 드러내보이기 위해 "반유태주의(Antisemitismus)"에 대한 2차 표시로 기꺼이 파악하고자 하는 표현이다. 이들은 자신들에게 중요한 것을 말하는데, 그것은 차이에 대한 미성숙한 욕망으로부터 그런 것이 아니라, 일방적인 행동 방식에서 드러나는 백색 인종적 무자비함과 관련된, 황금 시대로부터 유래하는 인용 구절을 인식하는 역사 이후 시대의 논리에 맞추어 그렇게 말하는 것이다. 미국의 대외 정책적 태도에 대해 전 세계가 유보의 자세를 취하며 뚜렷이 보여주는 것은 계몽된 반일방주의(Antiunilaterialismus)다. 고도로 피드백이 이루어지는 정치적 실천의 장에서 반일방주의는 오래전부터 협력 문화의 당연한 양태를 보여주고 있다. 사람들이 이를 부끄럽게도 "친구들 사이의 비판"으로 제시한다는 점이 또한 여기에 속한다. 그 밖에 예외적으로 절친한 미국의 우방이자 국제 여론으로부터 미국과 함께 경멸당하는 이스라엘이 왜 [국제 여론의] 명료화된 반일방주의적 정신에 직면하여 일부 압력을 느끼게 되는가도 명백하다. 국제 여론의 반일방주의를 새로운 반유태주의로 오해하는 것은 관심 있는 사람들의 자유다. 그러나 비록 역사적으로 극복된 유럽 내부의 문제였던 반유태주의라는 표현이 오늘날의 이스라엘과 아랍의 증오자들 사이의 새로운 긴장에는 오래전부터 더 이상 적절하지 않음에도 불구하고, 사태를 복잡하게 하자면 이러한 반유태주의가 존재하기도 한다.

그러나 왜 매우 많은 미국인들이 그리고 부시주의(Bushismus)의 혐의가 없는 미국인들조차 센 강에서 갠지스 강에 이르기까지 전쟁을 회의하는 수많은 타자들의 목소리에서 미국의 진정한 목소리를 다시 발견하려고 애쓰는 것일까? 역사 이후 시대적 삶의 베테랑들은 다른 나라에서 온 신참들과 탁월하게 이야기를 나눌 수 있어야만 하지 않는가? 모든 낙오자들을 환대하는 가장 자연스러운 반응을 잘 이해하고 이제 역사 만들기라는 낡은 유럽의 짐을 버릴 것을 맹세하는 사람들이 미국인들이 아니었던가? 역사 이후 시대성의 가장 성숙한 문화가 정치적 차원에서 역사 이후 시대 세계가 일차적으로 보여주는 명증적인 태도를 회피하며, 즉 상호 작용을 해야 한다는 사실, 행위에서 행위자로의 귀환하고, 또한 체계적으로 상호 피드백해야 한다는 사실을 미국이 그렇게 많은 반감과 경멸을 보이며 회피하는 일이 어떻게 가능하게 되었는가? 이 경멸은 미국이 유엔과 — 미국의 눈에 유엔은 동시 통역을 마비시키는 기계에 불과하다 — 관계하는 방식에서 가장 솔직하게 드러난다. 왜 정치적으로 당직 근무 중인 미국인들은 그들과 같은 사람들을 당장 받아들이는 클럽의 회원이 되려는 의지가 현저히 없는 것일까?

이러한 물음들에 대한 도덕적 답은, 미국이 책임감에서 세계의 질서 정치적인 핵심 강국으로서의 역할과 자신을 동일시했다는 사실에서 찾을 수 있다. 따라서 이 거대한 국가는 교육시킬 수 없는 나라들 가운데 (깡패라는 술어가 부과된) 악한 나라를 제거할 수 있기 위해서 선의의 일방주의를 유지해야 한다고 자처하는 것이다. 이에 반해 현실 정치적 답은, 미국이 중국이나 유럽과 같은 새로운 **지구적 행위자**(global player)들이 막강해지기 전에, 지정학적 장기판 위에서 가능한 한 많은 핵심 위치를 점령하기 위해 공격적인 지정학적 이해타산을 추구할 수밖에 없다는 점에서 찾을 수 있다. 사이버 전쟁 전문가인 아킬라(Arquilla)와 론펠트(Ronfeldt)가 제안하듯이, [위에서 언급한 물음들에 대한] 정신 정치적(noopolitisch) 답은 다음과 같다. 미국은 **정보 혁명**을 맞아 21세기의 정신 영역(Noosphäre)에서 그 지도권을 가능한 철저히 행사하기 위해 그 이념적, 의사 소통적 자원을 동원해야만 했다는 것이다.[8] 마지막으로 신화역동학적(mythodynamisch) 답은 미국적 꿈의 일반적 동기에서 찾을 수 있다. 스스로를 이 꿈의 적극적 담지자로 정의하는 자는 무엇인가 하고자 하는, 어느 누구를 막론하고 자신이 계획하는 것을 하기에 충분한 활동 공간을 갖는 상황에 들어가려 하지 않는다는 것이다. 그는 수용자의 육체와 영혼에 지울 수 없도록 각인된 선택받은 자의 봉인을 포기하려 하지 않는다. 그는 고조된 감정을 취하는 특권에 대해 우려를 표하는 사실적 이유들을 우

8) John Arquilla/David Ronfeldt, *The Emergence of Noopolitics. Towards an American Information Strategy*, Santa Monica 1999 참조.

선적으로 고려하지 않으려 한다.

우리는 미국이 역사에서 이탈하는 사태가 이제 점차로 추정 가능해지는 정도의 심리정치적 희생을 치렀다는 것을 인식하고 있다. 200년보다 더 이전에 역사 이후 시대를 향해 [역사를] 이탈했던 자들은 [유럽에서 미국으로 이주했던 자들은] 과거의 유럽적 주체구성체(Subjektformation)를 [미국으로] 수출하고 유지해야만 했었는데, 이제 그들은 [역사 이탈자들은] 이것을 [그들이 갖고 온 이 유럽적 주체의 정신을] 역사 이후 시대에 일반화된 사실들을 학습하는 데 사용하지 않고 있다. 역사 이후 시대의 예외적 상황과 강력한 행위자 입장의 결합은 조만간, 그리고 늦어도 미국적 잠재력의 과잉 충동이 더 이상 국가 프로젝트만으로는 (그리고 할리우드 시나리오의 영웅 숭배로) 발산될 수 없는 시점에 이르러서, 폭발적으로 해체될 때까지 유지될 것이다. 바로 그 시점에서, 행동할 준비가 된 행위자들에 의해서 현실적 "역사"에 대한 재요구의 조짐이 나타날 것이다. 수많은 미국 시민들은 과거 어느 순간부터 — 정확하게는 베트남 전쟁 패배 이후부터 — 그들의 꿈이 외적 세계 정세만큼이나 미국적 실험의 내부 과정에 의해 위협받고 있다는 것을 인식하게 되었다. 그러나 동아시아에서 패배한 부정의한 전쟁 이후 미국이라는 자신의 나라에 대해 회의해보려는 시대로 이끄는 길을 계속가려는 사람은 오늘날 소수에 지나지 않는다. 1968년 이후 미국의 1차 재역사화가 울증과 자책의 영향 아래 있었던 반면 — 이는 프랑스적이자 독일적인 과도한 문화 비판을 벌어온 상황에서 수행되었으며 "아래로부터의 역사"로 꾸며진 민속적(ethnisch)·희생주의적 특수성의 숭배로 끝나버렸다.[9] — 2차 재역사화는 시니어 조지 부시의 시대부터 전적으로 조증적 복구의 형태로 진행되고 있다. 여기서 다시 우리가 앞에서 논한 "역사"가 문제라는 것을 말할 필요는 없을 것이다. "역사"가 가장 고귀한 기원에서부터 흘러나올 때, 프로테스탄트 예수 회원에 비교할 수 있는 지도자가 자기탈자제[Selbstenthemmung. 자신을 자제하지 않기]의 최선의 전략을 재발견한 선민에 의한 신의 행위로 "역사"는 일어난다.

1993년에 에드워드 러트왝(Edward N. Luttwak)은 『위험에 빠진 아메리칸 드림. 미국이 제3세계 국가로 전락하는 것을 어떻게 방지할 수 있으며, 산업 우위권을 쟁취하기 위한 지리-경제적 싸움에서 어떻게 이길 수 있는가(*The Endangered American Dream. How to Stop the United States to Become a Third World Country and How to Win the Geo-Economic Struggle for Industrial Supremacy*)』라는 강령적인 제목의 책을 출판하였다. 이 책은 완고한 애국적-자학증적 언론에 의해 침몰하는 국가에게 적절한 시점에 제시되는 충격 요법으로 환영을 받았다. 러트왝은 이미 그 시대의 전략학의 지도적 두뇌의 한 명으

---

9) 1960년대 미국의 이데올로기적 종족중심주의(Ethnozentrismus)에 대한 자유주의 보수 진영의 날카로운 비판에 대해서는 Arthur M. Schlesinger jr., *The Disuniting of America. Reflections on a Multicultural Society* 참조. 좌익 급진주의적 전망에서 제기된 날카로운 비판에 대해서는 Lindsay Waters, *The Age of Incommensurability* (We gotta get outta this place), in: *Boundary 2*, vol. 28:2, 2001, 133쪽, 172쪽 참조.

로서 명성을 날렸다. 그는 세속적 경쟁사회학을 통해 미국 엘리트의 명령을 재정식화하는 한에서, 그 이후로 그의 조국의 잠재적 정치신학의 지적인 전문가로 여겨질 수 있었다. 그는 세계동향의 관찰자로서 미국이 누리는 예외적 상황이 유지될 수 없다는 것을 깨달았다. 그러나 예외주의자임을 자인하는 그는 미국민 다수와 마찬가지로 그에게 이러한 통찰을 수용한다는 것은 있을 수 없는 일임을 분명히 한다. 그의 개입은 두 요소를 하나의 공통된 전망으로 결합시킨다. 첫 번째 단계에서 러트왝은 미국적 "쇠퇴"라는 기호를 꺼낸다. 일본인과 유럽인들의 경제수치는 전후 미국의 우위를 상당히 따라잡았다. 미국의 국가적 교육 시스템은 전국적으로 부진하다. 중산층은 쇠약해져가고 있다. 자본주의에 자본이 결여되어 있다. 워싱턴 행정가의 공공거리에서 마약상들이 어슬렁거리고 있다. 그리고 잊지 말아야 할 것은, 일본에서 일하는 미국 창녀가 얼마 전부터 유에스-걸(US-Girl) 가산금을 더 이상 요구할 수 없다는 사실이다. 한 나라의 별이 지면, 국제 시장에서 그 국민의 살 값도 떨어진다는 것이다.

러트왝은 이러한 정황이 보여주는 증거에 의거하여, 미국이 무의미를 향해 곧장 자유 낙하한다는 결론을 도출한다. 다른 해석가들은 미국이 여러 가지 문제로 고통을 받지만 여전히 엄청나게 풍부한 문명의 상대적인 정상성으로 귀환하는 것으로 간주했던 반면에, 이 저자는 자기 조국이 거의 무로 전락하는 것으로 해석한다. 제3세계라는 표현은 독자의 귀에는 미국이 결코 될 수 없는 것을 가리키기에 충분할 만큼 자살적으로 들린다. 선택된 사람들에게 평균적이라는 것은 엄격히 금지된다. 따라서 저자는 임박한 지리-경제적 세계대전을 일으키고자 선동하는 프로그램을 추천한다. 이 대전의 결과 미국은 다시 일등 국가로 등장하여 아마도 나중에 성공의 정점에서 아래로 내려보면서 승자가 제시하는 조건에 따라 군비 축소를 도입할 수 있다는 것이다.

러트왝의 매우 징후적인 책은 미국 이데올로그들이 그 나라의 꿈을 해석하는 것이 아니라 구제하려 한다는 것, 그 꿈을 반대로 전회시키지 않고는 구제할 수 없다는 것을 드러내 보여주고 있다. 문명화된 국가의 다수가 "역사" 시대에서부터 역사 이후 시대로의 길을 걸어간 반면에, 미국은 마치 일방주의의 시대가 다시 한 번 온 것처럼 역사 이후 시대에서부터 이탈하여 "역사" 시대로의 회귀를 시작하고 있다. 미국은 마치 상호 작용, 피드백, 상호 자제 그리고 복잡성을 통해 문명을 이룩해가는 19세기와 20세기의 통찰이 단지 지역적 타당성만을 갖는 것처럼 — 이런 통찰은 강자를 구속하지 않는 패배자의 진리라는 것이다 — 지난 100년간의 역사에서 배운 학습 과정의 성과에 저항하고 있다. 미국의 사회적 분위기 조성자들은 심리적 결산을 반울증적 의미로 변조시키는 그들의 특권을 여전히 이용하고 있다. 그들은 밀려온 실망의 홍수의 수위가 올라가는 오늘날 그 어느 때보다 더 뻔뻔하게 그렇게 하고 있다.

여기서 미국적 프로젝트를 수행한 체제, 즉 이 나라의 영혼을 둘러싼 영속되는 싸움은 위험한 자기 최면적 기획으로 전개되고 있다. 미국적 **메두사의 뗏목** 위에서 울증 집단의 존재는 부정된다. 청교도적 코드에 따라 이 나라에는 패자가 없다. 자기 연민 속으로 침몰하는 사람들만이 있을 뿐이다. 여하튼 러트왝 자신은 **위험에 빠진 아메리칸 드림**의 재고 조사에서 미국에서 폭발적으로 증가하는 마약 문제에 대한 몇 가지 뚜렷한 지적 사항들을 무심코 끌어오고 있다. 미국의 수도에서만 2만 5000명이 직업적으로 아니면 아마추어적인 토대 위에서 마약 거래로 생계를 꾸려가고 있다는 것인데, 이들의 고객은 원형(Archetypen)으로의 계몽적 소풍을 가고자 열망했던 우드스톡(Woodstock) 세대의 후예들이 결코 아니다. 그들은 미국적 현실에서부터 화학적으로 구원받으려고 몰두하는 좌절한 자들의 거대한 군대다.

체제 전체를 떠받치고 있는 심리정치적 결산상의 사기 행위는 무엇보다 **행복에의 추구**(pursuit of happiness)의 오락장에서 나올 수밖에 없는 거대한 패자의 문제를 은폐하려 한다. 그럼에도 불구하고 자료는 공개적으로 드러나게 마련이다. 미국에는 이라크 주민보다 더 많은 수의 가망 없이 가난한 사람이 있다. 미국에는 지구상의 다른 어느 나라보다 더 많은 수의 주기적으로 향정신성 약과 마약을 소비하는 사람들이 있다. 세계 모든 나라의 통계 수치를 합친 것보다 더 많은 수의 심각한 과체중 문제를 가진 사람들이 있다. 다른 어떤 민주 국가보다 더 많은 수의, 주기적으로 투표하지 않는 사람들과 정치적 입장이 없는 집단이 있다. 미국에는 유럽보다 10배, 다른 대부분의 나라들보다 6배에서 8배 더 많은 죄수들이 있다. 이 모든 문제의 집단들은 울증 은폐와 내부 결산을 변조하는 정교한 시스템의 힘을 빌려 간신히 연명하고 있다. 이를 통해 이 나라의 실제로 행복하지 않은 행복 추구자의 발 앞에서 입을 벌리는 심연이 보이지 않는다. 이 심연에서부터 울려나오는 잘 알려진 멜로디에 귀를 기울여 들어보면 그 텍스트는 이해된다. 일단 이해하고 나면 듣는 이는 공포에 몸을 떤다. 만약 내가 거기서 그것을 하지 않으면, 나는 아무 곳에서도 그것을 하지 않는다(If I don't make it there, I make nowhere).

[Dritter Vortrag]

Die amerikanische Ausnahme: Anatomie einer Versuchung

Peter Sloterdijk

Niemand bestreitet im Ernst, daß der Weltkapitalismus - so sehr er "nomadisch", denational, raumneutral und polyzentrisch strukturiert ist - gewisse Orte, Länder und Völker bevorzugt; kaum jemand würde leugnen, daß die Vereinigten Staaten von Amerika zu seinen Lieblingsgegenden rechnen, um sie nicht seinen Hauptwohnsitz zu nennen. Traditionell ziehen die Bewohner der USA es vor, sich nicht als Agenten einer Wirtschaftsform zu sehen, sondern als Träger einer einzigartigen Motivation - für diese gibt es seit langem einen unwiderstehlichen Namen: *The American Dream.* Zu dessen Definition gehört, daß die Zahl seiner Definitionen virtuell exakt gleich groß ist wie die Zahl der Einwohner des Landes. Reduziert man aber alle auf US amerikanischem Boden geträumten Träume über die Bedeutung des Daseins in diesem Land, bis ihre Radikale zurückbleiben, so erhält man wahrscheinlich nicht mehr als drei nicht weiter kondensierbare Motive.

Das erste besteht in dem Postulat, die USA seien ihrem Wesen nach das Land, in dem, im Unterschied zu den zahlreichen Lethargokratien in der übrigen Welt, jeder noch *etwas tun kann*, der *etwas tun will.* Unter den verfassungsmäßigen Rechten der US-Bürger ragt die Erwartung hervor, jederzeit einen Raum vorzufinden, der Vorstöße aufnimmt - man könnte dies das Recht auf Westen nennen, im mehr als nur geographischen Sinn, da "Westen" - wir sehen es im Licht der obenstehenden Ausführungen - ein Symbol für Straffreiheit beim einseitigen Vordringen in unerschlossene Räume bedeutet, sie mochten früher Wyoming und Kalifornien heißen und sich heute Genforschung, Kybernetik, Nanotechnologie, Marsbesiedelung oder künstliches Leben nennen.

Das zweite Merkmal ist mit dem Terminus *Auserwählung* zu verknüpfen - ein Ausdruck, der über ein vielfarbiges Bedeutungspektrum gleitet, beginnend mit der Vorstellung, es sei für Amerikaner die natürlichste Sache der Welt, unter beliebigen Gesichtspunkten an der Spitze zu liegen, bis hin zu der selten ausgesprochenen, vielerorts spürbaren Idee, daß es der tiefe Sinn dieses Landes sei, die protestantische Überbietung der jüdischen Ausnahme zu beherbergen. Auserwählung ist die angloamerikanische Deklination der im kontinentalen Europa erfundenen modernen Subjektivität, nach welcher Subjekt Sein im diesem speziellen Modus die Möglichkeit bezeichnet, mitten aus dem normalen nicht ergriffenen Leben zum Agenten einer intim empfundenen Mission zu werden. Daher liefert das *mission statement*, das Projektglaubensbekenntnis, den Beitrag Amerikas zur Liste der Sprechakte. Die sprachliche Seite des An-der-Spitze-Seins drückt sich nicht nur in den oft belächelten Superlativen aus, von dem die Landeskinder so reichlich Gebrauch machen, sie erscheint am verbindlichsten in den verbalen Gesten, mit denen sich Amerikaner auf ihre *commitments* einschwören. Die oft kommentierte, für Europäer rätselhafte Religiosität der Bewohner der Vereinigten Staaten impliziert sehr häufig den massiv vorchristlichen, von Calvin unter hoher theokrimineller Energie assimilierten Gedanken, daß Gott mit den Siegern sei, was immer die neutestamentlichen Blockflöten von der Zuneigung des Allmächtigen zu den Schwachen singen und sagen.[1]

Das dritte Merkmal schließlich betrifft den psychodyna-

1) Daß in den USA bereits eine postchristliche synkretistische Religion dominiert, versucht Harold Bloom zu zeigen in seinem Buch: *The American Religion. The Emergence of the Post-Christian Nation*, New York 1992. Siehe auch Craig Venter/Peter Sloterdijk, *Gespräch über Gentechnik*.

mischen Gesellschaftsvertrag der USA, durch den der immerwährende Vorrang der Manien vor den Depressionen festgeschrieben wird. Dieser Sachverhalt manifestiert sich unter anderem in dem für Besucher aus Europa so aufheiternden, wennschon auch irritierenden Code des Optimismus, der die eigentliche Landessprache darstellt. Aus ihm ergibt sich die schöne elanvolle Gewohnheit der Amerikaner, Probleme als Herausforderungen zu formulieren und auf Widerstände mit Programmen zu deren Beseitigung zu antworten. Nirgendwo sonst in der Welt wäre es denkbar, daß eine Initiative zur Intensivierung der Krebsforschung und anderer medizinischer Vorhaben sich in die Form eines Aufrufs zur Erhöhung des Verteidigungshaushalts kleidet - so zu lesen in der *New York Times* vom 3. Mai 1998: Da das Unterliegen im Kampf gegen bisher unbesiegte Krankheiten von Grund auf unamerikanisch ist, müsse der Krieg gegen tückische Todesursachen unter Aufbietung des "ganzen Willens unserer Nation" aufgenommen werden. Nach dem September 2001 wurde eine stark beachtete, wenn auch recht unklare zweite Front eröffnet, weil es ebenso unamerikanisch ist, durch unaufspürbare Terroristen angreifbar zu sein. Die nationalen Mobilmachungen gegen Krankheit und Terror sind direkte Ausflüsse eines impliziten manischen Verfassungszusatzes, nach welchem es keinem Bürger der Vereinigten Staaten zugemutet werden darf, einen inneren oder äußeren Grund für Depression bestehen zu lassen. *US-citizens* profitieren von einem Extramenschenrecht, das die Unterordnung der herabziehenden Gefühle unter das Hochgefühl fordert und die Beseitigung der Sachgründe für Herunterziehendes mit allen Mitteln erlaubt. Wer in den USA lebt, kann stets mit Billigung der kulturellen Umgebung von dem Recht auf konsequentes Wegdenken und Wegräumen von Hochgefühlsstörungen Gebrauch machen. Dies führt zu einem Habitus der erzwungenen kollektiven emotionalen Bilanzfälschung, weil niemand bei der Saldierung von Hochgefühl und Depression ins Minus geraten will und darf. Wenn Kenner der Szene nach dem *Enron-Skandal* behauptet haben, er bilde nur die Spitze eines monströsen Eisbergs, mag das für den Bereich der Geschäfte in Dollar seine Richtigkeit haben; nicht übersehen sollte man, wie sehr der Dollar seinerseits auf einer Gefühlsökonomie aufsitzt, bei der die Unterschlagung von Depressionsgründen und die Fälschung der Activa das gesamte Motivationssystem durchdringt.

Faßt man die drei Primärmerkmale zusammen, so ergibt sich das Gesamturteil: Die Vereinigten Staaten von Amerika sind ihrem psychopolitischen Design nach das Land des real existierenden Eskapismus.[2] Heimstätte von Entkommenen aller Art, beherbergt es vor allem Menschen, die aus der

---

2) Vgl. Yi-Fu Tuan, *Escapism*, Baltimore/London 1998, S. 9. Zu Umrissen einer allgemeinen Escapologie vgl. *Sphären III. Schäume*, Frankfurt a. M. 2004, S. 748 f.

Aussichtslosigkeit ihrer ehemaligen Heimatsituationen ausgewichen sind in einen weiten Raum der zweiten Chancen. Asylstätte zahlloser Verzweifelter und Entwurzelter, nahm es die Flüchtlinge auf, die sich aus der Weltgeschichte retten konnten. Einwanderungsland für ungebundene Antriebsüberschüsse, bietet es denen ein Wirkungsfeld, die an den Vorrang der Initiative vor den Hemmungen glauben. Als die Leuchtende Stadt auf dem Hügel zeigt es einer endlosen Schar von Gesandten aus dem Drüben und Trüben eine unermeßliche Ebene, weit genug, um allen Begeisterungen in sicherer Entfernung zueinander das Verkündigungs- und Siedlungsrecht zu geben. Sollte man den Glanz und die Paradoxie der Vereinigten Staaten mit einem Satz artikulieren, er müßte heißen: Sie erlaubten den Kräften der "Geschichte", sich aus der "Geschichte" zurückzuziehen. Ein weiterer Satz erklärt dann die aktuelle Versuchung: Die der "Geschichte" entkommenen Kräfte sind soeben dabei, die "Geschichte" für sich neu zu entdecken.

Der weltweit ausstrahlende Charme Amerikas geht also von der psychopolitischen Verfassung seiner "Gesellschaft" aus. Den Bewohnern der "Staaten" ist es seit dem 18. Jahrhundert gelungen, eine nicht leibnizianische Version von Optimismus hervorzubringen, die sich bis in die Gegenwart immer von neuem aktualisieren ließ. Nach diesem Modell darf die gegebene Welt als die beste gelten, sofern sie von Ellis

Island aus gesehen schon jetzt perfekt genug ist, um unbegrenzte Zusatzperfektionen aufnehmen zu können. Man hat dieses Stellungnehmen auf durch und durch positivem Grund oft für Naivität gehalten; es ist in Wahrheit eine Neuformulierung des Sinns von Sein unter dem Gesichtspunkt der Mitarbeit an seiner Verbesserung.[3] Dies impliziert nicht die Zurückschraubung von Optimismus zu Meliorismus, wie manche amerikafreundliche Europäer glauben, sondern die Aufstockung des Optimismus zum Überoptimismus. Sie erlaubt die historisch beispiellose Verbindung von gläubigem Realismus und grenzenloser Respektlosigkeit vor dem Realen, der man in Amerika auf Schritt und Tritt begegnen kann – allenfalls von ferne präfiguriert in der seltsamen Religiosität der Römer, die eine biedere Pietät vor dem Herkommen mit einer trockenen Grausamkeit hinsichtlich der Gegenwart zu verbinden wußten. Auch Römer konnten den Kopf vor dem Höheren senken, um ohne Umstände zu den Tagesgeschäften der Unterdrückung überzugehen; daher hatte Benedict von Nursia die wirksamste Weisung für den Neuen Menschen eines nach-römischen Europas gefunden, als er das Huldige und Töte des Romanismus ersetzte durch das Bete und Arbeite christlicher Mönchszivilität.

3) Die Metaphysik und Ethik des improvement geht zum Teil auf ältere britische Quellen, besonders im Feld der Glanstonianischen Liberalen, zurück; vgl. Ian Bradley, *The Optimists. Themes and Personalities in Victorian Liberalism*, London/Boston 1980, S. 200, 221.

Man versteht sofort, wieso diese philosophischen und psychopolitischen Vorgaben die vollkommenste Form eines posthistorischen Daseinsmodus verkörpern. Während die Europäer der zweiten Nachkriegszeit (wie neben ihnen die Japaner, die Chinesen, die Inder, die Russen und manche andere) als Neuankömmlinge in der Welt nachgeschichtlicher Bedingungen eintreffen, dürfen die Amerikaner als die Veteranen des Posthistoire gelten. Für sie ist die Nachricht vom Ende der Geschichte keine Nachricht mehr; bei ihnen war der Ausbruch aus den alten Drehbüchern bereits mit der Gründung des Landes selbst vollzogen - infolgedessen konnte sich der Elan seiner *hard working people* bis heute nur noch darauf richten, das vorgefundene Optimum zu einem Überoptimum auszubauen. Die amerikanische "Revolution" vollzog sich mit der Unabhängigkeitserklärung, die nicht so sehr das englische Mutterland, sondern das gesamte System alteuropäischer Maße, Gewichte und Rechenarten hinter sich ließ. Der Begriff Revolution, wenn er politisch und futurisch gemeint ist, klingt folglich für gebürtige Amerikaner nach sinnloser Aufregung - als wollte man ihnen zumuten, den vor zweihundert Jahren gewonnenen Krieg gegen die britische Krone noch einmal zu führen; ebensogut könnte man von ihnen verlangen, Marx zu lesen, obschon das aufrührerische Kauderwelsch des Sophisten aus der Alten Welt für sie erwiesenermaßen keinen Sinn ergibt. Hingegen verstehen sie sofort, was ein ultimatives Shampoo oder ein revolutionärer Regenreifen sind.

Die einzige Befreiungsbewegung, die für Amerikaner weiterhin sinnvoll scheint, ist jene, mit der man sich von den inneren Relikten des historischen Lebens loszumachen versucht, dem Herkommen aus der eigenen Familie: Jeder einzelne kann im Privaten die Sezession von der Geschichte wiederholen, indem er das innere Kind von der Vorherrschaft der Elternwelt befreit. Die unermeßliche Weite der amerikanischen Therapielandschaften zeugt für die bedingungslose Abkehr ihrer Bewohner von allem, was einmal äußere bedrückende Wirklichkeit war. Vergessen wir nicht, daß das befreite innere amerikanische Kind den vor aller Zeit erschaffenen Sieger impliziert - den Sieger wohlgemerkt, der heute mit den Zügen des Opfers auf die Bühne tritt. Unnötig zu sagen, daß die unzähligen Kinder-Selbste des therapeutischen Archipels USA noch immer die stärkste Bastion des Posthistoire verkörpern. Wie schon die zahllosen Einwanderer nur um den Preis des Abschieds von der mitgebrachten Identität zu echten Amerikanern werden konnten,[4] liquidieren ihre Kinder nun auch den psychischen Schutt, der aus den Innenwelten von gestern in die Neue Welt mitgebracht worden war; die amerikanische Therapie besteht darin, historische Depression in posthistorische *self reliance* umzuwandeln.

---

4) Vgl. Arthur M. Schlesinger jr., *The Disuniting of America. Reflections on a Multicultural Society*, New York/London 1993, S. 23, 44.

Naturgemäß hat auch der Begriff Arbeit in den USA seinen alteuropäischen Sinn verloren; er bezeichnet nicht die Teilnahme an einer Umwandlung von Stoff in ein höherwertiges Produkt mittels investierter Energie - bis sich am Fluchtpunkt der Wertschöpfung der Arbeitende selbst von der Arbeit befreite. Amerikanisches Arbeiten ist eine Performance, deren Sinn darin liegt zu zeigen, wie das Subjekt aus der Fülle der Chancen in die Überfülle des Erfolgs fortschreitet; wo sonst wäre es vorstellbar, daß Leute in den Süden ziehen, um dort noch mehr zu rackern als am alten Wohnsitz? Und wo sonst könnten Menschen in einer offiziell egalitären Kultur dem sich stets vertiefenden Aufklaffen des Abgrunds zwischen Reich und Arm mit solcher Gelassenheit zusehen? Die entspannte Schamlosigkeit der amerikanischen Oligarchie beweist, wie sehr die Strahlenkränze, die dort jeden Erfolg umgeben, von einer immer noch großen Mehrheit der Amerikaner als Emanationen ihres eigenen Glaubens wahrgenommen werden. Im meritokratischen Klima erscheinen auch die Erfolge der anderen als Beweise des gemeinsamen Traums. Daher die für Europäer so beneidenswerte Abwesenheit von Ressentiments gegenüber denen, die es geschafft haben.

Vor diesem Hintergrund versteht man, warum die Zahlen immer täuschen, wenn es um die Vereinigten Staaten von Amerika geht - das Land hat seiner Tiefenökonomie nach keine Abrechnung nötig. Es lebt in einer bilanzüberhobenen Welt, da es nie bloß, wie beim trivialen Wachstum, im Übergang von einem gegebenen Wert zu einem höheren steht, sondern in der Bewegung vom Perfekten zum Überperfekten. Nur bei oberflächlicher Betrachtung sind die Vereinigten Staaten auf ständiges Wachstum angewiesen. Nicht die Wirtschaftszahlen beweisen ihre Größe, ihre Größe strahlt die Zahlen aus.

Nun zeigt sich heute, daß das am gründlichsten posthistorisch verfaßte Land der Erde auf dem Höhepunkt seiner Machtentfaltung von der Versuchung erfaßt wird, wieder in die "Geschichte" eingreifen zu wollen - diesmal aber nicht mehr nur in der Rolle des Schiedsrichters, der für kurze Momente aus seiner posthistorischen Reserve heraustretend die Balgereien historischer Mächte beendet. Der aktuelle amerikanische Griff ins Weltgeschehen trägt eher die Züge einer integralen Restauration: Er impliziert die Zurückverwandlung der USA in eine Geschichtsmacht - was undenkbar ist ohne die Redefinition der Welt als einer Szene, auf der es noch immer geschichtlich zugeht. "Geschichte" jedoch - wir haben es oben erläutert - ist die Erfolgsphase des unilateralen Aktionsstils.

Die Turbulenzen um den von der Bush-Administration intensiv gewollten, von langer Hand vorbedachten und mit mustergültiger Einseitigkeit durchgeführten Krieg gegen den Irak hatten einen mentalen Nebeneffekt, der die unmittelbaren Folgen der Kämpfe bei weitem in den Schatten stellte: Mit einem Mal wurden die USA als Fremdkörper im moralischen Ökosystem der posthistorischen Weltkommune wahrnehmbar, weil ihre Regierung klarer als je zuvor den Willen erkennen ließ, die Rolle der einzigen verbliebenen geschichtlichen Macht zu spielen - nicht nur für diesmal, sondern auch für die weitere Zukunft. Um zu erklären, welchen Job die Amerikaner im Irak verrichteten, mußte George W. Busch zwar wie üblich das Alte Testament bemühen, Jesaia 61: "… er hat mich gesandt, daß ich den Gefangenen die Entlassung verkünde und den Gefesselten die Befreiung". Noch nachdrücklicher aber berief er sich auf die *Geschichte*, in der das aktuelle Drama allein Sinn ergibt:

> "Der Ruf der Geschichte ist an das richtige Volk ergangen…."[5)]
> "Wir treffen uns hier in einem entscheidenden Moment in der Geschichte unseres Landes und der zivilisierten Welt; ein Teil dieser Geschichte wurde von anderen geschrieben; der Rest wird von uns geschrieben werden…."[6)]

Man muß in diesem Fall der Phrase analytische Qualitäten

---

5) Zitiert nach: Hans-Eckehard Bahr, *Erbarmen mit Amerika. Deutsche Alternativen*, Berlin 2003, S. 12.

6) George W. Bush in einer Rede am 26 Februar 2003; zitiert nach Francis Fukuyama, Nation-Building 101, in: *The Atlantic Monthly*, Jan./Feb. 2004.

zugestehen. Bushs Amerika rehistorisiert sich tatsächlich, aus der Fülle seiner Nachgeschichtlichkeit heraustretend, in der explizitesten Weise, indem es vor der Weltöffentlichkeit die Insignien der zu machenden Geschichte für sich in Anspruch nimmt. Die Geschichtsinsignien sind insgesamt fünf: der Primat der Kraft, die Vornehmheit der Motive, das Privileg der Einseitigkeit, die Selbstamnestie für begangene und zu begehende Gewalt und die Kontrolle über die Worte, die den Taten folgen. Für die einseitig und unbesonnen proklamierte Rehistorisierung riskiert Amerika den Bruch mit den Verbündeten in Europa und der übrigen Welt. Nicht nur läßt es sich durch seinen bloßen Status die im moralischen Feld der Postmoderne unvergebbare Sünde zuschulden kommen, souverän zu sein oder zu scheinen; es leistet sich überdies die Provokation, den Chor der vernünftigen Behinderer demonstrativ zu mißachten - seine gereizten Ideologen gingen so weit, diese Gruppe als eine europäische Bande von Feiglingen und Halbwüchsigen, von Weichkäseessern und Verzehrern suspekter Innereien zu diskriminieren - den Franzosen warfen einige Amerikaner im patriotischen Affekt sogar vor, sie seien nichts anderes als eine Horde verkommener Schnüffler an ungewaschenen Frauen. Wenn Worte allein den Krieg bedeuteten, so hätten die zahlreiche Militante aus den USA ihn den Skeptikern in der übrigen Welt erklärt. Wie in einer aufbruchslustigen Täterkultur aus Europas virulentester historischer Zeit tritt die Politik der Vereinigten Staaten thymotisch hochgestimmt ans Pult, die eigene Motivation feiernd, die eigene Belastbarkeit beteuernd, euphorisch und erfolgsgewiß, nach begangener Tat unbußfertig, Erfolgsbilanzen selber redigierend, monoton die Richtigkeit der geführten Schläge beteuernd, und ansonsten willens, die unvermeidlichen, wenig zahlreichen eigenen Opfer mit dem üblichen Aufwand an Zeremonie zu bestatten, die sehr zahlreichen Opfer der anderen Seite mit einem förmlichen Bedauern auf subalternem Niveau den Ihren zu überlassen. Wie in einer frühneuzeitlichen Szene setzen die USA ihre Flotten ein, um als Seemacht die Weltnahme voranzutreiben; wie eine moderne Kolonialmacht machen sie von Luft- und Ätherwaffen Gebrauch, um sich im asymmetrischen Krieg gegen aussichtslos Unterlegene durchzusetzen; wie eine neu-apostolische Bringermacht nehmen sie das Invasionsrecht in Anspruch, das aus dem Bewußtsein folgt, das Geschenk Gottes an die Menschheit - es heißt *democracy* - widerstrebenden Empfängern nötigenfalls mit Gewalt in die Hand drücken zu sollen.

Das in geschichtsphilosophischer Hinsicht entscheidende Motiv des Irakkriegs bestand jedoch in der expliziten Wiederaufrichtung des militärisch fundierten Unilateralismus, von welchem jetzt erst auch im Licht der Theorie erkennbar wird, wie sehr er das prägende Merkmal alles bisherigen welthistorischen Handelns gewesen war. In einer spinozistischen Sicht wäre die eigentliche und einzige Rechtfertigung der europäischen Weltnahme in der Tatsache zu finden, daß die Kräfte hierzu vorhanden waren; da jedem Können ein spezifisches Sollen innewohnt, hätten die imperialen Europäer nichts anderes getan, als die Bahnen der Kraft abzuschreiten, die in ihrem Vermögen angelegt waren. In analoger Weise wäre die amerikanisch britische Irak Intervention zu deuten: Sie bot den Beweis des Geistes und der Kraft, indem sie sich als einfaches imperiales *posse* auf der geopolitischen Bühne entfaltete. Man tat, was man tat, "weil wir es tun konnten" (um Tony Blair das Wort zu geben). Natürlich ist allen Beobachtern, auch den freundlich gesonnenen, klar, daß der amerikanische Militarismus seit längerem dazu verurteilt ist, als veralteter Parasit in der posthistorischen Welt aufzufallen. Seiner Natur und Herkunft nach ist das US Militär ein überzüchtetes Relikt der "Geschichte", in die sich Amerika seit 1916 gewissermaßen wie ein bewaffneter Moderator hatte involvieren lassen, ohne seine heitere Isolation infrage zu stellen. Von ihrem eigenen Stern aus legten die Amerikaner eine kraftvolle Tangente an die geschichtliche Welt, wo sich unfreie Seelen im Staub ihrer Kriege wälzten. In der Folge waren die amerikanischen Armeen während ihrer Einsätze in Europa und im Pazifik zu einem gezähmten Monstrum herangewachsen; nahezu unkontrollierbar blähten sie sich auf während des langen Wettrüstens mit der Sowjetunion; sie stagnierten schließlich auf überhohem Niveau, als die "Geschichte" Anstalten traf, im nuklearen Patt auszuklingen.

Die Bedeutung dieser Ära für den posthistorischen Lernzyklus zeigt sich im Rückblick darin, daß in ihr die gegenseitige Hemmung von Akteuren höchsten Ranges zur Primärevidenz der Weltpolitik geworden war. Seit sogar die Generale von der Einsicht durchdrungen waren, daß der Angriff sein unvordenkliches Prius in der Geschichte der bewaffneten Gewalt verloren hatte, erschien die historische Institution Krieg selbst reif für die Posthistorisierung. Die Patt-Ära hinterließ aber, wie man jetzt erkennt, ein zweideutiges Erbe, dessen dunkle Seite heute in der Ansicht der amerikanischen Führungsstäbe zutagekommt, die Hemmungserfahrung habe sich ausschließlich auf die militärische Ebene bezogen und könne nach dem Zusammenbruch der Ost-West-Konfrontation beiseite gesetzt werden. Mit einer Blindheit, die an antike Helden denken läßt, übersehen die amerikanischen Strategen und ihre Konsultanten dank ihrer erworbenen Unfähigkeit, elementare Tatsachen zu erkennen, daß reziproke Hemmung den *modus operandi* des postmodernen Weltzusammenhangs als solchem ausmacht, weil dieser unweigerlich auf Verdichtung, Zurückkoppelung und - um das ausgelaugte Wort nun doch zu benutzen - Vernetzung beruht.

Seither geht eine Versuchung ohnegleichen um im uneinigen Westen - die Versuchung, der "einzigen Weltmacht" neue Drehbücher für ihre Enthemmung zu schreiben. Heißt das, daß die Stunde der Intellektuellen noch einmal schlägt? Werden wir noch einmal erleben, wie Denkende sich beeilen, den Willigen beim Übergang von der Illusion zur Praxis beizustehen? Muß man sich darauf gefaßt machen, daß Konsultanten Analytiker und Publizisten vom Typus Brzezinski, Kagan, Kaplan, Luttwak, Wolfowitz, Fukuyama, Rice u. v. a. ihren Ansturm auf die Korridore der Macht noch erfolgreicher vortragen als bisher? Sieht man nicht wirklich schon allenthalben die Redenschreiber des Imperialismus sich drängen, um Positionen auf dem neuen semantischen Markt zu besetzen? Tatsächlich ist die Reideologisierung des öffentlichen Raums in vollem Gang, für selbsternannte Gewaltexperten zeichnen sich goldene Zeiten ab. Gleichwohl hat es den Anschein, es seien fürs erste nicht so sehr die Ratgeber am Zuge als die islamistischen Aktivisten - und deren westliche Interpreten, die sich als Traumdeuter der Gewalt nützlich machen wollen.[7] Die Bedeutung der Islamisten für die Rehistorisierung der USA kann wohl nicht

---

7) Besonders symptomatisch in dieser Rolle: Paul Berman, *Terror und Liberalismus,* Hamburg 2004, ein Buch, in dem der Terminus "Totalitarismus", der schon zu Hannah Arendts Zeiten wenig erklärte, herangezogen wird, um die aktuellen Haßweltbilder der Islamisten in eine Paralle älteren mit westlichen Antimodernismen zu setzen; ein sinnvoller Ansatz, dessen Durchführung an halbgebildeten Analogien scheitert.

hoch genug veranschlagt werden. Sie scheinen die Männer der Stunde zu sein, die den "Ruf der Geschichte" an hellhörige Präsidentenohren adressieren - Ohren, die ganz offen sind für den Rat vom Feind. Die kriminellen Neo-Unilateralen aus dem Nahen Osten sind es, die deutlicher als alle heimischen Konsultanten den Akteuren in den westlichen Machtzentren die Stichworte für die Enthemmung eigener unilateraler Schläge zurufen.

Wir sehen jetzt, wie die aktuelle Außenpolitik der USA Zug um Zug das Paradoxon der amerikanischen Ausnahme entfaltet. Es läßt sich in mehreren sinnverwandten Wendungen artikulieren: Um den amerikanischen Traum zu retten, beeilen sich seine tonangebenden Akteure, aus ihm zu erwachen; um das Privileg des Entkommenseins aus der Geschichte zu wahren, führen die politischen Dramaturgen ihr Land mit festem Schritt in die Geschichte zurück; um ihre herrliche Leichtigkeit des Seins zu sichern, steuern die Führungsteams die Vereinigten Staaten auf abgründige Überlastungen zu; um ihrem Land seine Quellen des Optimismus zu sichern, stürzen seine intellektuellen Klimamacher es in den schwärzesten Realismus. Die letzte Paradoxie läßt sich am deutlichsten an den klugen Gewaltratgeberbüchern des Kriegsberichterstatters und Polemologen Robert D. Kaplan ablesen: *Warrior Politics. Why Leadership Demands a Pagan Ethos*, 2002, und *The Coming Anarchy. Shattering the*

Dreams of the Post Cold War, 1997/2001, zwei Büchern, die keinen anderen Zweck verfolgen, als das Land unter dem Sternenbanner fit zu machen für eine hobbesianische Welt, die angeblich nicht dem Gesetz der zivilisierendenVerdichtung untersteht, sondern einem generalisierten Hauen und Stechen in nahezu staatsfreien Räumen. Kaplan läßt keinen Zweifel zu, wer in diesem Szenario als einziger für die Rolle des planetarischen Leviathan infrage komme.

Diese *translatio historiae* in die USA wird zur Stunde mit allem durchgeführt, was an Pomp und Umständen zu einer Investitur gehört. Eröffnet wird das Ritual durch die Übertragung des territorialen Nullpunkts, von dem künftig alle Mandate zu neu-geschichtlichem Agieren ausstrahlen: seit dem Herbst 2001 gibt es ein amerikanisches Heiliges Grab, *Ground Zero*, jenes Geschenk des Islamismus an die sich rehistorisierende Macht, ein Geschenk, an dem sich im übrigem von neuem die adamitische Kraft des Amerikanischen beweist, dem Wirklichen selbstausrufende Namen aufzuprägen; sie setzt sich fort mit der Übertragung der Unschuld, der Zentralfigur postmoderner und viktimologischer Moral, ohne die auch in den Drehbüchern der Neohistorie kein Losschlagen mehr gedacht werden kann - der Angriff muß künftig im Namen eines wehrlosen Opfers geschehen und zudem strategisch von hohem Nutzen sein oder scheinen; sie rundet sich ab mit der Übertragung der Vollmacht, den

Ausnahmezustand zu erklären, und zwar nicht nur mit der Stimme des politischen Souveräns, der seinen Feind für die Dauer des Konflikts Feind nennt, sondern auch mit der des ontologischen Souveräns, der das Faktum des Widersacherischen in der Welt feststellt und ihm den immerwährenden Krieg erklärt. Damit scheint ein vollständiges *remake* von "Geschichte" auf den Weg gebracht. Zur *translatio actionis* - von der Demission Europas nach 1945 an eine vollendete Tatsache - kommt die *translatio passionis* hinzu, die seit dem *september eleven* eine neue Farbe auf den amerikanischen Fahnen darstellt. Seit sich der potentielle Supertäter auch als Superopfer ausgibt, steht der Enthemmung des Landes nichts im Wege - ausgenommen seine eigene demokratisch eskapistische Tradition.

Was nun folgt, läßt sich, soweit es bisher erkennbar ist, unter der Überschrift: "Die Rache der Nachgeschichte" zusammenfassen. Denn weit davon entfernt, sich vom Elan der selbsterklärten Geschichtsmacht anstecken zu lassen, scheint sich die übrige Welt verschworen zu haben, dem letzten glänzenden Täter auf Erden das Leben schwer zu machen. Während die amerikanische Armee im Irak, marginal unterstützt von Briten, Polen, Italienern und anderen Anwärtern auf Trinkgelder, die den Kellnern an der Tafel der neu servierten "Geschichte" winken, in wenigen Tagen über eine ausgehungerte Truppe triumphiert, stellt sich der übergroße Rest der Nichtfreunde kriegerischer Taten mit neuem Selbstbewußtsein auf, als habe er durch das gebotene Schauspiel erst begriffen, welches die eigenen Werte sind. Es sind naturgemäß keine anderen als die des posthistorischen Amerika von gestern, denen man sich seit 1945 in aller Welt auf geraden und krummen Wegen genähert hat - gefiltert durch je landeseigene Traditionen. Diese Kritiker des Irak Krieges widersprechen der USA-Führung nicht mit der Stimme des "Antiamerikanismus" - ein Ausdruck, den manche Agitatoren gern als eine Zweitbezeichnung für "Antisemitismus" auffassen wollen, um das Ungehörige des Widerspruchs nur recht hervorzukehren. Diese sagen, was für sie zu sagen ist, nicht aus einer unreifen Lust an Differenzen, sondern im Einklang mit der posthistorischen Logik, die im unilateralen Gebaren ein Zitat aus den goldenen Zeiten europider Rücksichtslosigkeit erkennt. Was in den Vorbehalten aus aller Welt gegen den außenpolitischen Habitus der USA sich artikuliert, ist abgeklärter Antiunilaterialismus. In einem Feld hoch rückgekoppelter politischer Praxis stellt dies längt einen selbstverständlichen Modus von Kooperationskultur dar - wozu wohl auch gehört, daß man dies schamhaft als "Kritik unter Freunden" präsentiert. Es liegt im übrigen auf der Hand, wieso Israel, Amerikas ko-exzeptioneller Freund und Mitverächter der internationalen Meinung, von dem verdeutlichten antiunilateralen Geist einen Teil zu spüren bekommt. Es steht den Interessenten frei, dies als neuen

Antisemitismus mißzuverstehen - den es, um die Sache zu verkomplizieren, im übrigen auch gibt, obschon der Ausdruck Antisemitismus, der eine historisch überwundene innereuropäische Angelegenheit bezeichnet, den neuen Spannungen zwischen Israel und seinen arabischen Hassern seit langem nicht mehr angemessen ist.

Aber warum haben sehr viele Amerikaner, auch solche, die des Bushismus nicht verdächtig sind, so viel Mühe, in den Stimmen der zahlreichen kriegsskeptischen Anderen von der Seine bis zum Ganges die authentische Stimme Amerikas wiederzuentdecken? Sollten sich nicht die Veteranen des posthistorischen Lebens mit den Rekruten aus anderen Ländern bestens unterhalten können? Wäre es nicht für Amerikaner, die sich recht verstehen, die natürlichste Reaktion, alle Nachzügler willkommen zu heißen, die nun ihrerseits dem alteuropäischen Laster des Geschichtemachens abschwören? Wie kommt es, daß die reifste Kultur der Posthistorizität sich auf politischer Ebene den primären Evidenzen der nachgeschichtlichen Welt: den Tatsachen der Wechselwirkung, der Rückkehr der Taten zum Täter und der systemische Rückkoppelungen mit soviel Widerwillen und Verachtung entzieht, einer Verachtung, die sich am unverhohlensten äußert im Umgang der USA mit den Vereinten Nationen - in ihren Augen inzwischen nicht mehr als eine Maschine zur Erzeugung von synchrongedolmetschter Lähmung?

Wieso fehlt es den politisch diensthabenden Amerikanern in eklatanter Weise am Willen, Mitglied in einem Club zu werden, der Leute wie sie ohne weiteres aufnehmen würde?

Die moralische Antwort auf diese Fragen erklärt, die USA hätten sich aus Sinn für Verantwortung mit ihrer Rolle als ordnungspolitischer Schlüsselmacht in der Welt identifiziert: Dieses große Land müsse folglich seinen gutartigen Unilateralismus pflegen, um den bösartigen der unbelehrbaren Länder (die mit *rogue*-Prädikat belegt werden) eliminieren zu können. Eine realpolitische Antwort würde dagegen halten, daß die USA zu einem aggressiven geopolitischen Interessenkalkül verurteilt sind, um vor dem Erstarken neuer *global players* wie China und Europa soviele Schlüsselpositionen auf dem geopolitischen Schachbrett wie möglich zu besetzen. Die noopolitische Antwort - wie sie von den Cyberwar Experten Arquilla und Ronfeldt vorgeschlagen wird - lautet, die USA müßten angesichts der *information revolution* ihre ideellen und kommunikativen Resourcen mobilisieren, um ihre Führerschaft in der Noosphäre des 21. Jahrhunderts so konsequent wie möglich auszuüben.[8] Die mythodynamische Antwort schließlich ist aus den allgemeinen Motiven des Amerikanischen Traums ablesbar: Wer sich als dessen aktiver Träger definiert, ist und bleibt unwillens, auf Situa-

8) John Arquilla/David Ronfeldt, *The Emergence of Noopolitik. Towards an American Information Strategy*, Santa Monica 1999.

tionen einzugehen, in denen nicht jeder, der etwas tun will, genug Spielraum behält, um zu tun, was ihm vorschwebt; er ist und bleibt unwillens, auf das Siegel der Erwählung zu verzichten, das in die Körper und Seelen der hierfür Empfänglichen unauslöschlich eingezeichnet ist; er ist und bleibt unwillens, den sachlichen Gründen, deprimiert zu sein, den Vortritt zu lassen vor dem Sonderrecht auf das Hochgefühl.

Man erkennt, daß die amerikanische Sezession von der Geschichte einen psychopolitischen Preis hatte, dessen Höhe sich allmählich beziffern läßt. Um schon vor mehr als zweihundert Jahren in die Nachgeschichte austreten zu können, mußten die Sezessionisten eine alteuropäische Subjektformation exportieren und beibehalten, die sie jetzt gegen das Lernen für die verallgemeinerte Nachgeschichtlichkeit immunisiert. Die Verbindung von posthistorischer Ausnahmesituation plus starker Täterposition wartete darauf, sich früher oder später explosiv zu zersetzen, spätestens zu dem Zeitpunkt, an dem die Antriebsüberschüsse des amerikanischen Potentials nicht mehr in nationalen Projekten allein (und im Heldenkult der Drehbücher von Hollywood) ausagiert werden konnten. Von da an liegt die Rückforderung der realen "Geschichte" durch aktionsbereite Täter in der Luft. So nehmen zahlreiche US-Bürger zwar seit einer Weile - genauer seit dem Vietnamdebakel - wahr, daß ihr Traum gefährdet ist, durch den inneren Gang des amerikanischen

Experiments nicht weniger als durch den äußeren Weltlauf, aber nur wenige wollen heute den Weg fortsetzen, der das Land nach dem verlorenen ungerechten Krieg in Ostasien in eine Phase des Selbstzweifels geführt hatte. Während die erste Rehistorisierung Amerikas nach 1968 im Zeichen der Depression und der Selbstanklage stand, ausgeübt mit Hilfe von Modellen exzessiver Kulturkritik französisch-deutscher Herkunft und ausmündend in einen als "Geschichte von unten" aufgetischten Kult ethnischer und viktimistischer Besonderheit,[9] vollzieht sich die zweite Rehistorisierung von der Ära George Bush senior an ganz im Stil einer manischen Restauration - unnötig zu sagen, daß es dabei wieder um "Geschichte" von oben, genauer: von ganz oben, geht. Wo die "Geschichte" aus den höchsten Quellen fließt, geschieht sie als das Handeln Gottes durch eine erwählte Nation, deren Führer, protestantischen Jesuiten vergleichbar, die optimale Strategie der Selbstenthemmung wiedergefunden haben.

Im Jahr 1993 veröffentlichte Edward N. Luttwak ein Buch unter dem programmatischen Titel: *The Endangered American Dream. How to Stop the United States to Become*

9) Für eine scharfe liberal-konservative Kritik am ideologischen Ethnozentrismus in den USA von den siebziger Jahren an vgl. Arthur M. Schlesinger jr.,; aus linksradikaler Perspektive, nicht weniger scharf: Lindsay Waters, The Age of Incommensurability, (We gotta get outta this place) in: *Boundary* 2, vol. 28:2, 2001, S. 133, 172.

a Third World Country and How to Win the Geo-Economic Struggle for Industrial Supremacy - ein Buch, das von einer biederen patriotisch masochistischen Presse als eine rechtzeitig kommende Schocktherapie für die sinkende Nation begrüßt wurde. Luttwak hatte sich zu jener Zeit bereits einen Namen gemacht als einer der führenden Köpfe der zeitgenössischen Strategiewissenschaft; er durfte seither auch als intelligenter Exeget der latenten politischen Theologie seines Landes gelten, insofern er den elitären Imperativ Amerikas mit Hilfe einer säkularen Wettbewerbssoziologie reformulierte. Als Beobachter der Welttrends hatte Luttwak selbstverständlich begriffen, daß die Ausnahmesituation Amerikas unhaltbar ist; als bekennender Exzeptionalist stellte er aber klar heraus, daß es für ihn wie die Mehrheit seiner Landsleute nicht infrage kommt, diese Einsicht zu akzeptieren. Seine Intervention verbindet die beiden Momente in einer gemeinsamen Perspektive. In einer ersten Phase bringt Luttwak die Zeichen amerikanischer "Dekadenz" zur Sprache: Die Wirtschaftszahlen der Japaner und Europäer haben den amerikanischen Nachkriegsvorsprung weitgehend egalisiert; das staatliche Schulsystem liegt landesweit darnieder; die Mittelschichten leiden an Auszehrung; dem Kapitalismus fehlt es an Kapital; auf offener Straße treiben sich die Drogendealer nahe dem Regierungsviertel von Washington herum; und nicht zu vergessen: Amerikanische Prostituierte, die in Japan arbeiten, können seit einiger Zeit keinen US-Girl-Zuschlag mehr verlangen - wenn der Stern eines Landes sinkt, fallen auch die Preise für das Fleisch der Seinen auf dem internationalen Markt.

Aus diesen Indizien leitet Luttwak für die Vereinigten Staaten geradewegs den freien Fall in die Bedeutungslosigkeit ab. Was andere Interpreten für eine Rückkehr der USA in die relative Normalität einer noch immer enorm reichen, doch auch problemgeplagten Zivilisation halten würden, deutet der Autor als ein seines Landes Versinken ins Beinahe Nichts - der Ausdruck Dritte Welt klingt für die Ohren der Leserschaft suizidal genug, um anzuzeigen, was die USA niemals werden dürfen - für Auserwählte ist die Mittelmäßigkeit streng verboten. Folgerichtig empfiehlt der Autor ein Programm zur Mobilmachung für den bevorstehenden geoökomischen Weltkrieg, aus dem es erneut als Nummer eins hervorgehen könnte - um vielleicht später von der Höhe des Erfolgs herab eine Abrüstung zu den Bedingungen des Siegers einzuleiten.

Luttwaks tief symptomatisches Buch verrät, daß die amerikanischen Ideologen den Traum ihres Landes nicht deuten, sondern retten wollen, ihn aber nicht retten können, ohne ihn in sein Gegenteil zu verkehren. Während die Mehrheit zivilisierter Nationen den Weg von der "Geschichte" zur Nachgeschichte durchlaufen hat, brechen die USA zu einer Rückkehr aus der Nachgeschichte in die "Geschichte" auf, ganz so, als sollte die Stunde des Unilateralismus noch einmal schlagen. Sie lehnen sich gegen die Ergebnisse eines jahrhundertelangen Lernprozesses auf, als ob die Einsichten des 19. und 20. Jahrhunderts, was Wechselwirkung, Rückkoppelung, reziproke Hemmung und Zivilisierung durch Komplexität angeht, nur lokale Geltung besäßen - Verliererwahrheiten, die den Starken nicht binden. Noch immer machen die sozialen Klimabildner in den USA von ihrem Vorrecht Gebrauch, die psychischen Bilanzen im antidepressiven Sinn zu fälschen - sie tun dies heute skrupelloser denn je, während die Pegel der abgedrängten Fluten an Enttäuschung steigen.

Hierbei schlägt die performative Verfassung des amerikanischen Projekts, der permanent zu führende Kampf um die Seele des Landes, in eine gefährliche autohypnotische Programmierung um. Auf dem amerikanischen *Floß der Medusa* wird die Existenz der Depressionsgruppe geleugnet - es gibt dem puritanischen Code gemäß keine Verlierer in diesem Land, es gibt nur Leute, die in Selbstmitleid versinken. Immerhin entschlüpfen Luttwak selbst bei seiner Bestandsaufnahme des *endangered american dream* einige deutliche Hinweise auf das explosiv wachsende Drogenproblem deer USA - allein in der Hauptstadt sollen 25.000 Personen auf professioneller oder amateurischer Basis ihren Lebensunterhalt mit Drogenhandel bestreiten, ihre Klienten sind aber keinesfalls die Nachfolger der Woodstock- generation, die auf erleuchtende Ausflüge zu den Archetypen begierig waren; es sind riesige Armeen von Frustrierten, die sich der chemischen Erlösung von der amerikanischen Wirklichkeit verschrieben haben.

Der psychopolitische Bilanzbetrug, der das System im ganzen trägt, will in erster Linie das riesenhafte Verlierer-problem unsichtbar machen, das sich in der Spielhalle des *pursuit of happiness* entwickeln mußte. Nichtsdestoweniger liegen die Daten offen zutage. Es gibt in den USA mehr aussichtslose Arme, als der Irak Einwohner besitzt, es gibt mehr chronische Psychopharmaka Konsumenten als in jedem anderen Land der Erde, es gibt mehr Menschen mit schwersten Übergewichtsproblemen als in allen Ländern der Welt zusammengerechnet, es gibt mehr chronische Nicht-wähler und politisch nicht vertretene Gruppen als in jedem anderen demokratischen Staat, es gibt prozentual zehn Mal mehr Strafgefangene in den USA als in Europa und sechs bis achtmal mehr als in den meisten anderen Ländern der Welt. All diese Problemkollektive halten sich mit Hilfe eines elaborierten System der Depressionsvertuschung und der inneren Bilanzfälschung über Wasser. Sie vermeiden es, in den Abgrund zu sehen, der vor den Füßen jedes glücklosen Glückssuchers in diesem Land aufklafft. Aus ihm steigt eine bekannte Melodie herauf, deren Text man erst bei näherem Hinhören versteht. Einmal verstanden, macht er den Hörer erschauern: *If I dont make it there, I make it nowhere.*

응축 불가능한 것 또는 장소의 재발견

번역 권 대 중

다시 한 번 말하건대: [오늘날에는] 모든 것이 수정처럼 결정화(結晶化)된 세계 체계 안에서 움직이고 변화하고 있다. 그러한 세계 안에서 움직이고 변화하는 것들 중 지금까지도 여전히 "역사"라는 성질을 지니고 있는 것은 없다. '세계사'라고 불렸던 많은 복합된 사건과 이야기에 덧붙여진 유일한 부록은 세계 기후의정서(Weltklima-Protokoll)나 그에 상응하는 세계에너지법안(Welt-Energie-Kodex) 및 세계환경경찰(Weltumweltpolizei)에 있을 수 있다.—[하지만] 이러한 것들은 그것의 관철이 현재로서는 단지 희박하고 먼 미래의 선택으로만 보이는, 아직은 희망 사항에 불과한 것이다. 왜냐하면 미국을 비롯한 소비 지향적 국가들은 당분간은 상승된 세계 소비에 대한 그들의 우선권을 포기하기엔 자신들이 너무도 강하다고 느끼기 때문이다.

인간이 겪은 공간 체험에 관해서 볼 때, 유럽의 여러 국가의 거주자들이 지리적 지구화(terrestrische Globalisierung)를 통해 겪은 가장 주된 결과는 세계의 놀랄 만한 거대화인데, 이는 대양(大洋)의 숭고한 거주불가능성(Unbewohnbarkeit) 앞에서 느껴지는 두려움에 의해 수반되었다. 앞에서 우리는 대부분의 근대 유럽인들의 일반적인 성향에 깔려 있는, 양면성을 띤 반해양적(反海洋的, anti-maritim) 기본 정서에 관해 언급한 바 있다. — 철학적 측면에서 보면 이러한 정서는 사물들이 인간의 인식 장치, 그것도 종신직이 보장된 철학 교수의 인식 장치를 향해야 한다는 칸트의 요구에서 정점에 이른다; 항구 도시에서의 삶이나 심지어는 배 위에서의 삶까지도 심대한 탈선으로 간주했던 하이데거의 지역주의(Regionalismus)는 칸트의 이러한 생각을 메아리처럼 되뇌었다. 바다를 향한 정신적 개방은 오랜 세월 동안 단지 소수인들만의 전유물이었다. 즉, 그것은 실질적으로는 단지 해안 도시 상인들의 기층 문화에서만 친숙한 정서로 작용했을 뿐, 내륙의 경우 그러한 개방성은 언제나 먼 것을 동경하는 몽상가들이나 탐험가들의 회고록을 읽는 독자들에게나 해당하는 것이었다. 하지만 근대의 전체 시기에 걸쳐 만연되었던, "바다에 물거품을 내[면서 항해하]는 자들(Seeschäumer)"과 "대지를 밟는 자들(Landtreter)" 간의 대립은 오늘날에는 그 어떤 언급할 만한 역할도 더 이상 하지 못한다. 사람들이 바다에 친근함을 느끼든 육지에 친근함을 느끼든 간에, 고속의 매체들은 수평선을 새로운 형태로 바꾸어놓았다; 이제 수평선은 모든 방향에서 가득 차서 넘친다. 그 이후로는 모든 것이 세계며,

이 모든 것은 한 사람이 감당하기에는 너무도 많은 것이 되고 있다.

근대와 포스트모던을 가르는 분기점은 편리한 시설 안에서 인간들이 갖는 공간 감각을 기준으로 정해질 수 있다. 언제 어디서든 들리는 뉴스들로 인해 실로 무수한 사람들이 예전에는 그토록 넓었던 세계를 마치 가득 차 넘치는 더러운 작은 공인 것처럼 체험할 수 있게 되었다. 텔레비전 앞에서 살아본 적이 없는 사람은 경계가 사라진 세계 속에서 누릴 수 있는 삶의 달콤함에 관해서 아무것도 알지 못한다. 1930년대까지도 남아 있었던 실질적인 근대적 감각은 당시의 매체들이 그토록 느리지 않았다면 결코 있을 수 없는 것이었다. 하지만 대양을 거침없이 항해하는 선박들, 지구의(地球儀. Erdgloben) 그리고 여행 책자들이 등장하면서, 경외심과 호기심이 혼합된 채 이어져 오던 인간들의 정서는 새로운 형식을 띠게 되었던 바, 바다를 항해하는 민족들과 육지에서 책을 읽는 사람들은 바로 이 새로운 형식을 통해 지구의 새로 열려진 차원들에게 응답하였다. 대항해 시대에서 원거리 교통의 속도는 매우 느린 것이어서, 이로 인해 각 지역 간의 먼 거리가 여전히 그것의 존엄성을 지닐 수 있었던 것도 여기에 한 몫을 하였다; 머나먼 길들은 이방인들에게 이르는 가격을 여전히 높게 유지했다; 이 먼 길들은 새로이 발견된 세계로까지도 여전히 드리워져 있었던 이국적인 베일에 함께 작용했다. 제2차 세계대전 이후 단체 관광이 출현하기까지는 세계에 대한 원래의 소비자 가격 그대로의 지식은 비싸고 희귀하면서도 또한 강한 매력을 지닌 것이었다. 우리는 오텔로가 데스데모나의 사랑을 얻을 수 있었던 것은 바로 그가 자신이 황야를 여행하는 동안 어떤 고초를 겪었는지를 얘기할 수 있었기 때문이었다는 것을 기억한다.[1)]

[하지만] 20세기의 스피드 기술은 이 모든 것을 하나의 단순한 기억으로 만들어버렸다. 전화망과 방송 기술 그리고 항공 비행에서의 제트 추진 장치로 인해, 거리의 극복에 준거한 그러한 척도는 두 세대도 채 지나기 전에 자명한 것이 되었으며, 그럼으로써 이제 공간은 마치 거의 전적으로 무시할 수 있는 크기인 것처럼 지각된다. 자신이 빠르고 초고속으로 횡단되는 것에 대해 공간은 그 어떤 유의미한 저항도 행사해서는 안 되었기에, 그것은 인간의 세계-내-존재의 기본 영역인 것처럼 보였으며, 축소와 압축(Zusammenpressung) 및 파기(Anullierung)를 마치 자발적인 양 받아들였다. 마르크스와 엥겔스가 1848년의 『공산당 선언』의 가장 잘 알려진 대목에서 부르주아 시대의 혁명적 업적들을 조망하면서 "모든 신분적인 것과 정지해 있는 것은 사라진다(Alles Ständische und Stehende verdampft)"고 확정했다면, 20세기의 감수성은 여기에다 다음과 같은 것을 추가한다: 연장되고 공간을 요구하는 모든 것은 압축된다(Alles Ausgedehnte und Raumfordernde wird zusammengepreßt). 국제 전화는 이 중에서 가장 단순한 징후다. 공간이 사라진다는 신화가 참이라

---

1) Peter Sloterdijk, *Tau von den Bermudas. Über einige Regime der Einbildungskraft*, Frankfurt a. M. 2002, 27쪽, 40쪽.

는 것을 확인하고자 하는 사람은, 그저 전화 수화기를 들거나 몇 번의 마우스 클릭만 하면 된다.

칼 슈미트는 땅과 바다가 담당했던 세계사적인 역할이 점점 더 퇴색하고 있음에 관해 고찰하면서 오늘날의 "공간 혁명"에 대한 답변을 제공하고자 했는데,[2] 그의 주제는 사실상 공간의 압축이었다. 공간의 압축(Raumkompression)은 거리의 중성화(Neutralisierung)를 수반하였다; 그것은 두 지점 사이에 위치한 공간이 그 지점들을 갈라놓는 작용을 지양해버렸다; 그리고 그것은 더 이상 압축할 수 없는 [최소한의] 잔여 공간을 제외하고는, '여기'와 '저기' 사이의 길을 단축했다. 이 잔여의 공간은 단지 성가신 것일 뿐, 그 어떤 더 이상의 주목과 경외도 요구할 수 없었다. 현대인들은 비록 중세의 몇몇 성자들이 할 수 있었다고 하는, 동시에 두 위치에 존재할 수 있는(Bilokation) 능력은 지니지 못했지만, [적어도] 위치 이동(Translokation)의 능력이 그들에게 주어진 것만은 자명하다; 그들은 정확히 동시에 두 개의 장소에 있을 수는 없을지라도, 매우 짧은 시간에 여러 장소를 자의적으로 이리저리 옮겨 다닐 수 있음은 분명하다.

이러한 상황에서 보면 공간은 무시할 수 있는 크기가 되어버린 것으로 여겨진다. 즉, 실천적인 면에서는 '거리'와 '장애'로서의 공간이 정복되었으며, 이론적인 면에서는 '남성들의 차원'으

---

2) Carl Schmitt, *Land und Meer. Eine weltgeschichtliche Betrachtung* (1942) Stuttgart 1993, 105쪽.

로서의 공간이 더 이상 인정되지 않게 되었다. 그리고 교통과 의사 소통의 담지체로서의 공간은 무언의 배경으로 되었고, 도덕적으로는 물화(物化)의 소재지로 간주되었다. 빠른 것에 대한 수요를 불러일으키려는 자들이 보기에는 오로지 죽은 공간만이 좋은 공간이었다; 공간이 지녀야 할 제일의 덕목은 바로 그것[공간]이 느껴질 수 없게 되는 데 있었다. 빠른 속도로 이루어지는 여러 과정들을 위해 공간은 전통적으로 자신의 존재론적 규정들을 구성했던 모든 것에서부터 — 즉, 이웃간을 구분하고, 부분들을 흩어놓고, 육체를 떼어놓고, 대리인들을 위치시켜놓고, 연장된 것들 간의 경계를 제공하고, 군중 집회를 방해하고, 폭발을 차단하고, 다수를 통일시키는 것 등으로부터 — 물러나야만 했다. 공간이 갖고 있던 고전적 특징들 중 남은 것은 오직 그것의 가전도성(可傳導性), 좀더 정확하게 말하면 전도성(Konduktivität)-접속성(Konnektivität)-중간위치성(Medialität)이라는 국면들의 다발뿐이었던 바, 이것 없이는 압축을 통해 공간을 극복하려는 근대의 고투들은 아무런 유의미한 결과도 얻지 못한다. 자연에게 호칭으로 부여되었던 거리의 공간, 분리의 공간 및 배치의 공간 대신에 모음의 공간, 연결의 공간, 압축의 공간이 그 자리를 대신했거니와, 바로 이러한 공간이 우리를 기술 환경으로서 둘러싸고 있다. 이 기술의 공간에서는 멀리 떨어진 것들이 물질적으로든 상징적으로(in effigie)든 임의적으로 먼 곳으로부터 '여기'와 '지금'으로 불려올 수 있다. 모니터들은 실제의 공간에서 벌어지는 일들을 보여준다; 사람들은 [무엇이든지] 불러오고, 조작하고, 연결하고, 확인하고, 지운다.

전 지구적으로 구축된 네트워크 덕분에 지표면의 무수한 지점들이 독서실로 바뀐다. 이는 하이데거가 '지금-여기에-있는-진리저장소에서 존재의 기호를 수집하는 것'이라고 불렀던 바의 독서가 실제로 존재한다는 것을 전제하더라도 그렇다. 물론 하이데거는 진정한 세계독서실은 오직 두 개 밖에 없다고 하는, 즉 하나는 소크라테스 이전의 사상가들(내지 아리스토텔레스)이요, 다른 하나는 프라이부르크-토트나우베르크(Freiburg-Todtnauberg)[3]라고 하는 기이한 생각을 가졌지만, — 이에 대해 우리는 하이데거가 이러한 점 말고도 다른 점에서도 별로 후계자를 찾지 못했다는 언급으로써 만족하고자 한다. [존재의 기호를] 모으는 가장 중요한 것이 언어라고 하는 그의 생각 역시, 오늘날의 이토록 명백한 멀티미디어 세계 앞에서는 더 이상 지지되지 못한다.

(공간의 "혁명"이라 칭해지는) 근대의 공간 압축은 고대 그리스에서 동방의 자음 문자에 모음을 덧붙임으로써 이루어졌던 것과 같은, 문화적 분기점을 지속적으로 낳는다. 맥루한(McLuhan), 구디(Goody), 헤이블록(Havelock) 등이 지적했듯이, 고대 유럽의 인본주의적인 독자(讀者)-주관성(Leser-Subjektivität)은 오

---

3) [역자 주] 더 정확하게 말하면 이곳은 프라이부르크 시를 둘러싸고 있는 슈바르츠발트(Schwarzwald)의 토트나우베르크에 하이데거가 그의 철학적 사색을 위한 공간을 지어놓고 말년까지 지냈던 산장을 가리킨다. 프라이부르크대학교 총장직을 맡은 시기를 전후하여(그의 스승 에드문트 후설이 쫓겨난 것도 이 시기다) 하이데거가 젊은 나치 이데올로그들을 모아 캠프파이어를 하고 횔덜린의 시를 낭송하면서 '웅혼한 게르만 청년의 영웅심'을 고취시킨 것도 이 토트나우베르크에서의 일이었다.

로지 그리스 문자의 발생을 통해서만 발전될 수 있었는데, 이러한 주관성이 지니는 뚜렷한 특징은 바로 "텍스트와 관계"할 수 있는 능력, 다시 말해 [실제의] 상황에 의지하지 않고서도 의미를 이해할 수 있는 능력에 있었다. 그리스의 시문학과 산문은 다른 문화권에서는 다만 잠재적인 채로만 남아 있던 인간 지성의 능력, 즉 인간들과 사물들과 성좌들을 그것들이 [눈앞에] 없이도 표상할 수 있는 능력을 표출한다. 문자로 기록된 텍스트 덕분에 인간의 지성은 정도의 차이는 있을지언정 어쨌든 하나의 상황을 이해하는 데에서는 반드시 그 '상황-안에-머물러야(In-Situ-Aufhalt)' 한다는 강제성에서 해방된다. 다시 말해: 하나의 상황을 인식적으로 다루기 위해서는, 나는 더 이상 그 상황의 참여자로서 그 속에 빠져들거나 이러저러한 방식으로 그 상황과 함께 섞여서는 안 되거니와, 텍스트에 있는 그 상황에 대한 서술을 읽는 것으로 충분하다. — 이때 나는 마음대로 내가 [지금] 있는 그대로 있을 수 있고, 내가 원하는 것을 연상해낼 수 있다. 문자로 인한 이러한 역사적 분기점이 이루어진 이후에 세계-내-존재는 '체험된 상황들'과 '표상된 상황들'로 분명하게 나뉜다. — 좀더 정확하게 말하자면, 표상된 상황들은 그것의 문자화 덕분에, '상황-안에-있음을-통한-이해(Verstehen-durch-in-der-Situation-Sein)'가 행사했던 독점으로부터 뿌리쳐 나올 수 있다. [즉] 그리스 문자와 더불어 의미의 탈콘텍스트화라는 모험이 시작되는 것이다; 19세기에 매체의 전환이 있기까지는 유럽의 모든 고등 문화는 — 음악과 그림의 특별한 발전을 일단 논외로 한다면 — 바로 문자 문화였다는 것, 즉 부재(不在)하는 것의 시뮬레이션(Simulation von Abwesendem)이었다는 것을 염두에 두고 있다면, 이러한 탈콘텍스트화의 모험이 무엇을 의미하는지를 명확하게 인식할 수 있을 것이다. 여기에는 관료주의와 제국 서사시의 정신에서 나온 정치가 상응했다.

고대 유럽의 문자화는 바로 근대적 공간 압축의 전사(前史)에 속한다. 왜냐하면 그것은 콘텍스트에 대한 텍스트의 저항, 즉 생생하게 체험된 상황으로부터 의미가 이탈하는 것을 가능케 했기 때문이다. 문자화는 탈콘텍스트화하는 사유(일반적으로 '읽음(Lesen)'이라고 불리는)를 훈련하기 때문에, 그것은 실제 상황에 반드시 참여해야 한다는 강제에서 지성을 해방시키며, 또한 무한하게 넓은 '[직접적인] 상황-안에-있지-않은-세계들(Nicht-In-Situ-Welten)'을 지성에 대해 열어놓는다. 그것은 이론적 인간(der theoretische Mensch)을 낳으며, — 이를 니체는 소크라테스를 빗대면서 공박하였다. 이 막강한 관찰자, 이 절대자의 후예는 바로 문자성의 대표자로서, 그는 자신의 실제적 삶의 그 어떤 처지에 있든 간에 그것과 원칙적으로 다른 곳에 가 있다. 심지어 자신이 죽는 순간에도 이 현자는 마치 자신이 그 광경을 이미 어떤 곳에서 읽었다는 듯이 행동한다; 더욱이 소크라테스는 죽음이 자신을 데려다줄 곳에 이미 가 있다고까지, 즉 다른 무대에, 영원한 형상들의 장소에, 불멸의 문자들이 사는 고향에 가 있다고까지 사칭한다. 소크라테스가 단연 뛰어나게 유럽 지혜의 영웅으로 될 수 있었던 것은, 그가 현존하는 것(das Anwesende)의 권위를 줄곧 거절하면서 살았기 때문이다; 그는 무엇보다도 수사가들과 정치가들 그리고 수다꾼들을 곧이곧대로 믿고 그들에 의해 조작되던 상황들 속으로 말려들어 가리라는 기대를 거절한다. 그는 스스로를 관념적인 환경들 속에서 재콘텍스트화[탈콘텍스트화]하기 위해, 현존하는 모든 상황들, 자신을 빨아들이려는 모든 상황들로부터 "빠져나오는(aussteigen)" 지성의 제일 증인이다. '지성의, 눈앞의 상황들과의 단절' 더하기 '이상적 상황들 속으로의 재이주'라는 이러한 이중적인 활동이 플라톤 이래로 철학이라고 불린다. 철학이 자신의 자취를 남길 때, 사람들은 삶에 대한 '읽으면서 맺는 관계'와 '같이 하면서 맺는 관계' 중에서 하나를 결정해야 했다.4)

유럽의 이 같은 가장 거대한 해방 운동에서 초래되는 결과는, 이미 고대에서도 반지성적인 복고 운동이 일어났다는 데에서 읽어낼 수 있는데, 이 운동은 [눈앞의 현실로부터] 떨어져 있는 표상의 공간에서 떠돌아다니는 그릇된 자유에 대한 저항이었다. 우물에 빠진 철학자 탈레스에 대한 트라키아인 하녀의 비웃음뿐 아니라 바리새인들에 대한 예수의 비난 역시 '읽혀지는 것(das Gelesene)'에 대한 [생동하는 삶으로] '살아지는 것(das Gelebte)'의 이러한 반동에 속한다. 스토아학파 이후로 고대 지혜의 스승들은 무엇보다도 이 [생동하는 삶으로] '살아지는 것'

4) 에드문트 후설이 1907년 1월 12일자로 후고 폰 호프만슈탈에게 보낸 편지를 참조할 것: 여기에서는 예술과 현상학의 동맹 서약을 볼 수 있는데, 이 서약의 근거는 예술과 현상학이 공히 "순수 미적인" 봄과 "순수 철학적인" 정신적 태도에 대한 열정을 지니고 있으며(이 "순수(한)"라는 단어는 세 쪽에 걸쳐서 열세 번 등장한다), 또한 공히 삶에서의 편견을 배격한다는 것에 있다.

과의 재연결을 갈구하는 소망에 의해 동기를 부여받고 있다; 디오게네스는 물체화될 수 있는 것(das Verkörperbare)[신체화될 수 있는 것, 구체적인 것]을 향한 결코 우스꽝스럽지 않은 복귀를 대변하는 우스꽝스러운 영웅이다.

이러한 경향들은 상황-안[에-있어야-함의]-원칙(In-Situ-Prinzip)의 최초의 복원이라고 부를 만하다. — 즉, 이 경향들은 관찰의 주체인 지성을 주어져 있는 [생생한] 상황으로부터 (단지 명목상으로든 또는 실질적으로든) 과도하게 분리해버리는 것에 맞서는, 참여하는 감각(Teilhabe-Sinn)의 저항을 표명하고 있다. 따라서 디오게네스와 예수, 그리고 트라키아인 하녀는 — 적어도 사는 것보다 읽는 것을 선호하는 자의 눈으로 볼 때는 — 그야말로 그 단어의 의미에 정확하게 일치하는 반동분자들이다. 스토아와 에피쿠로스학파와 마찬가지로, 이 세 인물은 [자신들에게 붙여진 '반동분자'라는, 즉 오늘날 한국에서 곧잘 사용되는 표현으로 하자면 "삐딱이"라는 : 역자] 이러한 호칭에 매우 만족할 것이다. — 아마도 그들은 삶은 언제나 끊임없이 원초적인 자기 충동 그리고 때때로는 반동이어야만 한다고, 즉 기형화하는 강제들에 대한 순수한 거역(Dagegen)이자 부당한 압축에 맞선 순수한 저항이어야 한다고 말함으로써 자신들의 입장을 천명할 것이다. 하녀들의 말로 하자면[소박하고 단순화된 표현을 쓰자면]: 우리는 그 어느 것에도 만족할 수 없다; 그리고 좌파의 표어로 말하자면: "저항하지 않는 자는 잘못 사는 자다(Wer sich nicht wehrt, lebt verkehrt)." 예로부터 그러한 "반동적" 충동들은 언제나 새로운 모습을 띠고 시대들을 관통한다; 그 충동들은 초기 사회주의자들, 상황주의자들, 공동체주의자들 그리고 집단 요법치료사들(Gruppentherapeuten)에게서 다시 도래한다. 그것들은 이론적 공론에만 머무는 방관자들에 대한 생기론자들(Vitalisten)의 비판에서 다시 메아리친다. 이 반동적 충동은 아마도 오디오 문화에 대해, 그것은 책에 의해 강탈당했던 권리를 총체적이고 비직선적인 지각에게 되돌려준다고 한, 마셜 맥루한의 찬사에서 그 최고의 지적인 단계에 이르렀을 것이다; 이에 대해 모리스 블랑쇼(Maurice Blanchot)의 책-낭만주의적(buch-romantisch) 명제는 문학은 어떤 "총체적 경험"에 이르는 잠재력을 그 속에 지니고 있다고 응답한다. 블랑쇼의 이러한 입장은 바로 그것이 지닌 부조리한 경향을 통해 설명된다: 그것은 생생하게 체험된 상황들의 전체주의를 해체하는 것이 바로 읽는 행위의 본성에 놓여 있다는 점을 잊도록 만들고자 함으로써 총체적 힘으로서의 독서를 칭송한다.[5)]

오늘날의 사고에서 이와 견줄 만한 수정 운동(Korrekturbewegung)은 주로 위축된 공간의 문제와 관련해서 이루어지고 있다. 이제 [텍스트에서] 콘텍스트로의 거대한 복귀는 수동적 연대(passive Solidarität)로서의 "자리에 듦(Einbettung)"에 대한 다양한 반성에서 나타난다. [지점들 사이의 공간적] 거리가 오로지 극복되기만을 위해 현존하는 것처럼 보이기 시작한 뒤로; 지역의 문화가 오로지 다른 전통들과 혼합되기 위해서만 존

---

5) Maurice Blanchot, *Le livre à venir*, Paris 1959.

재하기 시작한 뒤로; 지구의 모든 표면들이 오로지 지리학적 지도와 항공 사진상의 멋들어진 각종 부호와 약호에 상응하는 부동의 대응물만을 의미하기 시작한 뒤로; 공간이 그저 전자기기로 작동되는 두 작업장 사이에 있는 무(無)[아무것도 아닌 것]만을 의미하기 시작한 뒤로—이러한 추이에 맞서는 저항이 선택하게 될 노선은 이미 예견될 수 있다: 즉, 현존의 문화(Präsenzkultur)가 그것의 권리를 상기시켜야[되찾아야] 하는 것이다. 연장된 것의 체험은 언젠가는 반드시 압축, 축약 그리고 개괄의 작용에 맞서는 저항으로 된다. 제아무리 탈콘텍스트화된 의미라고 해도, 그것은—아무런 구속력도 없는 추상 작용 속에서 완전히 해체되지 않기 위해서는—"최종 심급에서 보면" 이미 오래전부터 건너뛸 수 없는 하나의 상황에 계속 종속되어 있다. 이와 마찬가지로 응축된 공간 또한—그것마저 제거됨으로써 완전히 소멸되지 않기 위해서는—자연산(自然産)의 연장 체험(Ausdehnungserlebnisse)에 연결되어야만 한다. 오늘날 이러한 통찰은 보편주의(Universalismus)와 원격 기계(Tele-Maschinen)의 탈콘텍스트화하는 경향에 맞서 지역적인 것에 대한 상기를 옹호하는 이들에 의해 관철되고 있다.

공간에 대한 새로운 사고는 곧 수축된 세계에 맞서는 봉기다. 장소적 연장(örtliche Ausdehnung)의 발견은 바로 느림의 발견과 어우러진다. 만약 우리가 고유한 현존재를 '십만 분의 일' 또는 '천만 분의 일'이라는 척도로 축소해버리는 것을 돌연 그만둔다면 어떻게 될까? 만약 우리가 지도에서 연장된 삶을 읽는

법을 갑자기 배운다면?[6] 만약 우리가 시간 숭배(Chronolatrie)에서 깨어나 친장소적인(topophil) 감각들로 돌아간다면? 다시금 몇몇 뻔뻔스런 장사치들을 사원에서 추방해야 할 때가 아닌가?

하지만 우리는 장사치들이 물러난 뒤에는 장소의 순수한 목소리를 들을 수 있다고 과연 확신할 수 있을까? 지역적인 것을 다시 강조하는 것에는 모종의 위험 요소가 숨어 있다. 왜냐하면 "지역적"이라는 표현은 (그들이 보기에 정치적 선언을 위한 천연 원료를 제공해주는) 혼란을 [신문] 사설로 가공하는 저널리스트들과 사회학자들의 언어 게임에서 가장 흔히 곡해되고 있는 어휘에 속하기 때문이다. 공간에 대한 "반동적인" 사유 또한 잘 숙지되어야 한다. "지역적(lokal)"이라는 단어는 일상적으로는 "전 지구적(global)" 또는 "보편적(universal)"의 반대말로 사용된다. — 이 경우 전 지구적 / 지역적이라는 단어 쌍은 동질적(homogen)이고 지속적인 공간의 동일한 질서에 속하는 것으로 여겨진다. 동질적 공간들은 등가치를 지닌 점들 및 직선을 통한 그 점들의 연결 가능성에 의해 규정된다. 이러한 공간 개념에 의거해서 다음과 같은 명제가 성립된다: "보편적인 것은 벽이 없는 지역적인 것이다(The universal is the local without walls)."[7] — 이는 비록 귀에 쏙쏙 들어오기는 하지만 더 이상

---

6) Karl Schlögel, *Im Raume lesen wir die Zeit. Über Zivilisations- geschichte und Geopolitik*, München / Wien 2003. 이 책은 새로운 지리 문화 내지 역사적인 실존지형학의 핵심적 저작으로서 읽혀야 한다.

7) Miguel Torga, *The Creation of the World* 에 나오는 위의 본문의 글귀는 T.

그릇될 수 없는 주장이다. 이 주장은 [한편으로는 분명] 호감을 끈다. 왜냐하면 그것은 세계를 여러 지역 거주지의 총괄 개념으로 규정하기 때문이다.— 즉, 보편성이란 존재하지 않으며, 다만 지역 간의 관계만이 존재할 뿐이다; [하지만 다른 한편으로] 이 주장은 어떤 [좋지 않은] 징후를 안고 있다. 왜냐하면 그것은 글로벌 시대에 실존이 처한 공간적 상태가 말해지는 경우에는 언제나 만나게 되는, 속수무책의 '상식(common sense)'을 표현하기 때문이다; 그리고 이 주장은 나이브하다. 왜냐하면 그것은 그 어떤 대칭도 존재할 수 없는 곳에 하나의 대칭이 있다고 여기며, 아무런 벽도 없는 곳에서 벽을 허물기 때문이다. 세계사회학자 롤랜드 로버트슨(Roland Robertson)에 의해 인기어가 된 '지구지역적(glocal)', '지구지역화하다(glocalize)', '지구지역화(glocalization)'라는 합성어들도 그와 같은 유형의 것이다.[8)]즉, 이 신조어들 또한 현금의 세계화 담론에 잠복해 있는 기만적 요소들을 반영하고 있다.

단적으로 말해, 이때 저질러지는 오류는 바로 지역적인 것(das Lokale)과 전 지구적인 것(das Globale)을 마치 점과 면처

N. Harper, Empire, Diaspora and the Languages of Globalism, 1850-1914, in: *Globalization and World History*, ed. by A. G. Hopkins, London 2002, 141쪽에서 따왔다.

8) Roland Robertson, *Globalization. Social Theory and Global Culture*, London/New York/New Delhi 1992, 193쪽 참조. 로버트슨에 따르면 이 표현들은 "도차쿠카"[역자 주: 土着化. 문맥에 따라 "glocalization"을 의미한다고도 함]라는 일본어를 본떠 만들어진 것인데, 이 단어는 세계 시장을 위한 일본 제품들은 소비가 이루어지는 장소에서의 모든 관계에 맞도록 만들어져야 한다는 생각을 거의 재현한다.

럼 서로 연관짓는 데에 있다. 이렇게 되면 지역적인 것은 불가피하게 마치 그것이 전 지구적인 것과 이미 근본적으로는 동종(同種)의 것인 양, 그리고 이 점을 단지 아직 제대로 파악되지 못했을 뿐인 것처럼 여겨지게 된다. 지역적인 것은 규칙적인 수정격자(水晶格子. Raumgitter) 안의 한 부위인 듯이 생각되며, 마치 어떤 다국적 기업의 지점이 기반을 잡은 조용한 촌구석인 듯이 말해진다. 만약 여기에서 경영자들이 토착민들에게 그들이 왜 이곳에 왔는지를 설명하고, 또한 낯선 사람들을 받아들이는 것이 그다지 해로운 일이 아니라고 현지인들이 수긍한다면, — 시간이 조금 흐르고 나면 '우리'와 '저기 있는 사람들' 사이의 연합이 이루어지고, 큰 것은 작은 것에서 또한 역으로 작은 것은 큰 것에서 안식처를 얻을 것이다. 그런데 여기에서는 낯선 자들과 토착인들 사이의 관계가 하나의 동질적인 장소 공간에서 이루어지고, 또 거기서는 [그들 간의] 지위가 원칙적으로 역전될 수 있다는 것이 전제되지만, 이는 아직 증명되지 않았다.

"지역적"이라는 말의 진정한 의미는 바로 엄청나게 많은 함축을 지닌 '비대칭적인 것'을 강조하는 데에 있다. 이는 적지 않은 영향력을 지니는 정신적 사건이다. 왜냐하면 장소에 대한 이러한 강조를 통해서는 바로 응축되지 않은 것(Nicht-koprimierte)과 축약되지 않은 것(Nicht-Abgekürzte)을 위한 하나의 언어가 예고되기 때문이다. 지역적인 것에 대한 강조는 — 공간의 탈콘텍스트화, 압축, 지도화, 중성화의 진척에 대항하여 — '자기-안에서-연장된 것(das In-Sich-Ausgedehnte)'의 고유한 권리를 관철시킨다.

[이러한] 지역주의를 통해서는 실존주의가 공간 분석적으로(raumalaytisch) 다시 정식화된다. 이제 지역주의는 스스로를 공간화하는 힘으로서의 현존재가 원래 어떤 것이었는지를 더욱더 명확하게 말할 수 있다. 그것은 현존재가 바로 '자리에 들어 있음(Eingebettetsein)'을 통해 규정된다는 점이 실제로는 오래전부터 불가항력의 엄청난 위력을 행사하고 있다는 사실과 그 이유를 상세하게 표명할 수 있다. 바로 여기에서 참여(Partizipation), 상황의존성(Situiertheit) 및 '들어가 몸담고 삶(Einwohnung)'이라는 보편적 논리가 생겨난다. 축약되지 않은 연장됨, 연결됨, 귀속됨이 없이는 그 어떤 현존재도 있을 수 없다는 사실이 여기에서 분명하게 드러난다.—'자리에 듦(Einbettung)'의 의미가 어떤 정신 이상(Psychose)으로 인해 손상되거나 끊임없는 도피를 통해 교란되지 않았다면 말이다.(하지만 심지어는 정신 이상마저도 어떤 야만적인 집짓기가 아닌가? 그리고 도피 또한 어떤 의미에서는 공간을 만드는 것이 아닌가?) 들어가 몸담고 사는 세계 관계에는—20세기의 위대한 공간 사상가들이 이것을 지적하였다—실내 장식을 만드는 행위, (하이데거적 의미에서) '간격을 없애는 실천(ent-fernende Praxis)' 그리고 (슈미츠적 의미에서) '울타리를 두르는 경작(befriedende Kultivierung)'이 언제나 이미 연결되어 있다.[9] 누군가가 사는 곳에서는 여러 사물들과 사태들, 공생자(共生者)들 그리고 인격체들이 지역적인 연대 체계(Solidarsystem)로 통합되어 있다. 거주하는 행위는 오랫동안 장소에 충실한 실천

9) Martin Heidegger, *Sein und Zeit*, Tübingen 1968 참조.

(Praxis der Ortstreue über lange Zeit)을 기획한다. — 그 밖에도 이는 특히 거의 규칙적으로 같은 장소들을 찾아나서는 유목민들의 경우에도 해당된다; 거주의 행위는 반복 가능한 몸동작과 인식을 통해 하나의 면역 체계를 만들어낸다; 그것은 성공적인 습관화에 의한 '짐-벗어-있음(das Entlastet-Sein)'을 분명한 과업들(deutliche Aufgaben)을 통한 '짐-지고-있음(das Belastet-Sein)'과 연결시킨다.

바로 이 때문에, 들어가 몸담고 사는 행위는 곧 비대칭성의 어머니다. 우리가 배우고, 다른 사람의 역할을 이어 맡음으로써 "사회화"된다고 주장한다는 점에서, 사회학자들의 생각은 옳을 수 있다; 이 말은 강탈도 구매도 하지 않고 다른 사람의 집을 넘겨받는다는 뜻이 아니다. 다른 사람의 피부 안에 있는 장소는 대여될 수 없다. '들어가 몸담고 사는 것'은 바로 내가 오로지 '나'와 '나의 사람들'에서만 할 수 있으며, 다른 사람이 오로지 '그'와 '그의 사람들'에서만 할 수 있는 것으로서 드러난다. — 양면 대칭으로 된 신체의 왼손과 오른손처럼, 위치들은 존재론적으로 뒤바뀔 수 없는 것이다. 어떤 경우에든 우리는 '시노이키스모스(synoikismós)', 즉 주거 공동체(Wohngemeinschaft)나 '코이노스 비오스(kóinos bíos)', 즉 공동 생활(Zusammenleben)을 결심할 수 있다. 그러한 함께 삶을 통해서는 공동 경작의 새로운 아궁이가 생겨나는데, 이 아궁이의 충만함과 다툼에서부터 타인들은 제외된다; 이들과도 또한 장소 교환은 다시금 불가능하다. 더 높은 단계의 주거 공동체들만이 우리를 다른 타인들과 다시 통합시킬 수 있을 것이다. — 그러나 그러한 종합(통합)들은 어떤 특정한 크기의 저편에서 단지 수사학적이고 법학적인 형태에 지나지 않을 것이다. 기초적인 라운지-연대성(Foyer-Solidarität)은 — 만약 이렇게 불러도 된다면 — '우리'를 말할 수 있는 능력의 기본 층위(Grundschicht)다. 이 ['우리'라는] 대명사는 어떤 집단적 객체(Gruppenobjekt)를 부르는 호칭이 아니라, 자기 촉발과 자기공간화를 통해 스스로를 구성하는 공동체의 수행적 현실화(performative Aktualisierung)다. 이 대명사는 이방인들을 알게 됨으로써 이루어지는 다지역적 연대를 배제하지 않는다. — (쌍방간에 축복을 담합하지 않는 한에서의) 기독교의 교회와 불교의 승가(僧家. sangha)는 먼 곳에 대한 주목과 소수인들의 응집력으로서의 사랑이 일종의 '연장된 것(res extensa)'을 형성하고 있음을 매우 잘 증명해준다. 물론 그것 말고도 원격-감수성(Tele-Sentimentalität), 시대별로 등장하는 히스테리의 변종들, '우리'를 참칭하는 의상(Wir-Kostüm)과 불화를 이루는 기획적 연대성(projektive Solidarität)도 존재한다.

'들어가 몸담고 사는' 이는 자신의 집과 그 집을 둘러싼 주위 환경 및 그 공동 구성 요소들을 결코 지도제작자나 토지측량가의 눈으로 대하지 않는다. 지리학자도 일단 집에 돌아오면 측량하고 축소하기를 그만둔다. 그는 자기 자신을 일 대 일의 척도로 그 자신이 살고 있는 것 속으로 기투한다(entwerfen). '들어가 몸담고 사는 것'은 자신의 고유한 상황에 수동적으로 참여해 있는 것, 즉 그 상황의 혼연하고 뚜렷한 연장성(Ausgedehntheit)을 기꺼이 받아들이고 함께 산출하는 것이다; 그것은 지역의 충만함(Pleroma)에 참여하는 것이며, 또한 그 충만함에 자기 스스로가 포함되어 있음을 보는 것이다. 그것은 어떤 척도에 준해서 축소되어서도, 특정한 척도를 넘어 확장되어서도 안 되는 것이다.

'들어와 자리하고 있는(einbettend)' 상황들의 연장성(Ausgedehntheit) — 우리는 이를 즉각 이해한다 — 은 지속적으로 영향을 미치고 있는 것의 자연적인 공조자(der natürliche Komplice des Nachhaltigen)다. 바로 이러한 연장성에서 경작[문명화, 도야, 교화]이 비롯되거니와, 이는 하나의 사태에서 이루어지는 반복과 감내 없이는 가질 수 없는 것이다. 물론 우리는 이사해서 새로 집을 꾸밀 수 있고, 이혼하고 또다시 재혼할 수 있으며, 이민을 가서 다른 곳에 귀화할 수 있다. 근(현)대인들은 이 모든 것을 고대인들보다 더 자주 행한다.

그러나 근본적인 관계는 새로운 상황들에서도 다시 도래한다. — 우리는 하나의 특정한 지점에 발을 딛고 있으며 연장되어 있다. 횔덜린의 직관은 '상황-안-원칙'을 가장 분명하게 표명한 바 있다: "인간은 대지 위에서 시적으로 산다(dichterisch wohnet der Mensch auf der Erde)"; 메를로-퐁티는 현존재는 세계를 자기 안에 품으면서(welthaltig) 또한 세계를 여는(weltöffnend) 풍만함(Voluminosität) 속에 확고히 자리잡고 있다는 것을 다음과 같은 말로 설명했다: "몸은 공간 속에 [그냥] 존재하는 것이 아니다. 몸은 공간 속에 들어가 사는 것이다(Der Leib ist nicht im Raum, er wohnt ihm ein)"[10] : 하이데거는 '세계-내-존재(In-der-Welt-Sein)'를 분석하는 가운데 다음과 같이 말했다: "현존재 속에는 가까움을 지향하는 본질적인 경향이 있다."[11] 이러한 모든 이론들은 하나의 공간 이론적 시각에서 일치하고 있다: 그것들은 현존재란 바로 응축될 수 없는 것 속에 머무는 것임을 의미한다고 언명한다. 이러한 시적인 거주는 즉흥시를 포함한다. — 제아무리 끊임없이 자리를 이동하는 사람도 그 도중에는 '거주(das Wohnen)'라는 행태를 형성하지 않을 수 없다. 심리학자들은 이동을 많이 하는 이들에서 일종의 '이동식 보금자리 만들기(mobiles Cocooning)'라고 해석될 수 있는 행동 유형을 고찰한 바 있다; 이를 대표하는 모델들은 유목민들에게서 발견된다. 왜냐하면 유목민들은, 예쁘게 표현하자면 바로 이동하는 것이 집에 있는 것이기 때문이며, 또는 덜 예쁜 말로 표현하자면 바로 탈영역화(Deterritorialisierung) 그 자체에서 자신의 영역을 다시 찾기 때문이다.[12] 이는 다른 방식으로 말하자면, 유목 문화는 사회적 진화의 과정에서 출현했던 체계들 중에서 가장 보수적이고, "가장 집에 있기 좋아하고", 가장 폐쇄적인 것을 형성한다는 것이다.

따라서 모든 신분적인 것과 정지해 있는 것이 사라진다는 마

---

10) Maurice Merleau-Ponty, *Phänomenologie der Wahrnehmung*, Berlin 1966, 169쪽 이하.
11) M. Heidegger, *Sein und Zeit*, 105쪽.
12) Gilles Deleuze/Félix Guattari, *Tausend Plateaus*, Berlin 1992.

르크스와 엥겔스의 주장은 틀렸다. 자본에 의한 엄청난 유동화(Mobilmachung)도 해체(Liquidierung)에 저항하는 많은 것들을 그대로 둘 수밖에 없다; 그것은 지역 문화를 해외 송금을 통해서 옮겨놓을 수 없다; 그것은 번식의 과정을 약간 수정할 수는 있겠지만, 그 자체를 대체하지는 못한다. 이와 마찬가지로 모든 연장된 것이 응축에 의해 사라진다는 것도 틀린 말이다. 무엇보다도 구석구석까지 세세하게 항목화되어 있는 완고한 근대적 법체계는 언제나 보수적 세계 관행의 극히 드문 차변 항목(Aktivposten)을 제공해줄 것이다. 오히려 마르크스와 무공간성을 주장하는 현대의 소피스트들이 내놓은 명제는, 자본주의적 세계 밀착(Weltverdichtung)이 수많은 오만한 과장 속에서 반영되고 있음을 증명하거니와, 우리는 그러한 과장이 계속해서 받아들여질 만한 것으로 여겨지리라고 기대해서는 안 된다. "전 지구화"는 그것의 본색을 완전히 숨기고 있는 바, 그것은 도깨비불로 치장하고 있는 의미론적 장소다; 그것은 세계의 진행(Weltlauf)에 관한 끊임없는 주장들을 위한 저장소로서 기능한다; "전 지구화"는 그것의 복합적인 실질 경영 말고도 가정용과 국가용의 여러 성급한 환상들과 공포들에 입각한 상부 구조를 산출해냈다. — 그 대부분은 하늘을 나는 꿈의 사회학적 버전들, 일자리와 몸무게의 상실에 대한 두렵고도 자극적인 상들이다. 그것들은 장소 관할권의 평가절하를 가져오며, 침범과 외세 개입을 포고한다. 하지만 그것들은 무엇보다도 대부분의 것을 더 좋고 더 싸게 만드는 데 전혀 거리낌이 없는, 보이지 않는 자들과 경쟁하지 않을 수 없다는 부득이성을 들먹인다. — 이들은 서

유럽 산 틀니를 반값에 대체해버리는, 헝가리와 폴란드의 저 파렴치한 치과 의사들과도 같다.

시간의 유익함을 즐기는 정치적 출판업자들은 대중의 머리 위에 용들을 날게 하며, 사람들은 머리를 뒤로 제치고 한동안 황홀하게 그 용들을 바라본다. [하지만] 친숙한 환영들과 과장들을 실제의 크기로 되돌리면, 전혀 다른 말을 하는 구조들이 시야에 들어온다. "세계화"라는, 먼 곳만을 미친 듯이 찾아헤매는 정신착란(Ferne-Delirium)의 한가운데서도 대다수의 거래와 업무들은 불가피하게 장소적이다. 전화 통화에서 시내 통화는 불가피하게 시외 통화를 압도하며, 비록 반드시 얼굴을 맞대는 상황(Face-to-Face-Situationen)에서는 아니더라도, 대다수의 거래들은 지역에서 그리고 이웃간에 일어난다; 전 세계적으로 가장 큰 비중을 차지하는 독일의 수출 경제마저도 그 주된 거래는 유럽연합에 있는 파트너들과 더불어 이루어지며, 가장 활발한 거래는 바로 옆에 울타리가 있는 프랑스나 네덜란드와 더불어 이루어진다. 그리고 엄청난 규모의 유조선과 컨테이너 선박들이 보여주듯이, 자금 시장의 투기적 기업들에 관해 침묵하기에는 현물들의 원거리 무역이 제아무리 현실의 압도적인 비중을 차지한다 하더라도, 실제의 상품들을 사고파는 대부분의 행위들은 확장된 주간 시장(Wochenmarkt)에서 이루어지는 거래로 남아 있다. 이것이 없다면 경쟁은 많은 분야에서 단지 하나의 뜬소문에 지나지 않을 것이다. 실질 경제의 영혼을 이루는 것은 내부의 수요다; 잘 알려진 사례를 들자면, 미국의 자동차 산업은 오래전부터 그들의 생산품을 국외에서 판매하려는 시도를 더 이상 하지 않는다. 프랑스인들의 다수는 — 그들이 세계화(mondialisation)를 말하든 지구화(globalization)를 말하든 상관없이, 그리고 그들이 주권 국민이든 대서양 연안 시민이든 간에 — 언제나 자기 땅 안에서 휴가를 보낸다.

그럼에도 이러한 언급들은 지역주의(Lokalismus)의 의미를 단지 간접적으로만 건드릴 뿐이다. 왜냐하면 지역화의 결정적인 차원들은 '세계 시장 대 지역 시장' 또는 '시골 대 대도시'와 같은 대립 관계를 통해서는 완전하게 해명되지 않기 때문이다. 삶을 통해 체험된 연장성은 이웃간이든 바다를 건너서든 양도나 매각될 수 있는 생산품이 아니다. 도시와 시골이라는 대립 관계 또한 '장소에-있는-존재(Sein-Am-Ort)'의 실존 위상적(existentialtopologisch) 의미에 대해서는 아무런 역할도 못한다. 예컨대 — 독자들에게 가장 생생한 실례를 들자면 — 번식이라는 과정에 대해 우리는 '지역적'이라는 술어를 결코 박탈할 수 없다; 번식의 과정은 그것의 고유한 공간적 법칙들에 의거한다. 즉, 그것은 어머니의 배가 불러지는 것에서 시작하거니와, 이 배불러짐은 세계화에 반대하는 이들의 언명 속에서도, 신자유주의자들(Neoliberalen)의 언명 속에서도 결코 제대로 재현될 수 없는 것이다. [어머니의 자궁이라는] 최초의 적소(適所. Nische)에서 이루어지는, 본의 아닌 은근한 침입성의 거주는 방문자와 주인 사이의 그 어떤 대칭 관계도 표현하지 않는다. 어린아이 때부터 볼 때 그러한 거주는, 만약 그 아이가 후일 독재자가 되어야 했다면, 그가 자신의 삶에서 시작한 가장 일방적인(einseitig) 작용이다. 그럼에도 불구하고 그것이 축하받을 것으로 불릴 수 있다는 사실은 비대칭성 — 바로 이것이 삶이다 — 이 지니는 긴장력(Spannkraft)을 증명해준다.

생물학적 번식에 바로 이어지는 아이들의 성장과 교육, 문화의 전수 및 수용 세대에 의한 유산의 상속이 응축될 수 없는 것에 대한 가장 강력한 패러다임을 제공해주거니와, 이 응축 불가능한 것은 끊임없이 비대칭적인 과정들 속에서 전개된다. 삶을 배운다는 것은 바로 장소에 있는 것을 배운다는 것을 뜻한다; 장소들은 본질적으로 단축될 수 없는 둥근 구면(球面)의 영역으로서, 이러한 영역은 떨어져나가 먼 곳에 있는 사물들로 둘러싸여 있다.[13] 세계-내-존재는 그것[세계-내-존재] 자신의 힘만으로는 그 속에 자리하고 있을 수 없는 모든 것을 제외하는 것(Weglassen)을 언제나 특징으로 지닌다. 따라서 현존재의 학교는 연장을 배우는 것을 함축하는 바, 이는 곧 응축될 수 없는 공

---

13) 동물의 세계 궁핍(Weltarmut)에 대한 하이데거의 언급에 따르면, 동물은 주저함을 없애는(enthemmend)(즉, 행동을 촉발시키는) 커다란 테두리로 둘러싸여 있다; 이에 반해 "세계를 형성하면서(weltbildend)" 존재하는 인간에 대해서는, 그는 그가 스스로로부터 말미암도록 허용하는 사물들과 관계들의 고리로 둘러싸여 있다고 전한다: 이렇게 세계를 형성하는 과정에서는 미약한 제외(weiche Exklusion)가, 즉 '자기 것이 아닌 것을 가져와서 자기 속으로 품음(Nicht-eigens-Herholen-und-Einschließen)'을 통한 배제가 결과한다. 이렇게 무구하게 밖에 있는 것을 밖에 있도록 하는 것이 언제나 인간의 세계 소유와 타자에 의한 피소유의 근본 특징으로 남아 있다는 것은 굳이 말할 필요가 없다. 니클라스 루만은 이를 자기 나름의 방식으로 표현하고 있다: "··· 처음에는 세계는 동시적으로 — 그리고 바로 그 때문에 제어 불가능하게 — 일어나는 것의 황야다 ···." Niklas Luhmann, *Die Gesellschaft der Gesellschaft*, Frankfurt a. M. 1998, 527쪽.

간-시간의 구조 속에서 항해하는 것을 뜻한다. 현존재의 학교는 그 출발점에서 수만 가지의 의미론적 장소들로 이루어져 있는 모국어의 어휘들을 알게 해준다. 이 의미론적 장소들에서 우리는 그 어떤 지점도 소홀히 해서도, 그 어떤 글자도 지워서는 안 된다. 지금까지 언어학에서는 너무나도 간과되어온 것이 있는데, 그것은 어휘 사전들은 일정 정도에서는 어떤 주어진 문화 속에 포함된 사물들에 대한 주소록이라는 점과, 구문론들은 상징적인 장소에서 이루어지는 행위자들과 사물들의 모임을 위한 집회 규정들을 내용으로 한다는 점이다.

번식과 어린아이 기르기를 고찰하는 가운데, 세대 간의 모든 성공적인 과정 내지 "전수"에는 전달의 비대칭성(Übermittlungs-asymetrie)이 있음이 뚜렷하게 눈에 띈다. 문화적 지식의 전수에서 어린아이들이 [전수]받는 편(die nehmende Seite)으로서 행동할 것이라 기대하지 않았던 문화는 지금까지 없었다. 언어는 언어를 배우게 될 이들 앞에 현존한다; 언어의 넓이와 높이는 워낙 대단한 것이어서, 바로 언어 속에서 "존재의 집"을 보는 데에는 충분한 근거가 있었다. — 이는 의심할 바 없이 현대의 매체 세계에서 일어나는, 언어적 실행의 주변화에는 들어맞지 않는 낭만적인 과찬이다. 그러기에 우리는 우리 모두가 더욱 많이 움직여야 한다는 명제를 옹호하는 자들이 보기에 어째서 자연 언어들이 그토록 불쾌한 것인지를 더욱더 잘 이해한다: 활력이 없는 언어 체계들은 불쾌감을 유발한다. 왜냐하면 그러한 체계들은 압축과 가속에 결코 간단히 고개를 숙이지 않기 때문이다. 기호의 영역에서 그러한 체계들은 사물들의 영역에서의 부동산에 견줄 수 있다. — 다만 이들 간의 차이는, 후자가 상품으로서 순환될 수 있는 반면, 언어는 살 수도 팔 수도 없는 것으로, 오로지 습득되어야만 하는 데에 있다. 빠르게 움직이는 부류에 속하는 사람들에게 언어를 배우는 것은 최악의 시험들 중의 하나다. 그것은 중국에서 여전히 자행되고 있는 고문 행위와도 견줄 만하다. 왜냐하면 고문에서는 '느림'이 곧 잔인함의 영혼으로 작동하기 때문이다. 자유주의자들의 시각에서 보면 자연 언어들은 전 세계적으로 현대화를 가로막는 가장 커다란 장애로 여겨진다. 자연 언어는 화자의 과거지향성(Rückwärtsgewandtheit)과 자기 만족을 입증해준다. 아직도 프랑스어, 폴란드어, 독일어 및 무기력증을 담고 있는 이와 유사한 언어로써 21세기를 통과할 수 있다고 진지하게 믿는 이는 분명코 패자의 그룹에 속하게 될 것이다. 미래의 무능력이 갖는 이름은 '단일국어 구사(Monoglossie)', 즉 자기 종족의 언어에만 매달려 있는 것이다. 현대화를 지향하는 이들에 의하면, 세계는 그 속에서 허용되는 모든 상황들이 '기초 영어(Basic English)'로 표현될 수 있게끔 되어 있어야만 한다. — 이는 특히 공항들과 지도자들의 회담들에서 잘 확증되고 있는데, 어찌 삶의 다른 분야에서도 그렇지 않겠는가. 이와 비슷한 근거에서 — 즉, 좀더 발전된 문화적 실천들은 연장성을 통해 고집스럽게 저항하기 때문에 — 실증주의적 교육 입안자들은 일반적으로는 정신과학들에 대해, 그리고 특수하게는 문학적 교육과 음악적 교육의 개념에 대해 거부감을 느낀다. 왜냐하면 『파우스트』를 강독하는 데는 여러

날이 소요되고, 『안나 카레니나』는 몇 주일씩이나 독자를 잡아두며,[14] 베토벤의 피아노 소나타들과 볼프강 림(Wolfgang Rihm)의 현악4중주를 제대로 해석하고자 하는 이는 몇 달을 투자해야만 한다는 사실을 그들은 너무도 잘 알고 있기 때문이다; 첨예화된 경쟁의 시대에 이러한 것은 결코 받아들일 수 없는 사치인 것이다.

비대칭적 연장의 원리는 단지 미시(微視)사회학적 현상들이나 언어적 전개 양상들 및 고급 문화 영역들에만 해당하는 것이 아니다; 그 원리는 또한 정치 분야의 핵심 영역에서도 관철된다. — 이는 국가의 시민권에 관한 법에서 [이미] 시작된다. 이 법은 살아 있는 깃털 없는 두 발 달린 동물들[15]의 집합을 날카로운 비대칭적 집합들, 즉 국가의 구성원과 비구성원들로 갈라놓는다. 상이하게 연장된 것은 커다란 연대 공동체적(solidargemeinschaftlich) 구조들을 이룩하고자 하는 심성 속에서 비로소 제대로 둥지를 튼다. 이러한 연대 공동체적 구조들 중 특히 연금(年金) 제도를 들 수 있다. 이 제도에서는 연금을 청구할 수 있는 권리 부여를 어떤 상응하는 업적과 연결시키지 않는다는, 일종의 시기심이 작용하고 있는데, 우리는 이것을 정당한 시기심으로 보아야만 한다; 여기에서는 공로자와 비공로자 사이의 비대칭성을 성공적으로 기초 짓고 "사회의 기생충들(Sozialparasiten)"에 의한

---

14) 이 예에 관해서는 Régis Debray, *Des machines et des âmes. Trois conférences*, Paris 2002도 참조.

15) [역자 주] "인간"을 어떻게 정의할 수 있는가를 고심하던 끝에 플라톤의 제자들이 "깃털 없는 두 발 달린 동물"이라고 한 것을 빗댄 말로 여겨짐. 물론 이에 대해 디오게네스는 깃털을 뽑아버린 닭을 그들에게 던지면서 '자 너희들이 말하는 인간이 여기 있다'고 대응하였다.

전복을 차단할 수 있는, 체계의 능력에 모든 것이 걸려 있다.

지역주의가 결코 반동적인 본성의 것이 아니라 창조적인 '장소에서의 연장(Ausdehnung-am-Ort)'을 긍정하는 것으로 이해되어야 한다는 사실은, "공공의 과업"을 위한 시의회를 통해 시민들을 징발하는, 민주적 삶의 본산에서 잘 드러난다. 중세 유럽에서 도시들이 다시 등장한 이후로 도시민들을 공동 조직에 함께 참여하도록 불러모으는 것은 바로 장소적인 힘의 장(Kraftfeld)이다. 여기에서는 자신의 관심사를 가장 민첩하게 따르는 자들도 단번에 시민(Bürger)[더 정확하게 말하자면: "공민(公民)" : 역자]으로서, 즉 '치타디니(cittadini)' 내지 '시트와엥(citoyen)'으로서, 다시 말해 공동의 관심사와 통합적 자극을 담지하는 주체로서 스스로를 발견한다. 장소적인 힘의 장이 정치적인 것은 그 속에 집단적 충동이 순환하고 있기 때문이 아니다. ― 만일 그렇다면 정치는 단지 지역적인 기분들과 악의(惡意. Perfidie)들의 발산에 불과할 것이다; 그것이 정치적인 것은 도시나 국가 같은 (그리고 또한 국가들의 집단 같은) 공동조직이 바로 의견과 욕구들의 차이에서 오는 분쟁을 종식시킴으로써 사람들이 인식하는 과제를 해결하고 또한 발견된 해결책을 재검토하려는 구체화된 의지를 자신의 장소에서 실현하는 것이기 때문이다. 이는 오로지 정치적 장소가 지역이기주의적(lokalegoistisch)으로 그리고 지역열광적으로(lokalenthusiastisch) 미래에도 동시에 투영될 때만이 ― 다시 말해 장소가 이데올로기들보다 더 강력하고 시민공동체가 국가를 향해 손을 뻗치는 다국적 분파들보다 더 매력적인 것으로 남아 있을 때만이 — 성취될 수 있다. 내가 [나 자신이 몸담고 있는] 지역의 것으로 느끼지 못한다면, 직업으로서의 정치는 아무런 고려 대상도 되지 못한다. '공공의 것(res publica)'은 오로지 장소혼(場所魂. Ortsgeist)들의 의회로서 기능한다.

곳곳에 손을 뻗치는 이데올로그들과 분파의 우두머리들의 수중에 떨어진다면 시민사회는 급격히 몰락한다(히틀러는 무기력해진 토착민들 가운데 들어가 미사여구로 권력을 잡은 이방인의 원형이었다. — 바로 이 점을 헤르만 브로흐(Hermann Broch)는 간파하여 『산』(*Bergroman*)』 — 이 책은 지금도 가장 심오한 파시즘 이론서다 — 에서 기술하였다; 탈영토화된 원한(deterritorialisierte Ressentiments)의 수입자로서의 레닌에 대한 고찰에는 아직 이에 견줄 수 있는 것이 없다). 20세기의 전체주의적 정치 입안자들은 폴리스에 토대를 둔 면역력과 시민적 장소혼을 짓밟고 이루어지는 허깨비 같은 강령들의 권력 찬탈이 불과 수년 만에 어느 나락으로까지 치달을지를 보여주었다.

추상적인 침략적 성공 프로그램인 투기적 자본주의에 관해서 보자면, 우리는 그것에 대한 오늘날의 해석자들에게, 그들 자신이 결코 전 지구적으로 횡행하는 분파의 추종자가 아님을 증명하라고 요구해야만 할 것이다; "종교로서의 자본주의"를 대하는 의혹은 해명을 기다리고 있다.[16] 하지만 "민주주의 국가"라

16) Dirk Baecker(Hg.), *Kapitalismus als Religion*, München 2003 참조.

는 삶의 형식은 오로지 그것이 '자기 관심'과 '자기 우선'의 의미론을 '타자를 위한 자유'와 '무엇을 주어야만 함(Etwas-zu-Geben-Haben)'의 의미론과 화해시킬 때만 존속할 수 있다. 향유될 수 있는 민족적 정체성은 장소에서 산출되고 세계 속에서 재현될 수 있는, 일종의 '품질 보증 상표(appellation contrôlée)'인 것이다.

[Vierter Vortrag]

Das Unkomprimierbare oder: Die Wiederentdeckung des Orts

Peter Sloterdijk

Noch einmal: Im auskristallisierten Weltsystem ist alles in Bewegung gesetzt und zur Veränderung angeregt. Nichts von dem, was sich in ihm bewegt und ändert, hat noch die Qualität von “Geschichte.” Der einzige Nachtrag zum Ereignis und Erzählkomplex, der Weltgeschichte hieß, könnte in einem Weltklima-Protokoll, einem entsprechenden Welt-Energie-Kodex und einer Weltumweltpolizei bestehen - Desiderate, deren Durchführung zur Stunde nur vage und als ferne Option absehbar ist, da die USA und andere konsumintensive Länder sich bis auf weiteres zu stark fühlen, um auf ihr Vorrecht zu erhöhtem Weltverbrauch zu verzichten.

Hinsichtlich des menschlichen Raumerlebnisses war das

Hauptergebnis der terrestrischen Globalisierung bei den Bewohnern der europäischen Nationen ein wunderbares Großwerden der Welt, begleitet von dem Erschrecken vor der erhabenen Unbewohnbarkeit der Ozeane. Wir haben oben auf die ambivalente anti-maritime Grundstimmung im Affekthaushalt der meisten Neuzeiteuropäer hingewiesen - philosophisch kulminierend in Kants Forderung, die Dinge müßten sich nach dem Erkenntnisapparat der Menschen richten, zumal dem von Philosophieprofessoren in unkündbarer Stellung; einen Nachklang hiervon bot Heideggers Regionalismus, der das Leben in Hafenstädten oder gar auf Schiffen für eine tiefe Verirrung hielt. Die mentale Öffnung auf die See hin blieb über lange Zeiten eine Sache von Minderheiten, wirklich zu Hause war sie nur in den kaufmännischen Subkulturen der Küstenstädte, binnenländisch allenfalls bei fernwehgeplagten Träumern und den Lesern von Entdeckermemoiren. Heute jedoch spielt der während der gesamten Neuzeit virulente Gegensatz von "Seeschäumern" und "Landtretern" keine nennenswerte Rolle mehr. Ob man eher maritim oder terran empfindet, die schnellen Medien haben den Horizont auf neue Formate gezogen; er erscheint in jeder Richtung überfüllt. Die Welt ist seither alles, was einem leicht zuviel wird.

Der Einschnitt zwischen Moderne und Postmoderne läßt sich an den Raumgefühlen der Menschen innnerhalb der komfortablen Installation festmachen. Die klebrige Allgegenwart der Nachrichten hat dafür gesorgt, daß Unzählige die vormals weite Welt wie eine überfüllte, schmutzige kleine Kugel erleben. Wer nicht vor dem Fernsehen gelebt hat, weiß nichts von der Süße des Lebens in der entgrenten Welt. Das wirkliche Neuzeitgefühl, das bis in die dreißiger Jahre des 20. Jahrhunderts in Resten überlebt hat, war ohne langsame Medien nicht zu haben. Nur die Hochseeschiffe, die Erdgloben und die Reiseliteratur vermochten der Mischung aus Ehrfurcht und Neugier eine Form zu geben, mit der die seefahrenden Völker und die lesenden Menschen an Land den neu erschlossenen Dimensionen der Erde Antwort gaben. Dazu trug bei, daß die Langsamkeit des Fernverkehrs im nautischen Zeitalter den Entfernungen ihre Würde ließ; die langen Wege hielten die Preise für den Zugang zum Fremden hoch; sie wirkten mit an dem exotischen Schleier, der über die entdeckte Welt ausgebreitet blieb. Weltkenntnisse aus erster Hand waren bis zum Aufkommen des Massentourismus nach dem Zweiten Weltkrieg teuer, selten und verführerisch. Wir erinnern uns: Othello gewann die Liebe Desdemonas, weil er erzählen konnte, wie er bei seinen Reisen in die Wildnis litt.[1)]

Das alles ist durch die Tachotechniken des 20. Jahrhunderts zu einer bloßen Erinnerung geworden. Die Telefonnetze,

1) Vgl. Peter Sloterdijk, *Tau von den Bermudas. Über einige Regime der Einbildungskraft*, Frankfurt a. M. 2002, S. 27, 40.

die Funktechnik und die Jet-Antriebe in der Luftfahrt haben innerhalb von zwei Generationen ein solches Maß an Distanzüberwindung zur Selbstverständlichkeit werden lassen, daß der Raum nun wie eine fast ganz vernachlässigbare Größe wahrgenommen wird. Da er seinen schnellen und ultraschnellen Durchquerungen keinen nennenswerten Widerstand entgegenzusetzen hatte, schien er der Grundbereich des In-der Welt-Seins von Menschen zu sein, der wie von selbst der Verkleinerung, der Zusammenpressung, der Anullierung entgegenkam. Wenn Marx und Engels an der bekanntesten Stelle des *Kommunistischen Manifests* 1848 im Blick auf die revolutionären Leistungen der Bourgeois-Epoche statuiert hatten: "Alles Ständische und Stehende verdampft", so fügt das Empfinden des 20. Jahrhunderts hinzu: Alles Ausgedehnte und Raumfordernde wird zusammenpreßt. Interkontinentales Telefonieren ist hiervon die einfachste Manifestation. Wer den Mythos vom Verschwinden des Raums bestätigt sehen will, braucht nur zum Hörer zu greifen oder einige Mouse-Clicks auszuführen.

Die "Raumrevolution" der Gegenwart, von der Carl Schmitt in seinen Betrachtungen über die verblassende weltgeschichtliche Rolle von *Land und Meer* Rechenschaft geben wollte,[2] hatte in Wahrheit die Raumkompression zum Thema. Sie

2) Carl Schmitt, *Land und Meer. Eine weltgeschichtliche Betrachtung* (1942), Stuttgart 1993, S. 105.

brachte die Neutralisierung der Abstände mit sich; sie hob die trennende Wirkung der Zwischenräume auf; sie verkürzte die Wege zwischen Hier und Dort bis auf einen nicht weiter kompressiblen Rest. Dieser residuale Raum konnte lästig sein, Beachtung und Hochachtung vermochte er nicht mehr zu fordern. Besitzen die Modernen auch nicht die Gabe der Bilokation, die einigen mittelalterlichen Heiligen nachgesagt wurde, kommt die der Translokation ihnen selbstverständlich zu; können sie nicht exakt gleichzeitig an zwei Orten sein, so kurz nacheinander an beliebig vielen.

Unter diesen Umständen wurde der Raum dem Anschein nach zu der ignorierbaren Größe. Als Distanz und Barriere war er in der Praxis besiegt, in der Theorie als Herrendimension verpönt, als Träger von Verkehr und Kommunikation war er zum stummen Hintergrund geworden, moralisch galt er als Sitz der Verdinglichung. Aus der Sicht derer, die Nachfrage nach Schnelligkeit anmeldeten, war nur ein toter Raum ein guter Raum; seine erste Tugend bestand in seinem Vermögen, sich unfühlbar zu machen. Den schnellen Prozessen zuliebe sollte er von allem zurücktreten, was traditionell seine ontologischen Bestimmungen ausmachte: diskrete Nachbarschaften zu stiften, Partikel zu verstreuen, Körper zu trennen, Agenten zu positionieren, Grenzen zwischen Ausgedehntem anzubieten, Zusammenballungen zu erschweren, Explosionen aufzufangen, Vielheiten zur Einheit zusammenzuziehen. Von den klassischen Eigenschaften des Raums blieb nur seine Leitfähigkeit zurück, genauer das Aspektbündel Konduktivität-Konnektivität-Medialität, ohne das die Anstrengungen der Moderne, den Raum durch Kompression zu überwinden, zu keinem sinnvollen Ergebnis führen. An die Stelle des Distanz, Trennung und Plazierungsraums, den man die Natur nannte, tritt der Sammlungs, Verknüpfungs- und Verdichtungsraum, der uns als Technikumwelt umgibt. In diesem kann das Entfernte körperlich oder in *effigie* von beliebig weit her ins Hier und Jetzt zitiert werden. Die Monitore zeigen, was es mit der aktuellen Räumlichkeit auf sich hat; man ruft auf, man manipuliert, man kombiniert, man sichert, man löscht. Dank der globalen Netzwerke verwandeln sich zahllose Punkte auf der Erdoberfläche in Lese-Säle, vorausgesetzt, daß eine Lese wirklich ist, was Heidegger von ihr zeigen wollte: das Zusammen- tragen von Zeichen des Seins an einer Hier-Jetzt-Wahrheitssammelstelle. Heidegger war zwar der bizarren Meinung, es gebe nur zwei authentische Weltlesesäle, den einen bei den Vorsokratikern (bzw. Aristoteles), den anderen in Freiburg-Todtnauberg - begnügen wir uns mit der Bemerkung, daß Heidegger nicht nur in diesem Punkt wenig Nachfolge gefunden hat. Auch seine Auffassung, die Sprache sei die maßgebliche Sammlerin, wird von der Evidenz der aktuellen Multimediawelt nicht unterstützt.

Die moderne Raumkompression (alias Raum"revolution") führt einen kulturellen Einschnitt fort, der sich in der griechischen Antike mittels der Hinzufügung der Vokale zu den orientalischen Konsonantenschriften vollzogen hatte. Wie McLuhan, Goody, Havelock und andere gezeigt haben, konnte sich allein durch das Ereignis der griechischen Schrift die alteuropäische humanistische Leser-Subjektivität entwickeln, deren starkes Merkmal in der Fähigkeit zum "Umgang mit Texten", das heißt zum situationsunabhängigen Sinnverstehen bestand. Die griechische Poesie und Prosa explizieren eine ansonsten eher latente Fähigkeit des menschlichen Intellekts, sich Personen, Sachen und Konstellationen in deren Abwesenheit vorstellen zu können. Dank aufgeschriebener Texte emanzipiert sich die Intelligenz vom Zwang des In-Situ-Aufhalts in mehr oder weniger verstehbaren Umständen. Das heißt: Um eine Situation kognitiv zu bewältigen, muß ich nicht länger als ihr Teilnehmer in sie eintauchen und mit ihr in gewisser Weise verschmelzen, es ist genug, die Beschreibung der Situation im Text zu lesen - dabei steht es mir frei zu bleiben, wie ich bin, und zu assoziieren, was ich will. Nach dem Schrifteinschnitt spaltet sich das In-der-Welt-Sein explizit in erlebte und vorgestellte Situationen - genauer, es gelingt den vorgestellten Situationen dank ihrer Verschriftlichung, aus dem Monopol des Verstehens-durch-in-der Situation-Sein auszubrechen. Mit der griechischen Schrift beginnt das Abenteuer der Dekontextuierung von Sinn; was das bedeutet, macht sich klar, wer bedenkt, daß bis zur Medienwende im 19. Jahrhundert alle höhere Kultur in Europa, von den Sonderentwicklungen der Musik und des Bildes abgesehen, Schriftkultur, das heißt Simulation von Abwesendem, gewesen ist. Ihr entsprach eine Politik aus dem Geist der Bürokratie und der imperialen Epik.

Die alteuropäische Schriftlichkeit gehört zur Vorgeschichte der modernen Raumkompression, weil sie den Aufstand des Texts gegen den Kontext, die Losreißung des Sinns von den gelebten Situationen ermöglicht hat. Insofern sie das dekontextuierende Denken (üblicherweise als Lesen bezeichnet) einübt, emanzipiert sie den Intellekt vom Zwang zur Teilhabe an realen Situationen und schließt für ihn die grenzenlose Weite der Nicht-In-Situ-Welten auf. Sie erzeugt den theoretischen Menschen - von Nietzsche in der Figur des Sokrates angegriffen. Ihr Repräsentant ist der starke Beobachter, dieser Junior des Absoluten, der in allen Lagen des wirklichen Lebens prinzipiell woanders ist. Sogar im Sterben benimmt der Weise sich, als habe er die Szene schon irgendwo gelesen; ja Sokrates gibt vor, schon dort zu sein, wohin der Tod ihn bringt, am anderen Schauplatz, am Ort der ewigen Formen, in der Heimat der unsterblichen Buchstaben. Sokrates konnte zum europäischen Weisheitshelden *par excellence* werden, weil er sein Leben in stetiger Verweigerung gegen die Autorität des Anwesenden geführt hat; er lehnt vor allem die Zumutung ab, in die von Rhetoren, Politikern und Schwätzern manipulierten Situationen gläubig einzutauchen. Er ist der Kronzeuge der Intelligenz, die aus allen vorgefundenen, absorbieren wollenden Situationen "aussteigt", um sich in ideellen Umgebungen zu rekon-textuieren. Diese Doppeloperation: Bruch der Intelligenz mit den aktuellen Situationen plus Wiederansiedlung in Ideal-situationen heißt seit Platon Philosophie. Wo sie ihre Spur hinterließ, mußte man sich entscheiden zwischen dem lesenden und dem mitmachenden Verhältnis zum Leben.[3)]

Den Erfolg dieser größten europäischen Befreiungs-bewegung liest man daran ab, daß es schon in der Antike zu anti-intellektuellen Restaurationen kam, die sich gegen die falsche Freiheit des Schwebens in einem abgehobenen Vorstellungsraum wandten. Die jesuanische Polemik gegen die Pharisäer gehört zu dieser Reaktion des Gelebten gegen das Gelesene ebenso wie das Lachen der thrakischen Magd über den zerstreuten Philosophen Thales im Brunnen. Seit der Stoa sind die antiken Weisheitslehren vorrangig vom Wunsch nach Wiedereinbindung ins Gelebte motiviert; Diogenes ist

---

3) Vgl. den Brief Edmund Husserls an Hugo von Hofmannsthal vom 12. Januar 1907: eine Beschwörung der Allianz zwischen Kunst und Phänomologie aufgrund der gemeinsamen Leidenschaft für "rein ästhetisches" Sehen und "rein philosophische" Geisteshaltung (das Wort "rein" erscheint dreizehn Mal auf drei Seiten) und der gemeinsamen Abstoßung von der Befangenheit im Leben.

der komische Held der unkomischen Rückkehr ins Verkörperbare.

Man könnte diese Tendenzen als die erste Wiederaneignung des In-Situ-Prinzips bezeichnen - sie artikulieren den Protest des Teilhabe Sinns gegen die (angeblich oder wirklich) zu weit getriebene Loslösung der beobachtenden Intelligenz von den geteilten Situationen. Diogenes, Jesus und die thrakische Magd sind also Reaktionäre im präzisen Wortsinn, zumindest aus der Sicht derer, die das Lesen dem Leben vorziehen. Alle drei, wie auch die Stoiker und Epikuräer, wären mit dieser Etikettierung hoch zufrieden gewesen - allenfalls hätten sie ihre Position durch den Hinweis erläutert, daß das Leben, ohne je aufzuhören, primäre Eigenregung zu sein, gelegentlich Reaktion sein muß: reines Dagegen hinsichtlich deformierender Zwänge und reiner Widerstand gegen unangemessene Kompressionen. In der Sprache der Mägde: Man läßt sich doch nicht alles gefallen; in linker Reimkunst: "Wer sich nicht wehrt, lebt verkehrt." Solche "reaktionären" Impulse wandern seither in immer neuen Gestalten durch die Zeiten; sie kehren wieder bei den Frühsozialisten, den Situationisten, den Kommunitaristen und den Gruppentherapeuten. Sie hallen nach in der Kritik der Vitalisten an den theoretisierenden Herumstehern. Ihre intelligenteste Stufe dürften sie in Marshall McLuhans Lob der Audiokultur erreicht haben, von der es heißt, sie gebe der ganzheitlichen, nicht-linearen Wahrnehmung ihre vom Buch geraubten Rechte zurück; dem respondiert die buch romantische These von Maurice Blanchot, daß die Literatur das Potential zu einer "totalen Erfahrung" in sich trage. Diese Position ist durch ihre absurde Tendenz illustrativ: Sie feiert die Lektüre als totale Macht, indem sie vergessen machen will, daß es in der Natur des Lesens liegt, den Totalitarismus der gelebten Situationen aufzulösen.[4)]

Eine vergleichbare Korrekturbewegung vollzieht sich im gegenwärtigen Denken hinsichtlich des zurückgedrängten Raums. Das große Zurück zum Kontext erscheint jetzt in den vielfältigen Reflexionen über "Einbettung" als passive Solidarität. Nachdem Distanzen nur noch dazu da zu sein scheinen, um überwunden zu werden; nachdem die Landeskulturen nur noch bestehen, um sich mit anderen Traditionen zu vermischen; nachdem alle Erdoberflächen nur noch die immobilen Pendants zu ihren eleganten Zusammenfassungen in geographischen Karten und Luftaufnahmen darstellen; seit der Raum schlechthin nur noch das Nichts zwischen zwei elektronischen Arbeitsplätzen bedeutet - ist die Tendenz vorhersehbar, die der Widerstand gegen diese Entwirklichungen wählen wird: Die Präsenzkultur muß ihre Rechte in Erinnerung bringen. Das Erlebnis des Ausgedehnten wird

4) Maurice Blanchot, *Le livre à venir*, Paris 1959.

sich früher oder später gegen die Effekte der Kompressionen, Abkürzungen und Überfliegungen zur Wehr setzen. Wie der dekontextuierte Sinn "in letzter Instanz" seit jeher auf Einbettung in eine nicht überspringbare Situation angewiesen blieb, um sich nicht ganz in unverbindlichen Abstraktionen aufzulösen, so muß auch der komprimierte Raum an die naturwüchsigen Ausdehnungserlebnisse angekoppelt werden, um nicht völlig in Abgehobenheit zu verschwinden. Diese Einsicht wird heute von denen geltend gemacht, die der dekontextuierenden Tendenz der Universalismen und Tele-Maschinen die Erinnerung an das Lokale entgegensetzen.

Das neue Raumdenken ist der Aufstand gegen die geschrumpfte Welt. Mit der Entdeckung der Langsamkeit geht die der örtlichen Ausdehnung einher. Wie - wenn wir plötzlich aufhörten, das eigene Dasein im Maßstab eins zu hunderttausend oder eins zu zehn Millionen zu verkleinern? Wenn wir in den Karten mit einem Mal wieder das ausgedehnte Leben zu lesen lernten?[5] Wenn wir von der Chronolatrie zurückfänden zum topophilen Empfinden? Wäre es nicht an der Zeit, wieder einmal ein paar unverschämte Händler aus dem Tempel zu vertreiben?

---

5) Vgl. Karl Schlögel, *Im Raume lesen wir die Zeit. Über Zivilisationsgeschichte und Geopolitik*, München/Wien 2003, ein Buch, das als Schlüsselwerk einer neuen Geographiekultur bzw. einer historischen Existentialtopographik gelesen werden muß.

Jedoch, dürfen wir denn sicher sein, nach dem Abzug der Händler die reinen Stimmen des Orts zu hören? Die Wiederbetonung des Lokalen hat ihre Tücken, denn der Ausdruck "lokal" gehört zu den am meisten mißverstandenen Vokabeln in den Sprachspielen von Journalisten und Soziologen, die Konfusion zu Leitartikeln verarbeiten (die ihrerseits Rohstoff für politische Erklärungen liefern). Auch "reaktionäres" Raumdenken will gelernt sein. Üblicherweise verwendet man das Wort "lokal" als das Gegenstück zu "global" oder "universal" - wobei das Wortpaar global/lokal als derselben Ordnung des homogenen und kontinuierlichen Raums angehörend vorgestellt werden. Homogene Räume sind durch die Äquipotenz der Punkte und deren Verbindbarkeit mittels direkter Linien bestimmt. Dank dieser Raumkonzeption konnte eine These wie die folgende aufgestellt werden: *"The universal is the local without walls."*[6] - eine Behauptung, die ins Ohr geht und doch falscher nicht sein könnte. Sie ist sympathisch, weil sie die Welt als Inbegriff von Provinznestern bestimmt - es gibt also keine Universalität, sondern nur interprovinzielle Beziehungen; sie ist symptomatisch, weil sie den hilflosen *common sense* ausdrückt, dem man gegegnet, wo immer die räumliche Verfaßtheit der Existenz im *Global Age* zur Sprache kommt; sie ist naiv, weil sie eine

6) Miguel Torga, *The Creation of the World*, zitiert nach: T. N. Harper, Empire, Diaspora and the Languages of Globalism, 1850-1914, in: *Globalization and World History*, ed. By A. G. Hopkins, London 2002, S. 141.

Symmetrie unterstellt, wo keine sein kann, und Wände abreißt, wo keine stehen. Die von dem Weltsoziologen Roland Robertson populär gemachten Hybridausdrücke *glocal, glocalize, glocalization* sind von der gleichen Machart,[7] auch sie spiegeln dieselben den gängigen Globalisierungsdiskursen innewohnenden Täuschungen wider.

Der Irrtum besteht, kurz gesagt, darin, das Lokale und das Globale aufeinander zu beziehen wie den Punkt und das Feld. Wo dies geschieht, wird das Lokale unvermeidlicherweise so vorgestellt, als wäre es mit dem Globalen schon hintergründig gleichgeartet und hätte das nur noch nicht begriffen. Das Lokale wird wie ein Fleck in einem regelmäßigen Raumgitter gedacht, sagen wir wie ein introvertiertes Kaff, in dem die Filiale einer multinationalen Firma Fuß gefaßt hat. Wenn hier die Manager den Eingeborenen erklären, warum sie gekommen sind, und die Leute vom Ort einräumen, es schade nicht, die Fremden an sich heranzulassen - dann wäre nach einiger Zeit die Union zwischen Uns und Denen da vollzogen, das Große wird im Kleinen so zu Hause sein wie umgekehrt das Kleine im Großen. Stets

---

7) Vgl. Roland Robertson, *Globalization. Social Theory and Global Culture*, London/New York/New Delhi 1992, S. 193. Diese Ausdrücke sind Robertson zufolge dem japanischen Wort dochakuka nachgebildet, das annäherungsweise die Idee widergibt, japanische Produkte für den Weltmarkt müßten sich den Verhält- nissen am Ort des Konsums anpassen.

wird vorausgesetzt, was nicht bewiesen wurde: daß die Beziehungen zwischen den Fremden und den Ansässigen in einem homogenen Ortsraum stattfinden, in dem Positionen prinzipiell reversibel sind.

In Wahrheit liegt die Bedeutung von "lokal" in der Wiederbetonung des Asymmetrischen mit all seinen Implikationen. Das ist ein geistiges Ereignis von einiger Tragweite, da sich mit diesem Akzent auf dem Ort eine Sprache für das Nicht Komprimierte und Nicht Abgekürzte ankündigt. Der Ton auf dem Lokalen macht das Eigenrecht des In-Sich-Ausgedehnten geltend, den Fortschritten der Dekontextualisierung, der Kompression, der Kartierung und Neutralisierung des Raums zum Trotz.

Mit dem Lokalismus wird der Existentialismus raumanalytisch reformuliert. Er kann nun in zunehmender Explizitheit sagen, was Dasein als sich verräumlichende Kraft immer schon war. Er kann ausführlich artikulieren, daß und warum sein Bestimmtsein durch Eingebettetsein de facto seit je eine unsuspendierbare Größe darstellte. Hierbei entsteht eine allgemeine Logik der Partizipation, der Situiertheit und der Einwohnung. Dabei wird offengelegt, daß es kein Dasein gibt ohne Teilnahme an ungekürztem Ausgedehntsein, Verbundensein, Besessensein - es sei denn, der Sinn für Einbettung wäre durch eine Psychose unterhöhlt oder durch ständige

Flucht zerrüttet (aber ist nicht sogar die Psychose ein wildes Bauen, und ist nicht auch die Flucht in einem gewissen Sinn raumbildend?). Mit dem einwohnenden Weltverhältnis ist – die großen Raumdenker des 20. Jahrhunderts haben es gezeigt – stets schon eine interieurbildende Aktivität, eine (im Sinne Heideggers) ent-fernende Praxis und eine (im Sinne von Schmitz) befriedende Kultivierung verbunden.[8] Wo gewohnt wird, sind Sachen, Symbionten und Personen zu lokalen Solidarsystemen zusammenfaßt. Das Wohnen entwirft eine Praxis der Ortstreue über längere Zeit – im übrigen besonders bei den Nomaden, die meistens regelmäßig dieselben Plätze aufsuchen; es schafft ein Immunsystem aus wiederholbaren Gesten und Kenntnissen; es verbindet das Entlastet-Sein dank erfolgreichen Habitualisierungen mit dem Belastet-Sein durch deutliche Aufgaben.

Darum ist das Einwohnen die Mutter der Asymmetrie. Mag sein, daß Sozialphilosophen richtig gesehen haben, wenn sie lehren, wir würden "sozialisiert", indem wir lernen, die Rolle des Anderen zu übernehmen; gemeint ist damit nicht, die Wohnung des anderen zu übernehmen, weder durch Raub noch durch Kauf. Der Platz in der Haut des anderen ist nicht zu mieten. Einwohnen erweist sich eben als das, was ich nur bei mir und den Meinen tun kann, der Andere nur bei sich

---

8) Vgl. Martin Heidegger, *Sein und Zeit*, Tübingen 1968.

und den Seinen - die Positionen sind ontologisch unvertauschbar, wie die linke und die rechte Hand des bilateralisierten Körpers, allenfalls können wir den *synoikismós*, die Wohngemeinschaft, oder den *koínos bíos*, das Zusammenleben, beschließen. Durch sie würde ein neuer Herd gemeinsamer Kultivierungen entstehen, von dessen Fülle und Streit andere Andere ausgeschlossen sein werden; auch mit ihnen ist der Lagetausch erneut unmöglich, nur Wohngemeinschaften höherer Stufe könnten uns mit den anderen Anderen wiederum zusammenfassen - aber solche Synthesen wäre jenseits einer gewissen Größe nur noch rhetorische und juristische Figuren. Die elementare Foyer Solidarität, wenn man sie so nennen darf, ist eine Grundschicht der Fähigkeit, Wir zu sagen - das Pronomen ist nicht die Bezeichnung eines Gruppenobjekts, sondern die performative Aktualisierung eines Kollektivs, das sich durch Selbsterregung und Selbstverräumlichung konstituiert. Das schließt die translokale Solidarität aufgrund von Einfühlung in Fremde nicht aus - die christlichen Kirchen, wenn sie sich nicht gerade gegenseitig das Heil absprechen, und die buddhistischen *sanghas* beweisen sehr gut, daß Liebe als Fernaufmerksamkeit und Kohärenz in der Diaspora eine Art von *res extensa* bilden. Gewiß, es gibt daneben die projektive Solidarität, mit der sich die Tele Sentimentalität, die zeitgemäße Variante der Hysterie, ein Wir-Kostüm überwirft.

Wer einwohnt, verhält sich zu seiner Wohnung und deren Um- und Mitwelt nicht als Kartograph oder Landvermesser. Ein Geometer, der heimkommt, hört auf zu messen und zu verkleinern, er entwirft sich selbst im Maßstab eins zu eins ins Gewohnte. Einwohnen ist passives Engagiertsein für die eigene Situation, ein Erleiden und Miterzeugen ihrer vagen und unverwechselbaren Ausgedehntheit; es ist Parteinehmen und ein Sich Einbezogen Sehen in ein regionales Pleroma. Das ist weder maßstabgetreu zu verkleinern noch über ein gewisses Maß zu erweitern.

Die Ausdehntheit der einbettenden Situationen, man versteht das sofort, ist der natürliche Komplice des Nachhaltigen. Von ihr leiten sich Kultivierungen her, die ohne Wiederholung und Aushalten bei einer Sache nicht zu haben sind. Natürlich kann man umziehen und sich neu einrichten, man kann sich scheiden lassen und wieder heiraten, man kann auswandern und sich anderswo naturalisieren, die Modernen tun das alles bekanntlich öfter als die Alten. Doch auch in den neuen Situationen kehrt das Grundverhältnis wieder - man faßt an einer bestimmten Stelle Fuß und dehnt sich aus. Hölderlins Intuition hat das In-Situ-Prinzip am klarsten ausgesprochen: "dichterisch wohnet der Mensch auf der Erde"; Merleau-Ponty deutete die Verankerung des Daseins in seiner welthaltigen und weltöffnenden Voluminosität mit dem Satz: "Der Leib ist nicht im Raum, er wohnt ihm ein"[9]; Heidegger erklärte in seiner Analytik des In-der Welt-Seins: "Im Dasein liegt eine wesenhafte Tendenz auf Nähe."[10] All diese Thesen konvergieren in einer raumtheoretischen Perspektive: Sie sagen aus, daß Dasein den Aufenthalt im Unkomprimierbaren bedeutet. Dieses dichterische Wohnen impliziert die Gelegenheitsdichtungen - auch wer ständig umzieht, kommt nicht umhin, einen Habitus des Wohnens unterwegs ausbilden. Bei Vielreisenden haben Psychologen Verhaltensmuster beobachtet, die sie als ein mobiles Cocooning deuten; die Modelle hierfür finden sich bei den Nomaden, denn sie sind, um es hübsch auszudrücken, in der Reise zuhause, oder weniger hübsch, sie reterritorialisieren sich an der Deterritorialisierung selbst.[11] Dies ist eine andere Art zu sagen, daß die nomadischen Kulturen die konservativsten, "häuslichsten", geschlossensten Systeme bilden, die im Gang der sozialen Evolution aufgetreten sind.

Es ist somit nicht wahr, wenn Marx und Engels behaupten, daß alles Ständische und Stehende verdampft. Die große Mobilmachung durch das Kapital muß vieles stehen lassen, was sich der Liquidierung widersetzt; sie kann lokale Kulturen nicht per Auslandsüberweisung transferieren; sie

---

9) Maurice Merlau-Ponty, *Phänomenologie der Wahrnehmung*, Berlin 1966, S. 169 f.

10) Martin Heidegger, *Sein und Zeit*, S. 105.

11) Gilles Deleuze/Félix Guattari, *Tausend Plateaus*, Berlin 1992

kann die generativen Prozesse zwar modifizieren, aber nicht ersetzen. Ebensowenig trifft zu, daß alles Ausdehnte durch die Komprimierung verschwände. Vor allem werden die Trägheit und Verzweigheit moderner Rechtssysteme für immer die seltsamsten Aktivposten einer konservativen Welteinrichtung bieten. Die Thesen von Marx und der aktuellen Sophisten der Raumlosigkeit beweisen eher, daß sich die kapitalistische Weltverdichtung in einer Menge hochmütiger Übertreibungen widerspiegelt, von denen man nicht erwarten darf, daß sie auf Dauer akzeptabel scheinen. "Globalisierung" ist außer all dem, was sie sonst noch ist, ein semantischer Topos, der Irrlichter anzieht; sie dient als Sammelstelle für haltlose Behauptungen über den Weltlauf; sie hat neben ihrem komplexen Realbetrieb einen Überbau an vereinfachenden Phantasien und Paniken für den Haus- und Staatsgebrauch hervorgebracht - die meisten sind soziologische Versionen von Flugträumen, phobische und prickelnde Bilder vom Verlust des Arbeitsplatzes und der Körperschwere. Sie beschwören die Entwertung örtlicher Kompetenzen herauf, verkünden Invasion und Überfremdung, vor allem aber reden sie von dem Zwang, mit Unsichtbaren zu konkurrieren, die sich nicht schämen, das meiste besser und billiger zu machen - wie jene schamlosen Dentisten aus Ungarn und Polen, die westeuropäische Gebisse für die Hälfte ersetzen.

Politische Publizisten, die sich der Gunst der Stunde

erfreuen, lassen über den Köpfen des Publikums Drachen fliegen, denen man mit zurückgelegtem Kopf für eine Weile fasziniert zusieht. Führt man die geläufigen Phantasmen und Übertreibungen auf Sachgrößen zurück, kommen Strukturen in Sicht, die eine andere Sprache sprechen. Die große Mehrzahl der Geschäfte und Dienste sind auch inmitten der Ferne-Deliriums "Globalisierung" unvermeidlich örtlich, beim Telefonieren überwiegen die Ortsgespräche unvermeidlich die Ferngespräche, die große Mehrzahl der Transaktionen geschehen lokal und zwischen Nachbarn, wenn auch nicht notwendig in *Face-to-Face*-Situationen; selbst die deutsche Exportwirtschaft, weltweit die anteilmäßig größte, macht ihr Hauptgeschäft mit Partnern in der Europäischen Union, am stärksten mit denen hinter dem nächsten Zaun, Frankreich und Holland. Und wenn auch der stoffliche Fernhandel eine massive Realität ist, wie riesenhafte Flotten von Öl- und Containerschiffen zeigen, um vom spekulativen Betrieb der Geldmärkte zu schweigen, bleiben die meisten Käufe und Verkäufe von realen Waren-Transaktionen auf dem erweiterten Wochenmarkt, Konkurrenz ist ohnedies in vielen Branchen nur ein Gerücht. Die Binnennachfrage bildet die Seele der Realökonomie; die amerikanische Automobil-industrie, um ein bekanntes Beispiel zu nennen, unternimmt seit langem nicht einmal mehr den Versuch, ihre Produkte außer Landes loszuwerden. Die Mehrzahl der Franzosen macht immer noch Urlaub im eigenen Land, egal ob sie *mondialisation* oder *globalization* sagen und ob sie Souveränisten sind oder Atlantiker.

Solche Hinweise berühren den Sinn des Lokalismus jedoch nur mittelbar, weil die entscheidenden Dimensionen des lokalen Werdens ganz unbetroffen sind von Gegensätzen wie Ortsmarkt versus Weltmarkt oder Dorf gegen Großstadt. Gelebte Ausgedehntheiten sind keine Produkte, die man veräußern könnte, weder in der Nachbarschaft, noch in Übersee. Auch spielt der Gegensatz von Stadt und Land für die existentialtopologische Deutung des Seins-Am-Ort keine Rolle. Fortpflanzung zum Beispiel - um dem Leser mit dem massivsten Exempel nahezutreten - ist ein Vorgang, dem man das Prädikat lokal nicht verweigern wird; er steht unter eigentümlichen räumlichen Gesetzen, beginnend mit einem Rundwerden der Mütter, das man weder in den Ausdrücken der Globalisierungsgegner noch denen der Neoliberalen richtig wiedergeben kann. Das unwillkürliche, zarte und invasive Wohnen in der ersten Nische drückt keine Symmetrie zwischen dem Besucher und der Gastgeberin aus, es ist vom Kind her gesehen die einseitigste Operation, die es in seinem Leben begangen haben wird, und wenn es Diktator werden sollte. Daß es dennoch willkommen geheißen werden kann, beweist die Spannkraft der Asymmetrie, die das Leben ist.

Nächst der biologischen Fortpflanzung liefern das

Heranwachsen und die Ausbildung der Kinder, die Kulturweitergabe und die Übernahme dieser Gabe durch die Empfängergenerationen die mächtigsten Paradigmen für das Unkomprimierbare, das sich in hartnäckig asymmetrischen Prozessen entfaltet. Leben lernen heißt an Orten sein lernen; Orte sind wesenhaft unkürzbare sphärische Erstreckungen, die von einem Ring weggelassener und fernbleibender Dinge umgeben sind[12]. Das In-der-Welt-Sein behält für immer den Grundzug des Weglassens alles dessen, worin es nicht selber anwesend sein kann. Daher impliziert die Schule des Daseins, was immer es auch rundherum wegläßt, ein Ausdehnungslernen als Navigieren in unkomprimierbaren Raum-Zeit-Gefügen. An ihrem Beginn schließt sie den Wortschatz der Muttersprache auf, bestehend aus Zehntausenden von semantischen Örtern, bei denen man keinen Buchstaben streichen darf, ohne die Stelle zu verfehlen. Man hat in der Linguistik bisher zu wenig darauf geachtet, daß Lexika

---

12) Heidegger hat in seinen Bemerkungen zur Weltarmut des Tiers bemerkt, dieses sei eingeschlossen in einen Ring von enthemmenden (d.h. verhaltens-auslösenden) Größen; im Blick auf den Menschen, der "weltbildend" sei, läßt sich eher sagen, er sei umgeben von einem Ring aus Dingen und Verhältnissen, die er auf sich beruhen läßt: das ergibt die weiche Exklusion, die Ausschließung durch Nicht-eigens-Herholen-und-Einschließen. Unnötig zu sagen, daß dieses unverschuldete Draußenlassen dessen, was draußen ist, für immer ein Grundzug menschlichen Welthabens und Gehabtwerdens durch Anderes bleibt. Niklas Luhmann drückt das auf seine Weise aus: "…zunächst ist sie (die Welt) die Wildnis dessen, was gleichzeitig - und schon deshalb unkontrollierbar - geschieht…" Niklas Luhmann, *Die Gesellschaft der Gesellschaft*, Frankfurt a. M. 1998, S. 527.

gewissermaßen die Adressbücher der Dinge in einer gegebenen Kultur sind und daß die Syntaxen die Versammlungsvorschriften für Zusammenkünfte von Akteuren und Sachen in symbolischen Lokalen beinhalten.

Bei der Beobachtung von Fortpflanzung und Kinderaufzucht macht sich die Übermittlungsasymmetrie in allen erfolgreichen Generationenprozessen bzw. “Überlieferungen” klar bemerkbar. Es hat bisher keine Kultur gegeben, die nicht von den Kindern erwartet hätte, daß sie sich bei der Weitergabe des Kulturwissens als die nehmende Seite verhalten. Die Sprache ist vor denen da, die sie lernen werden; ihre interne Breite und Höhe ist so mächtig, daß es guten Grund gab, in ihr das “Haus des Seins” zu sehen - eine romantische Überzeichnung zweifellos, die der Marginalisierung sprachlicher Praktiken in der modernen Medienwelt nicht gerecht wird. Um so besser versteht man, warum die natürlichen Sprachen ein enormes Ärgernis sind für die Vertreter der These, daß wir alle uns viel mehr bewegen müssen: Die trägen sprachlichen Systeme sind anstäßig, weil sie sich Kompressionen und Beschleunigungen nicht ohne weiteres beugen. Sie sind im Reich der Zeichen das, was in dem der Sachen die Immobilien sind - mit dem Unterschied, daß letztere als Waren in die Zirkulation gebracht werden können, während man Sprachen weder kaufen, noch verkaufen kann, sondern lernen muß. Für die Angehörigen der schnellen Klassen ist das Sprachenlernen eine der schlimmsten Prüfungen, sie kommt der chinesischen Folter gleich, bei der Langsamkeit die Seele der Grausamkeit ist. Aus der Sicht der Liberalen stellen die natürlichen Sprachen weltweit die größten Modernisierungshindernisse dar, sie liefern Zeugnisse für die Rückwärtsgewandtheit und Selbstzufriedenheit der Sprecher. Wer im Ernst noch glaubt, mit Französisch, Polnisch, Deutsch und ähnlichen Behältern der Lethargie durch das 21. Jahrhundert zu kommen, rechnet sich offenbar einem Verliererkollektiv zu. Die Zukunftsunfähigkeit hat einen Namen: Monoglossie, sprich Festhalten am nationalen Idiom. Den Modernisierern zufolge sollte die Welt so beschaffen sein, daß alle zulässigen Situationen in *Basic English* ausgedrückt werden können - an Flughäfen und in Vorstandsbesprechungen bewährt sich das vorzüglich, warum nicht auch im übrigen Leben. Aus einem verwandten Grund - des eigensinnigen Ausdehnungswiderstands entwickelterer kultureller Praxen wegen - nehmen positivistische Ausbildungsplaner Anstoß an den Geisteswissenschaften im allgemeinen und am Konzept literarischer und musischer Bildung im besonderen, weil ihnen klar ist: eine *Faust-Lektüre* kostet ganze Tage, *Anna Karenina* hält den Leser mehrere Wochen auf[13], wer mit Beethovens Klaviersonaten und Rihms Streichquartetten vertraut werden will, muß

13) Vgl. zu diesem Beispiel auch Régis Debray, *Des machines et des âmes. Trois conférences*, Paris 2002.

Monate investieren; in Zeiten verschärften Wettbewerbs ein kaum annehmbarer Luxus.

Das Prinzip der asymmetrischen Ausdehnung ist nicht nur für mikrosoziologische Phänomene oder für Sprachen-entfaltung und hochkulturelle Kompetenzen zuständig; es durchdringt auch den Kernbereich der politischen Sphäre - beginnend mit dem Staatsbürgerschaftsrecht, das die Menge der lebenden ungefiederten Zweibeiner in scharf asymmetrische Mengen spaltet, die Mitglieder und die Nichtmitglieder der Nation. Das ungleich Ausgedehnte nistet erst recht im Herzen der großen solidargemeinschaftlichen Strukturen, besonders der Rentensysteme, bei denen mit legitimer Eifersucht darüber zu wachen ist, die Anspruchsberechtigung an eine entsprechende Leistung zu knüpfen: hier hängt alles an der Fähigkeit des Systems, erfolgreich eine Asymmetrie zwischen Beiträgern und Nicht-Beiträgern zu etablieren und die Subversion durch "Sozialparasiten" in Schranken zu halten.

Daß der Lokalismus in keiner Weise reaktiver Natur ist, sondern als Affirmation der schöpferischen Ausdehnung-am-Ort verstanden werden muß, zeigt sich beim Hauptgeschäft des demokratischen Lebens, der Rekrutierung der Bürger durch ihre Bürgerschaft für die "öffentlichen Aufgaben." Was seit der Wiederkehr der Städte im europäischen Spätmittelalter die Stadtbewohner zur Mitwirkung am Gemeinwesen einberuft, ist das örtliche Kraftfeld, in dem sich die agilsten Verfolger eigener Interesse mit einem Mal als *cittadini*, als *Bürger*, als *citoyens*, das heißt als Träger eines gemeinsamen Interesses und einer überschießenden Animation entdecken. Politisch ist das örtliche Kraftfeld nicht, sofern in ihm Kollektivaffekte zirkulieren – ansonsten wäre die Politik nur die Emanation von lokalen Stimmungen und Perfidien; es ist politisch, sofern das Gemeinwesen, die Stadt oder die Nation (vielleicht auch die Nationengruppe), eine Realisierung eines an seinem Ort verkörperten Willens ist, mittels der ausgestrittenen Differenz von Meinungen und Leidenschaften erkannte Aufgaben zu lösen und gefundene Lösungen der Nachprüfung auszusetzen. Dies gelingt nur, wenn der politische Ort sich lokalegoistisch und lokalenthusiastisch zugleich in die Zukunft projiziert – das heißt wenn der Ort stärker ist als die Ideologien und die bürgerliche Kommune attraktiver bleibt als die multinationalen Sekten, die nach dem Staat greifen. Wenn ich nicht provinziell empfinden kann, kommt Politik als Beruf für mich nicht infrage. Die *res publica* funktioniert nur als ein Parlament der Ortsgeister. Bürgergesellschaften verwahrlosen schnell, wenn sie den durchreisenden Ideologen und Sektenführern in die Hände fallen (Hitler war der Prototyp des Fremden, der unter geschwächten Einheimischen mit Phrasen die Macht erringt – das hat Hermann Broch wahrgenommen und im

Bergroman - noch immer der tiefsten Faschismustheorie - beschrieben; eine analoge Betrachtung für Lenin als Importeur deterritorialisierter Ressentiments fehlt bisher). Die totalitären Konzeptpolitiker des 20. Jahrhunderts haben demonstriert, bis wohin die Machtübernahme phantomhafter Programme auf Kosten der polis basierten Immunkräfte und bürgerlichen Ortsgeister binnen weniger Jahre führen kann.

Was den spekulativen Kapitalismus als abstraktes invasives Erfolgsprogramm angeht, so wird man seine aktuellen Exegeten auffordern müssen zu beweisen, daß sie keine Anhänger einer global operierenden Sekte sind; der Verdacht gegen den "Kapitalismus als Religion" wartet auf Abklärung.[14] Die Lebensform "demokratische Nation" überlebt aber nur, wenn sie die Semantik des Eigeninteresses und der Selbstpräferenz mit der Semantik der Freiheit für anderes und des Etwas-zu-Geben-Habens zum Ausgleich bringt. Eine genießbare Nationalität ist eine *appellation contrôlée*, am Ort erzeugt, in der Welt repräsentabel.

---

14) Vgl. Dirk Baecker(Hg.), *Kapitalismus als Religion*, München 2003.

지구 시대의 도전 — 세계의 밀착에 대하여

대담 한 정 선

한정선 : 제8회 다산 기념 철학 강좌에서 "세계의 밀착 — 지구 시대의 사회학에 대한 철학적 단상(Verdichtung der Welt. Philosophische Notizen zu einer Soziologie des globalen Zeitalters)"이라는 주제 아래 내용적으로 연결된 4편의 강연(「지구화의 완성 — 지구라는 기호의 승리」, 「수정궁 또는 자본주의적 안락의 영역과 테러리즘의 위협」, 「미국적 예외 — 어떤 유혹의 해부」, 「응축 불가능성 — 장소의 재발견」)을 해주셨습니다. 인류 문명과 세계사의 긴 스펙트럼을 설정하면서 오늘날 지구 시대의 문명을 읽고 진단하는 슬로터다이크 교수님의 독특한 관점이 돋보였습니다. 교수님의 강연을 들었던 청중들의 질문들을 반영하면서, 몇 가지 질문을 드리고 싶습니다.

유전공학을 통한 새로운 휴머니즘의 길

한정선 : 교수님께서 1999년 엘마우 성에서 발표한 논문 「인간농장(Menschenpark)을 위한 규칙」은 독일 언론계에 충격을 주었고, 많은 학자들의 비판을 받았고, 소위 "슬로터다이크 논쟁"에 불을 붙였습니다. 유전자 조작을 통한 인본주의(Humanismus)의 새로운 길에 대해 교수님의 입장을 말씀해주십시오. 당신은 인간 복제도 찬성한 것으로 알려져 있습니다.

슬로터다이크 : "슬로터다이크 논쟁"에서 어떤 독일 언론인이 유전자 조작을 통해 신인류를 창조한다는 의미에서 "차라투스트라 프로젝트"라는 용어를 사용하였습니다. 저는 차라투스트라 프로젝트의 옹호자는 아닙니다. 유전자 조작을 무분별하게 옹호하는 사람도 아닙니다. 저는 다만 철학자로서 문명 비판을 하는 것입니다. 차라투스트라 프로젝트라는 용어는 자극적인 논쟁을 유발하고, 아이러니컬하게 사용되는 경향이 있습니다. 그리고 오늘날의 문명은 생명공학과 관련하여 많은 환상을 만들어내고 있습니다.

당시에 저는 인간 복제에 대해 언급하지 않았습니다. 분명한 사실은 오늘날 생명공학이 발전하고 있고, 고전적인 인본주의는 종말에 이르렀다는 것입니다. "고전적 인본주의가 종말에 이르렀다"는 말은 교육적 방법을 수단으로 인간성을 변화시키고자 했던 계몽의 오랜 노력이 성공하지 못했음을 의미합니다. 그러므로 이제 우리는 우리에게 주어진 생명공학적 기회에 대해 한 번 생각해볼 필요가 있습니다. 생물학적 조작이나 종(種)의 개량은 자연의 세계에서는 이미 언제나 있어왔습니다. 인간 종은 털 있는 영장류에서 털 없는 인간으로 개량되어 왔습니다. 인간 종이 자연이라는 실험장에서 거쳐온 진화의 과정을 고려하지 않고 인간성에 대해 언급하는 것은 물질적 현존을 무시하는 관념론에 불과합니다. 인간에 대한 유전자 조작의 문제 역시 이미 있어왔던 자연의 실험장에 개입하는 것으로 생각해볼 수도 있습니다. 자연의 실험장은 많은 것을 할 수 있습니다. 인간도 많은 것을 할 수 있습니다. 그러므로 제가 조심스럽게 제안하는 것은, 만약 인류가 인간에게 유전자 조작을 적용하는 것을 선택한다면, "인간농장을 위한 규칙"을 진지하게 찾아보자는 것입니다. 생명공학의 선진국들은 매우 복잡한 대화를 나누고 있습니다. 아직 어떤 것이 최선의 규칙이라는 증거는 없습니다. 그러나 지속적인 대화는 필요합니다. 규칙을 찾아내는 데에는 아마 100여 년의 세월이 걸릴지도 모릅니다.

세계의 밀착, 지구화, 지구 시대

한정선 : 세계가 밀착되어가는 것에 초점을 맞추면서, 여러 단계의 지구화(Globalisierung)를 언급하고, 지구화 시대와 오늘날의 지구 시대(Global Age)를 구별하셨지요?

슬로터다이크 : 역사의 노정에서 지구화는 여러 단계를 거쳐왔습니다. 첫 번째 지구화는 "형이상학적인 지구화"였습니다. 플라톤의 기하학은 처음으로 우주(Kosmos)를 완전한 기하학적

구형으로 간주하였으며, 이것은 놀라운 지적 통찰이 승리한 것으로 볼 수 있습니다. 데미우르고스가 우주를 완전한 구형으로 창조할 수밖에 없었던 까닭은, 그들의 도덕적 우주론적 삼단논법을 따르자면, 완전한 존재 신은 완전한 것을 창조해야 하고, 그것은 완전한 구형이어야 했기 때문입니다.

그 다음에 이어지는 중요한 지구화는 서구의 지리상의 발견과 더불어 가능해졌던 지구화입니다. 유럽인들은 지리상의 발견에 동원되었던 교통 수단을 통하여, 부수적으로 많은 다른 것들까지도 세계에 확산시켰습니다. 그 하나가 기독교 선교사들이 확산시킨 종교적 구원의 이념과 복음이었습니다. 그 내용은 "너의 삶의 멍에를 내려놓을 수 있도록 도와주겠다"는 것입니다. 이 복음을 믿으면 구원을 받을 수 있는데, 문제는 이 복음을 참되게 믿기 위하여, 더 좁은 문으로 들어가려고 애쓰고 더 많이 노동해야 한다는 것입니다. 그 복음 속에는, 한편으로는 삶의 멍에를 내려놓을 수 있으면서도, 다른 한편으로는 더 많은 것을 짊어져야 하는 괴상한 역설이 숨어 있습니다. 지구화에는 긍정적·부정적인 측면이 공존합니다.

저는 영토 확장적인, 즉 식민지를 확장해감으로써 거대한 세계 체제를 탄생시켰던 서구의 근대화를 "보편 역사", "세계사"로 정의합니다. 이런 의미의 "역사"란 "세계 체제의 탄생 신화"에 불과합니다. 이제 이런 의미의 "역사"는 종말을 고했으며, 인류는 역사 이후(Posthistoire)의 단계로 들어섰다는 의미에서 저는 "지구 시대"라는 용어를 사용합니다.

한정선 : 과거의 영토 확장적 식민지 개척 시대가 지나가고, 지구 시대가 도래하였다고 하지만, 여전히 "문화적 식민지"는 존재하는 것이 아닐까요? 마이크로소프트사가 세계를 지배하고, 맥도날드 체인점과 코카콜라도 지구상 어디에나 침투해 있습니다. 이런 예들은 문화적 식민화 현상으로 보아야 하지 않을까요?

슬로터다이크 : 저는 그렇게 생각하지 않습니다. 이를테면 프랑스의 고속 철도가 한국에 들어왔을 때, 언어와 기타 많은 요소들이 함께 들어왔습니다. 이 모든 요소들은 한국적 요소와 결합되어 문화적 잡종을 형성합니다. 문화가 일방적으로 침투해 들어온다기보다는, 수입되는 문화는 언제나 그 지역 문화의 특수성 때문에 상호 동화되고 상호 모방되는 것입니다. 오늘날 "당신은 식민지주의자입니까 아닙니까?"라는 질문은 옳지 않은 질문입니다. 오히려 "문화의 만남에서 얼마나 자유를 행사하였는가 아닌가?"가 더 중요한 질문일 것입니다. 소위 유럽이나 산업선진국에서 들어오는 자본이 범죄와 착취와 불의의 장본인이라고 일방적으로 매도하는 것은 사태를 너무 단순화시키고 왜곡시키는 것입니다. 문화를 수용하는 지역 문화가 수용된 문화를 자신의 것으로 소화시키기 위하여 행사하는 자유가 큰 변수로서 작용하기 때문입니다. 여러분들이 유럽식 양복을 입고 있다고 해서 여러분들이 곧 피식민지 사람들이 아닌 것과 마찬가지입니다.

한정선 : 지구 시대의 "세계의 밀착"은 어떤 양상을 띠고 있습니까?

슬로터다이크 : 과거 식민지 시대의 영토 확장을 통해서 이루어

진 세계의 밀착과는 달리 오늘날에는 의사 소통 기술의 발달에 의한 네트워크화(networking)를 통하여 세계의 밀착이 일어나고 있습니다. 더구나 의사 소통 기술의 매체적 속성은 실제로 이웃을 만나는 것보다 가상 현실적인(virtuell) 만남을 더욱 가중시켜줍니다.

한편, 우리가 살고 있는 시대에는 다른 여러 측면에서도 세계의 밀착이 이루어지고 있습니다. 주거의 형태에서도 복합 주거 형태에 의한 사람들 사이의 밀착이 이루어지고, 교통 왕래의 형태에서도 사람들 사이의 만남과 충돌은 더욱 많아지고 있습니다. 이러한 밀착들의 여파로 인하여 이제 의사 소통 유형은 물론, 거기에 바탕을 둔 도덕적 상황이나 행위 유형도 변형되고 있다는 사실을 우리는 주목해야 할 것입니다. 고전적 행위 유형에 따르면, 주인은 노예에 대해서, 자본가나 공장 주인은 노동자에 대해서 일방적인 의사 소통의 형태로 비응축된(unverdichtet) 공간에서 행위하였습니다. 그러나 오늘날에는 일방적인(unilateral) 행위 유형을 밀어붙이는 것이 어렵게 되었습니다. 일방적인 행위에 대해서 다른 행위자들이 즉시 저항해오는 다방향적이고 쌍방향적인 행위의 상황이 지배하고 있기 때문입니다.

한정선 : 지구 시대는 문화적 다양성이 발달된 정보 기술을 매개로 지구적 규모에서 자각되는 시대이기도 합니다. 교수님께서는 지구 시대의 밀착된 상황에서는 의사 소통의 다원성과 다방향적 · 쌍방향적 상호성(Reziprozität)이 지배하기 때문에 일방적으로 밀어붙이는 행위는 가능하지 않으며, 그래서 상호 견제

와 균형이 가능하다고 생각하십니다. 이런 다원적인 의사 소통 상황에서도 "문화 충돌"이 있을 텐데, 이는 왜 발생하며, 피하는 방법은 무엇일까요?

슬로터다이크 : 문화 충돌은 어떤 한 문화 집단을 결속시켜주는 망상증적(paranoid) 증세가 다른 문화 집단을 적대적으로 대할 때 빈번하게 발생합니다. 규모가 컸던 문화 충돌은 역사상 회교와 기독교가 만날 때, 이를 테면 12세기 십자군 원정 때 있었습니다. 그 밖에도 유럽이 다른 대륙을 식민지화할 때 지역 문화와의 문화 충돌을 피할 수 없었습니다. 오늘날에는 다시금 회교적 중동 국가들과 기독교적 미국의 정치적 충돌에서 문화 충돌의 요소가 드러나고 있습니다. 이들 모두가 제 나름대로 상대방에 대해서 망상증적 증세를 드러내고 있습니다.

"수정궁"과 오늘날의 자본주의적 상황

한정선 : "수정궁(Kristallpalast)"이라는 메타포는 무엇을 지시합니까? 그리고 수정화를 추진시키는 추동력은 무엇이며 그 주체는 누구입니까?

슬로터다이크 : 도스토예프스키는 『지하 생활자의 수기』(1864)에서 당시의 자본주의적 세계 체제를 부정적이고 비탄적인 어조로 "수정궁"이라는 메타포로 비판하였습니다. 저는 자본주의적인 세계 체제의 안락하고 풍요로우면서도 지루한 영역을 "수정궁"이라는 메타포로 표현합니다. 우리는 수정궁의 메타포에

서 현대 자본주의 사회의 인류학적 구조를 읽어낼 수 있습니다. 수정궁에 거주하는 사람들은 새로운 형식을 창출하지 못하는 사람들입니다. 단지 소비를 통해 욕구를 해소하면서, 반쯤 민주적인 질서 속에서 살아갑니다. 겔렌(A. Gehlen)은 인간이 해소(Entlasten)를 추구하는 존재라고 생각하였습니다. 오늘날의 수정궁은 소비 체제이기 때문에 수정궁 사람들은 일반적으로 제도나 규율(Disziplin)이 아니라 소비와 오락을 통해 강도 높은 욕구를 해소시킵니다. 요즈음 스포츠에 대해 모두가 과잉으로 열광하는 것도 이런 해소의 일종입니다.

수정화를 추진시키는 힘은, 제가 『영역들』에서 언급하였듯이, 문화를 전이(전파)시키는 인간의 힘이라고 생각합니다. 좀 더 일반화시키면, 인간은 자신이 몸담고 있는 작은 공간에서 사는 방식을 지역이나 대륙, 세계 등과 같은 더 큰 공간으로 전이시킵니다. 인간은 자신이 집에서 하는 일을 우주(Kosmos)로 전이시키며, 마치 집에서 사는 듯이 코스모스 속에서 살아갑니다. 인간은 상황도 전이시킵니다. 수정궁이 성공적으로 추진되는 이유도 이런 힘에 의존합니다. 가속화되는 수정궁화의 상황 속에서 안전을 추구하고, 스키를 타고 무서운 속도로 눈길을 미끄러져 내려갈 때 우리가 무서워하면서도 스릴을 즐기듯이, 그런 이중적인 심리적 요소도 수정궁화의 상황에서는 작용하고 있습니다. 오늘날 수정궁 안에서 밖으로 또는 밖에서 안으로 행해지고 있는 군사 행동의 심리적 측면을 살펴보면 망상증적 증세가 엿보입니다. 우리는 이처럼 묘하게 수정화해가는 문명화 단계에서 심리·예술·정치 등 모든 방면에서 전쟁과 충돌과 갈등을 피하려고 협력해야 합니다.

한정선 : 자본주의의 거대한 세계 체제 구조에서, 안락한 수정궁 안에서부터 배제된, 즉 수정궁 밖의 빈곤한 지역에 대해 언급하셨습니다. 이런 구조적 빈곤에서 해방될 수 있는 대책은 어떤 것입니까?

슬로터다이크 : 수정궁 밖에 있는 빈곤한 사람들은 수정궁 안으로 들어가려고 안간힘을 쓰고 있습니다. 문제는 "어떻게 빈곤을 극복할 수 있는가?"인데 저의 생각으로는 만인이 안락을 누리는 것은 현실적으로 불가능합니다. 구조적으로 수정궁은 안과 밖이라는 구조를 취할 수밖에 없습니다. 더욱이 밖에 있는 사람이 수정궁 안으로 들어가는 것은 거의 환경범죄자(Klima-Verbrecher)처럼 취급되기도 합니다.

오늘날 수정궁의 자본주의는 욕구를 충족시킴으로써 욕구를 해소시키고자 합니다. 그러나 저는 이러한 자본주의의 대안으로서 욕구 없는 좌파, 해방적인 정치인, 자신의 욕구를 다스리는 주인이 될 것을 제안합니다. 저의 이 생각은 고대 그리스의 견유학자(Kyniker)의 철학으로까지 거슬러 올라갑니다. 시노페의 디오게네스는 젊은 알렉산더 대왕이 그에게 지혜를 가르쳐 주면 소원을 들어준다고 하자, "대왕이여 햇볕을 가리지 말아주십시오"라고 하였습니다. 이 일화는 본질적으로 철학적인 문제, 즉 욕구의 억압에서 자유로운 무욕(Bedürfnislosigkeit)의 이념을 말하고 있습니다. 디오게네스는 자신의 욕구를 다스릴 줄 아는 강자였습니다. 알렉산더 대왕은 정치적 강자였을 뿐입니다.

한정선 : 복지형 자유주의가 수정궁 밖의 비극을 극복하는 하나의 해결책이 될 수는 없습니까? 수정궁 안의 사람들은 그들의 안락이 테러당하지 않을까 항상 불안에 떨 수밖에 없습니다. 이들은 안전한 삶에 대한 욕구가 있습니다. 그리고 수정궁 밖의 사람들은 기본적인 물질적 욕구마저 충족되지 않기 때문에 테러를 할 수밖에 없는 상황입니다. 이 두 욕구 사이에 후자의 욕구가 더욱 주목받아야 합니다. 넘치는 안락을 누리고 있는 수정궁 안의 사람들이 안락의 수준을 어느 정도 낮추어서, 수정궁 밖의 빈곤한 사람들에게 최저 생존이나마 누릴 수 있도록 부를 분배해주어도 그들은 여전히 안락한 삶을 누릴 수 있습니다. 복지형 자유주의적 처방에 대해 어떻게 생각하십니까?

슬로터다이크 : 간단히 대답하자면, 어느 정도의 금욕적 태도에 대해서는 저도 동조합니다. 서양에는 금욕의 전통이 있습니다. 스토아 철학의 금욕이 있고, 기독교적 금욕이 있습니다. 시리아와 팔레스타인에도 금욕의 전통이 있습니다. 금욕주의자는 자신의 힘을 타인을 사랑하는 데 바치는 힘든 훈련을 합니다. 제가 염두에 두고 있는 견유학자 디오게네스는 자신의 욕구를 다스릴 줄 아는 해방의 정치가의 모델이 될 수 있습니다. 예수가 설파하는 타인에 대한 사랑도 수정궁 밖의 비극에 대한 국지적인 처방책이 될 수도 있을 것입니다.

저는 더 나아가 에너지 사회주의까지 제안하고 싶습니다. 수정궁의 사치는 화석 연료를 고갈시킴으로써만 가능한 것입니다. 태양 연료는 고비용을 요구하기 때문에 수정궁 안에서도 일반화될 수 없습니다. 저는 『영역들』이라는 책에서 "거품들(Schäume)"이라는 메타포를 사용하였습니다. 거창한 보편적 해방을 계획하기보다는, 각자가 뿌리내리고 있는 장소(Ort)에서 작은 거품 방울들과 같이 서로 연대하여 공존하고 행복과 인간성을 추구한다는 의미입니다.

복지형 자유주의에 대해 저의 입장을 말하자면, 만인의 안락은 실현 불가능합니다. 자원과 에너지는 제한되어 있습니다. 인간은 자신의 안락을 타인과 나누어갖지 않으려는 이기적 본성이 있습니다. 단 인간은 자신이 더 많이 안락을 약속받는다는 전제 아래에서만 자신의 안락을 타인과 나눠가지려고 할 것입니다. 그렇게 되려면 전체 재화와 에너지의 용량이 커져야 하는데, 이것들은 제한되어 있습니다. 더 많은 재화와 에너지에 접근하는 방법은 전쟁일 것입니다. 인간은 안락을 추구하는 동물이자 또한 사치를 추구하는 동물이기도 합니다.

한정선: 교수님은 니체주의자로 알려져 있습니다. 니체와 관련하여 오늘날의 자본주의 사회의 대중 문화를 어떻게 생각하십니까?

슬로터다이크: 니체의 "초인"의 메타포는 개인을 지칭합니다. 니체는 개인주의의 예언자이기도 했습니다. 집단이 독재하는 곳에서 개인은 설 자리가 없습니다. 서구적 인간 개인을 해방하기 위해서는 집단의 독재를 타파해야 합니다. 오늘날의 역설적인 상황이란 문화적 형식으로서는 개인주의가 받아들여지고 있는데, 실재 현실에서는 집단이 독재하고 있다는 것입니다. 오늘날 우리가 개인의 자유를 말한다면, 이러한 집단의 독재를 일차

적인 현실로 간주하고 난 다음, 이차적인 의미에서 개인의 자유를 말하는 것입니다. 니체의 초인에 대한 희망은 오늘날 너무 과잉으로 충족되어 실패하고 있는 것같이 보입니다.

대중 문화의 문제를 분석하는 데 대중을 경멸하는 경향성에 대해 살펴봅시다. 소위 고급 문화와 대중 문화 사이의 문화 전쟁은 항상 있어왔습니다. 교양인들은 고급 문화의 담지자며, 비교양인은 대중 문화의 담지자들입니다. 과거에는 교양인들이 비교양인들을 경멸했었는데, 오늘날에는 비교양인들이 교양인들을 경멸하는 경향이 있습니다. 과거에는 교양인들이 비교양인들을 경멸하면서 그 무식한 사람들을 사랑하고자 하였습니다. 백성은 비록 무식하나 사랑해야 할 대상이었습니다.

니체의 "마지막 인간(letzter Mensch)"은 무식자면서, 생명 존재의 생명력을 옹호하며, 교양 없음을 자랑스럽게 생각합니다. 니체의 통찰이 옳은 면도 있습니다. 과거의 교양인은 참된 의미에서 교양인이 아니었습니다. 사실 교양을 쌓는다는 것 자체가 하나의 환상과 같은 것이고 매우 힘든 작업입니다. 우리는 니체의 통찰을 되새기면서, 교양과 생명력 사이의 화해를 한 번 생각해보아야 할 것입니다.

예외적으로 행동하는 미국

한정선 : 미국적 예외는 무엇을 의미합니까?

슬로터다이크 : 미국은 17세기부터 유럽 사람들이 이주하거나

도피해와서 세운 독립 국가로서, 유럽의 역사에서 분리해나온 도피의 나라입니다. 지난 200여 년 동안 도피는 아주 성공적으로 진척되어 왔습니다. 지금도 이민자들에게 독립 국가의 유토피아, 영광과 행복을 약속하는 나라입니다. 그리고 제2차 세계대전에 개입한 이후로 미국은 국제 정세에서 중요한 위상을 얻게 되었습니다. 문제는 미국이 1960년대 이후 일방적으로, 과도하게, 국제 사회와는 독립적으로 역사의 주도권을 잡으려 하는 데에서 미국이 취하는 예외적인 태도와 상황이 드러난다는 것입니다. 미국은 일방적으로 베트남 전쟁에 개입하여 국제 사회에서 도덕성을 상실하였습니다. 냉전 시대를 거쳐 현재의 이라크 전쟁에 이르기까지 미국의 일방적인 행위는 계속되고 있습니다.

지구 시대의 세계 체제 안에서는 구성원들이 비일방적, 즉 쌍방향적·다방향적 상호 관계성 속에서 행위하는 것이 보편적인 규칙이 되었습니다. 그런데 미국은 다른 구성원들과 비교해볼 때 예외적으로 아직도 이 보편적인 규칙을 깨닫지 못하고 있습니다. 과거의 비판 이론은 나치 시대의 전체주의적으로 일방적이었던 범죄 사회를 이론의 형태로나마 치료하는 역할을 해왔습니다. 프랑스 후기 구조주의는 이러한 미국의 일방적 태도에 대해 표현주의적으로 저항하는 역할을 해왔습니다. 국제 사회에서 미국은 자신의 일방성이 시대착오적이 아닌지를 재고해보아야 할 것입니다.

한정선 : 교수님께서는 영토 확장적인, 즉 식민지를 확장해나가

던, 지구화 시대와 오늘날의 지구 시대를 구별하셨습니다. 그런데 미국적인 예외를 신식민주의(Neokolonialismus)의 일종으로 간주할 수 있을까요?

슬로터다이크 : 우선 용어 사용에 대해서 주의할 필요가 있습니다. "식민지"라는 개념은 역사적으로 부정적인 의미를 갖고 있기 때문입니다. "식민지"라는 용어는 고대 그리스에서 사용되었습니다. "커진 도시의 딸 도시를 다른 지역으로 가서 세우는 것"을 의미하였습니다. 그러나 17~18세기의 식민지화는 너무 비참하고 비인간적인 수단과 방법을 동원하였기 때문에, 우리는 "식민지화"라는 용어를 이제 아주 조심스럽게 사용할 수밖에 없습니다. 이름을 붙인다는 것은 의미론적으로나 그 이상으로 중요한 여파를 몰고 오기 때문입니다.

저는 식민지화라는 용어가 역사적으로 획득한 부정적인 의미 때문에, 오늘날의 미국에 대해서도 계속 "수정궁"이라는 메타포를 사용하고 싶습니다. 제가 강연 논문에서 언급한 수정궁은 매우 서구적인 것 같습니다. 그러나 아시아적인 수정궁도 있고, 또 수정궁의 부속궁(Nebenpalast)도 있고, 딸 수정궁(Unterpalast)도 있다는 것을 주목해야 합니다. 이런 맥락에서 미국이 자신의 우방국에게 이라크 파병을 강요하는 것도 자신의 일방적인 태도를 세계의 다른 곳에 가서도 강요하는 행위라고 생각합니다.

미국은 오늘날 걸프 지역의 석유 자원을 둘러싸고 아랍권과 세계사적 담판을 벌이고 있습니다. 미국이라는 예외적인 국가는 아랍권이라는 역시 예외적인 정치권과 대립하고 있습니다. 이들 예외적인 주인공들은 각각 자기 도취에 빠져 있습니다. 미국이 정치신학적 자기 도취에 빠져 있다면, 아랍은 석유자원도피주의의 자기 도취에 빠져 있습니다. 자본주의는 "더욱 소비하라!"는 강령에 따라 타자도 소비자로 만든다는 사명을 갖고 있는 경제 체제입니다. 1980년대에 미국의 카터 대통령은 미국 자본주의가 걸프 지역의 석유 자원을 통제한다는 독트린을 내세운 바 있습니다. 미국 자본주의와 수정궁은 석유 자원을 고갈시켜가면서 더 심한 소비를 부추겨왔습니다. 미국 자본주의를 모방하려는 개발도상국들이 그들의 모범생인 미국을 모방하는 노력은 장기적으로는 석유 자원의 제한된 용량 때문에 불가능합니다. 그리고 화석 연료가 다 고갈되기 전에, 태양열이나 수소에너지가 화석 연료를 총체적으로 대체할 수 있을까도 의문이 듭니다. 어쨌든 현재로서는 미국과 회교 산유국이라는 이 망상증세가 심한 두 주인공들이 파괴적인 힘을 행사하고 있습니다. 이들을 관망하고 있는, 화석 연료를 사용하는 국가들은 저들이 행동하는 방식에 맞추어 덩달아 춤추지 말아야 할 것입니다.

한정선 : 만약 세계 강국 미국이 인류 전체를 위해서 어떤 희망이나 긍정적 기회를 제공하지 못하는 나라라면, 인류의 더 나은 미래에 대한 희망이나 대안은 어디에서 찾을 수 있습니까? 문화적 다양성에만 의존하는 것은 너무 이상적이지 않을까요?

슬로터다이크 : 미국이라는 나라가 지금은 정상적이 아니지만, 그렇다고 해서 미국이나 미국 문화의 미래가 없다고 생각하지는 않습니다. 독일도 1945년에 패망하기까지 정상적인 국가가 아니었습니다. 문화 선진국이었던 영국도 비정상적이었던 때가

있었고, 프랑스와 일본도 마찬가지입니다. 미국의 미래는 정상적인 나라로 돌아가는 데 달려 있습니다. 유엔에는 200여 국가가 회원국으로 가입되어 있습니다. 이들은 정보 기술의 네트워크에 의해서 다방향적으로 지구적 질서에 통합되어 있습니다. 미국이라는 나라도 지금의 미국과는 다른 행위 유형으로 돌아서는 시기가 올 것입니다.

한정선 : 교수님께서는 지구 시대에는 문화적 다원성의 양상이 나타나고, 의사 소통의 방식은 다방향적 · 쌍방향적 상호교환성이라고 하셨습니다. 이와 함께 강력한 세계 강국도 공존하고 있음을 기술하고 계십니다. 이 두 요소가 어떻게 양립할 수 있습니까? 미국적 자본주의가 주도하는 지구화에 대해서는 반대하는 입장을 취하고 계신데, 지구화의 개념과 그것의 긍정적 · 부정적 측면을 말씀해주십시오.

슬로터다이크 : 저는 지구 시대의 지구화를 밀착된 세계 체제가 형성되는 것이라고 정의합니다. 밀착된 세계 체제는 정보 기술의 발달에 의해 가능해진 다방향적으로 네트워크화한 의사 소통적 구조 때문에 발생합니다. 세계 체제는 24시간 대낮처럼 활발하게 움직입니다. 쉬는 밤이 폐기되는 체제입니다. 정치적 밤도 없습니다. 수정궁이라는 자본주의적 소비 체제 안에서 인간은 상품의 소비자로 전락합니다. 과거의 역사를 돌이켜보자면, 한때 인간은 신의 이념을 구현하는 깊이 있는 존재이었습니다. 그러나 이제는 단순한 소비자에 불과한 존재입니다. 세계 인구의 3분의 1 내지 4분의 1이 안락한 수정궁 안에 거주하는 상품

소비자입니다.

세계 강국(Weltmacht)은 두 가지 의미로 해석될 수 있습니다. 첫 번째 의미로서 "강한 세계 강국"은 정치적 형식이 이 나라 자본주의를 감염시키는 힘을 의미합니다. 두 번째 의미로서 정치적 세계 강국은 바로 자본주의를 감염시키는 힘을 이용하는 주체입니다. 이런 것을 모방하지 않을 만한 충분한 근거를 찾고, 인내심을 가지고 이들에 대항하는 정치적 자세가 필요하다고 생각합니다.

한정선 : 교수님께서는 지구 시대의 지구화가 야기하는 "공간의 응축(Raumkompression)"에 대항해서 "응축 불가능성: 지역의 재발견"을 강조하십니다. 장소(Ort)의 사라짐을 야기하는 지구화, 수정화, 대칭성, 추상성, 보편성의 부정적인 흐름에 대항해서 지역적 삶, 구체성, 비대칭성, 개체성을 소생시키고자 합니다. 어떻게 지역이기주의를 극복하면서 공간의 비대칭성을 정치적 수단으로 실현할 수 있겠습니까?

슬로터다이크 : 이 질문에 대답하기 위해서 "이기주의"에 대한 이해가 변화해온 것을 생각해봅시다. 플라톤은 『노모이(*Nomoi*)』에서 무신론자 청년의 이기주의를 비판합니다: 너는 모든 것이 너를 위해 존재한다고 믿고 있지만, 너는 네가 세상의 모든 것을 위해 존재한다는 사실을 깨달을 필요가 있다. 플라톤의 생각에 따르면, "살아 있는 거대한 동물", 즉 "전체" 또는 "홀론(Holon)"이 이기적일 때 이것은 합법적인 것입니다. 다시 말해서 거대한 이기주의는 합법적이지만, 작은 이기주의는 정당하

지 않은 자기 집착일 뿐이라는 것입니다. 플라톤이 전체와 부분의 관계를 그렇게 이해한 것은 많은 문제를 내포하고 있습니다. 한편, 현대적인 이기주의에 대한 이해에 따르면, 개체들이 연결된 전체 연결망에 대항해서 모든 개체 각자가 자신의 영역을 확장시키는 것은 선한 것입니다.

저는 "거품"이라는 메타포를 통해서 다중심적이고 다형상적인 구조를 취하고 있는 공존을 표현하고자 하였습니다. 이러한 구조 속에서는 거품 방울 하나가 터지면 다른 모든 거품 방울들도 연쇄적으로 터집니다. 이런 구조 속에서는 생존의 위기를 모두가 연대하여 함께 떠맡아야 합니다. 그래서 저는 부분(개체)과 전체의 관계를 "네크워크"보다는 "거품"이라는 메타포로 표현하고 싶습니다. 거품 방울은 다른 거품 방울들과 다원적으로 연대성 속에서 팽창해야 공존할 수 있기 때문입니다. 함께 속하고 있는 장소에 토대를 두고 있는 거품의 메타포가 공존의 연대성을 더 잘 표현해주는 듯합니다. 저는 21세기의 지구화에 의해서 "연대성으로 결속된 공간들(Solidaritätsräume)"이 사라지는 것에 대항하여 거품공동체(Schaum-Community)를 제안합니다.

오늘날의 지역이기주의와 지구화된 전체의 관계에서 지역이기주의가 표출되는 망상증적인 관계를 피하려면, 각 지역이 가지고 있는 면역 체계(Immunsystem)를 강화시키려 노력해야 됩니다. "munus"라는 말의 어원적 의미는 "공공의 목적에 봉사하는 직무(Mitarbeit an dem öffentlichen Zweck)"를 의미합니다. "immunis"는 "공공의 목적에 봉사하는 직무에서 자유로운"을 의미합니다. 그런데 "공공의 직무에서 자유로움(Immunismus)"이

완전히 발현되지 않으면, "공동체적인(communis) 것이나 삶"도 잘 성립할 수 없습니다.

한정선: 문화적 상대주의(kultureller Relativismus)와 지역주의(Regionalismus)는 어떤 차이가 있습니까?

슬로터다이크: "문화적 상대주의"는 불행한 의미를 함축합니다. 문화적 보편성이 불가능하며, 하나의 절대적 관점에서 문화적 판단을 내리는 것이 불가능함을 의미합니다. 반면에 "지역주의"의 어원은 "행복"을 함축하는 개념입니다. 특정 장소에 대한 사랑(Topophilie, Liebe zum Ort), 즉 사람이 자신이 거하는 그 장소에 있는 것을 좋아한다는 의미를 함축하고 있습니다. 이것의 반대 의미는 제국주의적 거창함 또는 민족주의 또는 쇼비니즘으로 나아갑니다. 유럽의 심리치료학자 알렉산더(Gerda Alexander)는 "잘 조화된, 감미로운, 즐거운 긴장", "건강한 인간의 팽팽한 건강미"를 의미하는 "아름다운 긴장(schöne Spannung)"을 언급합니다. 니체는 『우상의 황혼』에서 말합니다. "사람은 신(神) 없이 자기 자신으로 있는 것을 감사하게 생각한다." 이런 의미를 함축하는 지역주의는 건강한 전체를 전제로 하는 개념입니다.

한정선: 오늘날의 시대가 당면한 과제에 대해 교수님의 입장을 읽을 수 있는 소중한 시간이었습니다. 교수님께서 최근에 고민하고 계시는 철학적 화두는 무엇인가를 간단하게 듣고 대담을 마쳐야 할 시간이 왔습니다.

슬로터다이크: 저는 제2차 세계대전 이후에 출생하였고, 아무

것도 확실하고 보장된 것이 없는 파탄과 위기의 시대를 안고 철학을 할 수밖에 없었던 세대에 속합니다. 우리 세대는 우리의 전통에 서서 더 나은 대답을 찾으려 끊임없이 노력하였습니다. 저보다 연장자인 하버마스의 사회철학은 1950년대의 서독의 정치적 상황을 배경으로 하고 있습니다. 이때는 권위주의적 정치 풍토에 대항해서 자유주의적인 문화가 일어나고 있던 과도기였습니다. 하버마스의 의사 소통 이론은 이미 일어나고 있던 자유주의적인 문명 상황 속에서 특별히 새로이 기여한 것이 없는 것입니다. 1960~1970년대에 의사 소통 이론의 패러다임 전환에서 실제로 기여한 것은 오히려 루만(Luhmann)의 체계 이론이나 데리다(Derrida) 같은 프랑스의 포스트모던 철학자들입니다. 저 개인적으로는 데리다를 적게 읽었고, 보드리야르(Baudrillard)는 별로 읽지 않았습니다. 저는 지난 8년 동안 독자적으로 연구해온 주제를 『영역들』이라는 3권의 연작으로 출판해오고 있습니다. 그 내용에는 제가 하이데거에게서 영향을 받은 "공간"의 철학이 펼쳐지고 있습니다. 저는 지구 시대의 밀착이 몰고 오는 긍정적·부정적 요소를 가늠하면서, 장소에 뿌리를 내리고 있는 인간들이 서로 공간적인 공명(räumliche Resonanzen)에 의해 결속되고 우정 있는 대화를 나누며 사는 것을 그려보고 있습니다.

한정선: 감사드립니다. 이번 한국 방문을 계기로 한국에서도 교수님의 철학이 잘 알려지고, 함께 지구 시대의 도전을 헤쳐 나가는 생산적인 담론의 장이 열리게 되기를 바랍니다.

페터 슬로터다이크 연보

1949년 : 독일 카를스루에(Karlsruhe)에서 출생

1968-1974년 : 뮌헨(München)에서 철학, 독문학, 역사를 공부

1975년 : 함부르크(Hamburg)에서 현대의 자서전적 문학의 역사와 철학에 대한 연구로 박사 학위 취득

1980년 이래로 : 자유 작가(Schriftsteller)로 활동하면서 시대 진단, 문화철학, 종교철학, 예술 이론과 심리학 분야에 걸친 많은 저작들을 출판

1992년 이래로 : 카를스루에조형대학교의 철학과 매체 이론 분야 교수

1993년 이래로 : 비엔나의 조형예술아카데미(Akademie der bildenden Künste in Wien)의 문화철학연구소장

2001년 이래로 : 카를스루에조형대학교 총장(Rektor)

2002년 이래로 : 독일 ZDF방송사가 주관하는 '유리집-철학적 4중주'라는 프로그램을 R. Safranski와 함께 진행하면서, 독일에서 대중적으로 크게 주목받음

페터 슬로터다이크의 주요 저서 목록

『냉소적 이성 비판』
Kritik der zynischen Vernunft, 2 Bände, 1983.

『요술나무. 1785년의 정신분석학의 탄생』
Der Zauberbaum. Die Entstehung der Psychoanalyse im Jahr 1785, 1985.

『무대 위의 사상가. 니체의 유물론에 대하여』
Der Denker auf der Bühne. Über Nietzsches Materialismus, 1986.

『코페르니쿠스적 행동 개시 및 프톨레마이오스적 무장 해제』
Kopernikanische Mobilmachung und ptolmäische Abrüstung, 1986.

『세상에 이르다, 언어에 이르다』
Zur Welt Kommen, zur Sprache kommen, 1988.

『유럽적 도가(道家)주의. 정치적 동력학에 대한 비판』
Eurotaoismus. Zur Kritik der politischen Kinetik, 1989.

『세계의 낯설음』

Weltfremdheit, 1993.

『같은 배를 타고. 하이퍼 정치에 대한 시도』

Im selben Boot. Versuch über die Hyperpolitik, 1993.

『영혼의 세계적 혁명. 고대 후기에서부터 현재까지의 영지주의에 대한 독서·학습 자료』

Weltrevolution der Seele. Ein Lese- und Arbeitsbuch zur Gnosis von der Spätantike bis zur Gegenwart, Hrsg. zusammen mit Th. H. Macho, 2 Bände, 1993.

『이제 철학을!』

Philosophie Jetzt!, Reihe in 20 Bänden, Gesamtherausgeber, 1995-1997.

『자기 시도. 카를로스 올리베이라와의 대담』

Selbstversuch, Geschpräch mit Carlos Oliveira, 1996.

『영역들 I : 물방울들 — 미시 영역학(領域學)』

Sphären I. Blasen, Mikrosphärologie, 1998.

『영역들 II : 구(球)들 — 거시 영역학(領域學)』

Sphären II. Globen, Makrosphärologie, 1999.

『인간 농장을 위한 규칙 — 하이데거의 '인본주의에 대한 편지'에 대한 답』

Regeln über den Menschenpark. Ein Antwortschreiben zu Heideggers Brief über den Humanismus, 1999.

『대중 경멸 — 현대 사회에서의 문화 투쟁을 위한 시도』

Die Verachtung der Massen. Versuch über Kulturkampfe in der modernen Gesellschaft, 2000.

『복음의 개선에 대하여 — 니체의 제5복음』

Über die Verbesserung der guten Nachricht. Nietzsches fünftes Evangelium. Rede zum 100. Todestag von Friedrich

Nietzsche, 2000.

『태양과 죽음』

Die Sonne und der Tod. Dialogische Untersuchungen mit H.-J. Heinrichs, 2001.

『구제되지 못했다 — 하이데거 이후의 시도』

Nicht gerettet. Versuche nach Heidegger, 2001.

『공중의 진동 — 테러의 원천으로』

Luftbeben. An den Quellen des Terrors, 2002.

『영역들 III : 물거품 — 다원적 영역학(領域學)』

Sphäre III. Schäume, Pluralistische Sphärologie, 2004.

『자본의 세계 내 공간에서』

Im Weltinnenraum des Kapitals, Zu einer philosophischen Geschichte der terrestrischen Globalisierung, 2005.

『분노와 시간』

Zorn und Zeit, 2006.

『이집트인 데리다』

Derrida ein Ägypter, 2007.

편집자 및 역자 소개

(가나다 순)

□권 대 중

서울대 철학과에서 미학을 전공한 뒤 같은 대학원 미학과에서 석사 학위를, 독일 아헨대에서 철학 박사 학위를 받았으며, 지금은 계명대 철학과 교수로 있다. 주요 논문으로는 「3의 변증법과 4의 변증법」, 「관념론적 정합론으로서의 헤겔의 진리관」, 「전통적 진리대응론의 전개 및 문제점들」 등이 있으며, 저서로는 *Das Ende der Kunst. Analyse und Kritik der Voraussetzungen von Hegels These* (Würzburg 2004), 역서로는 『예술의 죽음과 부활』(D. 헨리히 외), 『헤겔의 체계 1』(V. 회슬레) 등이 있다.

□김 옥 경

숭실대 철학과를 졸업하고 연세대 대학원 철학과에서 석사 학위를, 독일 튀빙겐대에서 철학 박사 학위를 받은 뒤, 벨기에 루뱅대 철학과에서 박사후과정을 거쳤으며, 에딘버러대와 펜실베니아주립대 객원 연구원을 지냈다. 지금은 연세대에 출강하고 있다. 주요 논문으로는 “Das Sich-Bestimmen und die Bestimmtheit als Momente des Sich-frei-Bestimmens der Hegelschen Logik”, 「아담 스미스와 헤겔에게서 참된 개인의 의미」, 「헤겔에게서 윤리, 이성 그리고 주체성」, 「칸트와 헤겔의 법철학에서 자유와 소유」, 「헤겔에게서 운동으로서의 동일성」 등이 있다.

□정 대 성

연세대 철학과와 대학원을 졸업하고, 독일 보훔대에서 박사 학위(박사 논문 : *Von der Subjektivität zur Intersubjektivität – Die Auseinandersetzung von Habermas mit dem jungen Hegel und der Bewusstseinsphilosophie*)를 받았으며, 지금은 연세대와 경인교대에 출강하고 있다. 주요 논문으로는 「헤겔 철학에 대한 하버마스의 비판적 수용」, 「상호주관성 개념의 철학적 의미 — 하버마스의 경우」, 「베버의 동양관」 등이 있으며, 역서로는 『헤겔의 신학론집』(헤겔), 『작은 철학사』(슈피어링), 『비판, 규범 그리고 유토피아』(벤 하비브) 등이 있다.

□한 승 완

고려대에서 독문학과 철학을 전공한 뒤 독일 브레멘대에서 박사 학위를 받았으며, 지금은 국제문제조사연구소 선임연구원으로 있다. 주요 논문으로는 「맑스의 사적 소유 비판과 공동체 사상의 전통」, 「다원주의 시대 합리성으로서 논의적 이성」, 「민주주의의 심화와 동아시아 공동체」가 있으며, 역서로는 『공론장의 구조 변동』 등이 있고, 저서로는 『공동체란 무엇인가』(공저), *Marx in epistemischen Kontexten* 이 있다.

□한 정 선

이화여대 철학과를 졸업한 뒤 독일 함부르크대에서 철학 석사 · 박사 학위(박사 논문 : *Die Struktur der Wahrheitserlebnisse und die Wahrheitsauffassungen in Edmund Husserls 'Logischen Untersuchungen'*, 1989)를 받았으며, 지금은 감리교신학대 종교철학과 교수로 있다. 주요 논문으로는 「뇌 · 의식 · 자아」, 「인간과 동물의 차이」, 「뇌철학의 과제와 전망」 등이 있으며, 저서로는 『생명에서 종교로』(철학과현실사, 2003), 역서로는 『생명의 원리』(한스 요나스) 등이 있다.

찾아보기

[인 명]

[용 어]

□ 페터 슬로터다이크(Peter Sloterdijk : 1947~)

독일 뮌헨대학교에서 철학과 독문학, 역사학을 전공하고, 함부르크대학교에서 현대 자서전적 문학의 철학과 역사에 대한 연구로 박사 학위를 받았으며, 그 뒤 자유 작가로 활동하면서 많은 책과 에세이를 출판하였다. 철학, 심리학, 사회학, 문화사와 예술을 넘나들면서 독창적인 감수성과 관점을 가지고 서양이 주도해온 문명에 대한 비판과 시대 진단을 전개해왔으며, 그가 그려내는 시대상과 독창적인 관점 덕분에 독일에서도 주목받는 철학자로 대두되었다. 지금은 카를스루에조형대학교의 총장으로 있다. 대표 저서로는 『냉소적 이성 비판』(1983), 3부작 『영역들 I : 물방울들 — 미시 영역학(領域學)』(1998), 『영역들 II: 구(球)들 — 거시 영역학(領域學)』(1999), 『영역들 III: 물거품 — 다원적 영역학(領域學)』(2004) 등이 있다.

다산 기념 철학 강좌 8

세계의 밀착 — 지구 시대에 대한 철학적 성찰

초판 1쇄 인쇄 / 2007년 9월 15일
초판 1쇄 발행 / 2007년 9월 20일

■

지은이 / 페터 슬로터다이크
편집 및 옮긴이 / 한 정 선 외
펴낸이 / 전 춘 호
펴낸곳 / 철학과현실사
서울특별시 서초구 양재동 338의 10호
전화 579—5908~9

■

등록일자 / 1987년 12월 15일(등록번호 : 제1—583호)

■

ISBN 978-89-7775-642-7 03160

값 15,000원